I'm rhieni, Mair a Geraint
gyda diolch am yr holl gariad a chefnogaeth

Hanner Amser

HUNANGOFIANT

NIGEL OWENS

gyda Lynn Davies

*yl*Lolfa

Argraffiad cyntaf: Tachwedd 2008

Dymuna'r cyhoeddwyr gydnabod cymorth ariannol
Cyngor Llyfrau Cymru

Cynllun y clawr: Y Lolfa
Llun y clawr: Huw Evans
Diolch i Huw Evans Agency am gael defnyddio'u lluniau

Rhif Llyfr Rhyngwladol: 978 1 84771 087 1

Cyhoeddwyd, rhwymwyd ac argraffwyd yng Nghymru
gan Y Lolfa Cyf., Talybont, Ceredigion SY24 5HE
gwefan www.ylolfa.com
e-bost ylolfa@ylolfa.com
ffôn 01970 832 304
ffacs 832 782

Ebrill 1996

Mae'n hanner awr wedi tri'r bore. Rwy wedi codi ers awr, er mwyn neud yn siŵr nad odd Mam na 'Nhad ar hyd y lle i 'ngweld i. Rwy'n gobitho eu bod nhw yn y gwely o hyd er mwyn i fi ga'l llonydd i neud be sy'n rhaid i fi ei neud. Rwy wedi gadel nodyn iddyn nhw yn dweud mod i wedi cyrradd y pen draw a taw'r unig ateb i fi nawr yw cymryd 'y mywyd 'yn hunan.

Ma cyment o bethe wedi bod yn whare ar 'yn meddwl i ers tro. Rwy'n lico 'mwyd yn fawr, ond mae obsesiwn 'da fi mod i'n edrych yn afiach o dew, felly mae bwlimia wedi ca'l gafel arna i ers blynyddoedd. Yn ddiweddar hefyd fe fues i'n mynd i'r *gym* i drio magu ychydig o gyhyrau yn lle braster. Er mwyn hastu'r broses 'ny fe ddechreues i gymryd tabledi steroid ac es i ddibynnu gormod arnyn nhw, nes iddyn nhw adel nifer o sgil effeithie ar eu hôl. Sdim dowt bod hynna wedi cyfrannu at y ffaith mod i yn y fan hyn nawr. Serch hynny, y prif reswm yw mod i'n hollol anhapus â'r math o berson ydw i. Ma 'na berson arall i mewn yndo i sy'n trio dod mas ond sy ddim yn gallu neud 'ny. Rwy'n hoyw a dw i ddim yn gwbod ble i droi.

Rwy wedi dod i ben Mynydd Bancyddraenen ym mhentre Mynyddcerrig, lle rwy wedi byw eriôd. Ma 'da fi nifer o dabledi cysgu a'r bwriad nawr yw cymryd gor-ddos fel y galla i ga'l gwared ar 'yn holl brobleme.

Tachwedd 2008

O edrych 'nôl ar y bennod erchyll 'na yn 'y mywyd alla i ddim credu mod i wedi suddo i shwd gyflwr o anobaith. Ers y cyfnod 'ny rwy wedi ca'l cyment o bleser yn dilyn gyrfa llawn boddhad a llwyddiannus fel dyfarnwr a diddanwr. Ar ben hynna rwy wedi profi cefnogaeth a chyfeillgarwch gwerthfawr dros ben gan berthnase a ffrindie. Rwy'n gobeithio'n fawr felly y bydd *Hanner Amser* nid yn unig yn ddiddorol i'w ddarllen ond hefyd falle'n gymorth ac yn galondid i bobol sydd, yn anffodus, yn gorfod wynebu rhai o'r anawsterau a fuodd yn gymaint o faich i fi yn y gorffennol, ond yn faich y llwyddes i, diolch byth, i ga'l gwared arno.

Nigel Owens

PENNOD 1

Y Gwreiddie

FFARMO RO'N I ISIE neud eriôd. Nes mod i'n rhyw bump oed, ro'n i a'n rhieni yn byw mewn tyddyn o'r enw Moultan ym Mynyddcerrig, yng Nghwm Gwendraeth, gyda Mam-gu, Tad-cu a brawd 'y nhad, Wncwl Ken. Rodd 'Nhad yn un o saith o blant gafodd eu magu yno ac fel Teulu Moultan ro'n nhw'n ca'l eu nabod yn yr ardal. Rodd Mam-gu a Tad-cu, sef Wil a Maggie Moultan, y ddau ohonyn nhw o gefndir amaethyddol, yn cadw rhyw dair erw o dir, ac yn rhentu rhyw wyth erw arall, yn benna er mwyn magu ceffyle. Rodd y ceffyle'n hala'r rhan fwya o'r gaea ar gaeau Bancyreos odd yn ca'l eu rhentu oddi wrth Mrs Rees. Yn y fan yna, a finne ond yn rhyw dair blwydd oed, mae'r cof cynta 'da fi o Susi, Bet, Fred a Cara. Rodd Mam-gu a Tad-cu hefyd yn cadw dwy neu dair buwch ac yn gwerthu rhywfaint o laeth a menyn i ffrindie. Do's dim dwywaith felly taw ar Ca' Brown a Ca' Dan Tŷ y dechreuodd 'y niddordeb i mewn ffarmo. Rodd ffarmo yn y gwaed ar ochr Mam hefyd, gyda Tad-cu a Mam-gu, Lyn a Maud Nicholas, yn blant ffarm. Rodd Mam-gu yn un o ddeg o blant gafodd eu codi yn Marchoglwyn Uchaf, Pontyberem a Tad-cu yn un o naw gafodd eu magu yn Hirwaun Olau yn y Tymbl. Yn anffodus buodd y ddau ohonyn nhw farw'n eitha ifanc cyn i fi ga'l cyfle i'w nabod nhw.

Ond, o ran y dynfa gynnar odd 'da fi tuag at ffarmo falle taw'r dylanwad mwya odd y ffaith fod Fferm Tir Garn yn ffinio â'r Moultan, ac yn ddihangfa barod ar hyd 'y mhlentyndod ac yn ystod 'yn arddege cynnar. Ma 'da fi gof, hyd yn oed cyn gadel Moultan, o gilo lan i Tir Garn trwy dwll yn y clawdd bob cyfle gelen i a Dewi neu Dilys, odd yn ffarmo 'no'n gorfod gweiddi lawr i'r Moultan yn gyson er mwyn gadael i'r teulu wybod lle ro'n i. Yna symudodd 'yn rhieni a fi rhyw filltir neu ddwy lawr i ganol pentre Mynyddcerrig, i dŷ cyngor, rhif 8 ar stad Maeslan. Nawr byth ers hynna fe fuodd rhif 8 yn rhyw fath o rif lwcus i fi – er nad wy'n ddyn beto, pan fydda i'n mentro rhoi ychydig o arian lawr, unwaith y flwyddyn, ar y Grand National, ar rif 8 y bydd 'yn arian i bob tro. Rwy'n cofio un amser prynu'r rhif 8 ar gyfer car o'n i newydd ei ga'l, ond rodd rhif llawn y car yr un mor bwysig os nad yn bwysicach: N8 REF!

Am flynyddoedd lawer, bob dydd Sadwrn ac yn ystod gwylie'r ysgol, fe fyddwn i'n diflannu i Tir Garn i weithio ar y ffarm. Yno bydde Dewi a Dilys, a'u merched Angharad, Rhiannon a Naomi, whare teg iddyn nhw, yn 'y nhrin i fel aelod o'r teulu a finne wrth 'y modd yn carthu, ffenso, bêlo a gneud unrhyw waith arall ar y ffarm. Cadw da tew oe'n nhw ac ro'n i'n joio gwitho gyda'r anifeilied, ond, ar wahân i'r ffaith mod i'n lico drifo tractor, dodd 'da fi ddim diddordeb mewn peirianne o unrhyw fath, ac mae'r un peth yn wir heddi. Uchafbwynt y flwyddyn yn Tir Garn i fi odd adeg cynhaea gwair pan fydde teulu Tir Garn i gyd yn dod at ei gilydd er mwyn hwyluso'r gwaith o drin miloedd o fêls bach. Bydde Howard Y Wern ac Elsie wedi bod yn bêlo trwy'r dydd. Rodd tipyn o sbort a thynnu coes ynghanol yr holl waith caled ac wrth y ford bwyd ar ôl 'ny yng nghwmni Dewi a'i frodyr Elwyn a Gareth, Rhodri, gŵr Annie Mary, Mona a'r bois – Andrew, mab Elwyn, ac Emyr mab Rhodri ac Annie Mary – y ddau'r un oedran â'i gilydd. Ro'n i'n ca'l tâl o £5 am fynd i Tir Garn bob tro gan Dewi, hyd yn oed os na fydde llawer o waith i'w neud, felly fyddwn i ddim yn breuddwydio am neud dim byd arall yn 'yn amser hamdden bryd hynny. Fe fyddwn i'n manteisio wedyn ar y cyfle i fynd â chŵn y ffarm am wâc i'r mynydd ac rodd hi'n anodd dweud pa un ai y nhw neu y fi odd yn joio fwya.

Dihangfa arall i fi, o bryd i'w gilydd, yn ystod gwylie'r ysgol, odd mynd i Bentwyn, yn Llan-non, lle rodd Gloria, whâr Mam-gu, a'i gŵr Graham yn ffarmo. Fe fyddwn i'n mynd lawr i aros 'na am wythnos neu bythefnos ar y tro ac yn ca'l amser wrth 'y modd 'da nhw a'r plant – Andrew, odd yr un oedran â fi, a Janet, Gillian a Jane. Yno y dysges i shwd i ddrifo tractor ac oddi yno y ces i fynd gyda'r teulu i'r Royal Welsh am y tro cynta, ac am y tro diwetha am rai blynyddoedd wedyn. Fe es i ar goll yno a chael 'yn rhoi, a finne'n llefen y glaw, yn y lle 'Lost and Found', gyda'r uchelseinydd yn bloeddio gwahoddiad i'r sawl odd wedi colli Nigel Owens i ddod i'w gasglu fe.

Yn naturiol rodd ceffyle'n apelio'n fawr ata i ers pan o'n i'n grwt bach. Yn ogystal â magu ebolion rodd Tad-cu'n eu torri nhw i mewn ac yn hynny o beth fe fydde fe'n dechre trwy roi cyfrwy'n unig ar gefn yr ebol, wedyn fe fyddwn i'n mynd ar ei gefen e am sbel, a 'Nhad neu Dad-cu'n gorffen y broses. Hefyd pan odd hi'n amser cerdded y ceffyl a'r ebol ar hyd yr hewl, er mwyn eu symud nhw i dir pori gwell, ro'n i'n ca'l eu marchogaeth heb gyfrwy hyd yn oed, er dodd hi ddim yn fêl i gyd bob tro. Pan fydde ebol neu eboles yn rhyw ddwy flwyd oed fe fydden ni'n dechre eu ca'l nhw i ddod i arfer â rhywun yn eu marchogaeth. Rwy'n cofio un tro pan ganodd corn rhyw gar wrth baso'r cae lle ro'n i'n torri ebol i mewn, a finne'n digwydd bod yn y cyfrwy. Cododd y ceffyl ar ei goese ôl a chwympo sha nôl ond trwy lwc rodd Tad-cu'n ddigon cyflym i dynnu fi mas o'r cyfrwy cyn i'r ebol ddisgyn arna i. Chafodd y ddihangfa, serch hynny, ddim effeth ar y pleser ro'n i'n ei ga'l o fod gyda'r ceffyle.

Rwy'n dal i gofio ambell achlysur yn y calendr ceffyle o ddyddie 'mhlentyndod. Cofio mynd gyda'n rhieni a Tad-cu i ffair geffyle Llanybydder, ac yna gwerthu ebolion yn ffair Llanymddyfri ym mis Gorffennaf, lle, un flwyddyn, prynodd Dad-cu eboles am £25, ei chadw hi a'i hyfforddi hi am flwyddyn ac yna ei gwerthu hi am £250. Ma'r dynfa at y ceffyle yno' i o hyd, er na fydda i'n neud dim byd â nhw'r dyddie hyn. Ond pan na fydd bywyd mor fishi a finne wedi bennu teithio'r byd 'swn i wrth 'y modd yn ca'l rhyw dyddyn bach, gyda chae neu ddau i fagu ceffyle arnyn nhw... a gore i gyd os taw'r Moultan fydd y tyddyn hwnnw.

Eto, ardal ddiwydiannol i raddau helaeth odd Cwm Gwendraeth. Roedd Tad-cu, tad Mam, yn golier, fel y rhan fwya o'i genhedleth, a Tad-cu Moultan hefyd, er ei fod e'n ffarmo rhywfaint yn ogystal. Caled iawn, iawn odd bywyd iddo fe ac ynte'n codi am bedwar o'r gloch y bore i odro cyn cerdded i'r pwll glo. Buodd 'Nhad yn gwitho rywfaint ar y glo ac ar ben y pwll yn y *washery* yn Cwm-mawr a Coed Bach ar bwys Cydweli, ond fe dreuliodd e'r rhan fwya o'i oes yn gwitho yng Nghwar Crwbin ac yna yng Nghwar Tai'r Coed ym Mynyddcerrig. Ar ben hyn i gyd fe gas e ambell gyfnod anodd o fod yn ddi-waith ond rhywffordd neu'i gilydd fe nath 'yn rhieni'n siŵr na fyddwn i byth yn gweld isie dim byd yn ystod yr adege hynny.

Mae'r fagwreth ges i 'da Mam-gu a Tad-cu ac Wncwl Ken hefyd wedi ca'l dylanwad mawr arna i. Mae'r safone odd yn bwysig iddyn nhw wedi bod yn batrwm i fi ac i ryw radde da'th eu diddordebe nhw'n rhan o'n chwaeth i, nes bod modd dweud mod i'n hen ffasiwn mewn rhai ffyrdd falle. Hoff record Mam-gu odd Hogia'r Wyddfa'n canu geirie Abiah Roderick, 'Tecel', cân sy'n ffefryn 'da fi hyd heddi ac fe fydda i'n gwrando arni'n aml. Ei hoff emyn hi, fel finne, odd y geirie ar y dôn 'Pantyfedwen' a gafodd ei chanu yn ei hangladd yn 1994. Rodd y teulu'n bwysig i ni i gyd ac er mod i'n unig blentyn rodd y ffaith bod 'Nhad yn un o saith o blant a Mam yn un o chwech yn golygu bod deunaw o gefndryd a chyfnitherod 'da fi. Rodd rhai dipyn yn henach na fi ond at ei gilydd ry'n ni wedi cadw cysylltiad â'n gilydd eriôd. Ro'n i'n arbennig o agos at ambell i un ohonyn nhw, fel Helen, merch Emrys, brawd 'Nhad, a Ceirwen odd yn byw drws nesa i ni am flynyddoedd ac fel whâr i fi. Yn yr un modd ro'n i'n meddwl y byd o Wncwl Ken odd ar ga'l bob amser i fi, yn enwedig pan odd angen chauffeur arna i.

Mae teulu wedi bod yn bwysig iawn i fi eriôd. Mae pobol yn gweud 'Life is what you make of it' ond yn fy marn i 'Life makes you'. Mae'r ffordd ry'ch chi wedi ca'l eich magu gan eich rhieni, y teulu sydd o'ch cwmpas chi bob dydd, y ffrindie ry'ch chi wedi tyfu lan 'da nhw, y gymdeithas ry'ch chi'n rhan ohoni, i gyd yn whare rhan bwysig ac yn eich gwneud chi y cymeriad y'ch chi heddi. Rwy wedi bod yn lwcus iawn o'r holl bethau 'ma ac yn ffodus iawn o ga'l teulu arbennig o 'nghwmpas i, yr hen a'r ifanc.

Fe fydde'n teulu bach ni'n mynd ar wyliau gyda theulu Helen bob blwyddyn, fel arfer i garafán ym Mhentwyn ar arfordir Sir Gâr ac yn ca'l amser ardderchog 'na. Rwy'n cofio cwpwl o Aberdâr yn aros yn y garafán nesa aton ni un flwyddyn, a'r gŵr yn mynd â fi gydag e i bysgota i lan y môr ar bwys. Fe lwyddes i ddala *bass* eitha parchus o ran ei seis, y pysgodyn cynta eriôd i fi ei ddala, a dyna odd 'yn swper ni yn y garafán y nosweth 'ny. Ond fe gododd y profiad arbennig 'ny awydd mawr yno' i bysgota wedyn ar ôl mynd gartre. Yn wir, bues i'n mynd yn rheolaidd i bysgota yn y Gwendraeth Fach odd yn llifo trwy dir Glanrynys, lle rodd Dewi, un o ffrindie Tad-cu'n ffarmo. Bydde Ken a 'Nhad yn aml yn dod gyda fi a byth ers y dyddie 'ny rwy'n joio pysgota afon ond yn anffodus dwi ddim wedi ca'l fawr o gyfle i neud 'ny yn ystod y blynyddoedd diwetha. Yn ogystal, fe fuon ni i gyd i Butlins ym Mhwllheli unwaith neu ddwy a dyna'r tro cynta i fi fynd i'r North. Ar wahân i fwynhau gweithgaredde fel *Donkey Derbies* yn y gwersyll ei hunan (a cha'l ychydig o lwyddiant fel joci yn un ohonyn nhw), rodd 'na gyfle hefyd i weld tipyn o'r wlad o gwmpas ac yn bwysicach falle i grwt bach o Gwm Gwendraeth, i flasu rhamant ambell i le fel Beddgelert.

Rodd 'yn amser i yn ysgol fach Mynyddcerrig yn un hapus

dros ben, er na fasech chi ddim yn meddwl 'ny o 'ngweld i'n mynd yno am y tro cynta gan afel yn llaw 'Nhad. O'n i'n llefen gymaint nes iddo fe gymeryd trueni drosta i a mynd â fi nôl i Moultan gan weud wrtha i nag odd dim rhaid i fi fynd i'r ysgol os nag o'n i isie. Ond nid dyna odd ymateb Mam. Wedi iddi roi pryd o dafod i ni'n dau bu'n rhaid i 'Nhad droi ar ei sawdl a mynd â fi 'nôl i'r ysgol ar unwaith. Ysgol o ryw 17 o blant odd hi pan ddechreues i yno ond yna, ar ôl rhyw dair blynedd, fe symudodd rhai Saeson i'r ardal gan chwyddo'r niferoedd i ryw 25 a chan droi iaith yr iard o'r Gymraeg i'r Saesneg. Geson ni lot o sbort yn Ysgol Mynyddcerrig dan ofal un athro, Wyn Gravelle, ac un athrawes, Margaret Tunichie. Roedd 'da fi griw o ffrindie da, fel Neil Williams, Christopher Lloyd, Gareth Davies, Michael Royals, Helen fy nghyfnither, Angharad Tir Garn, Avril Novello a Christien Murphy. A dweud y gwir rodd pawb yn ffrindie, ar wahân i'r bore 'ny pan fues i'n poeni un o'r merched gymaint am ga'l menthyg ei phensil nes iddi hi droi rownd yn grac a'n stabo fi yn 'y mrest! Bu'n rhaid i fi fynd at y doctor i neud yn siŵr nad odd dim plwm wedi mynd i mewn i 'ngwaed i ac mae ôl y pensil ar 'y mrest hyd heddi. Ond fe gas y ddau ohonon ni stŵr, y fi am ei phryfocio hi a hithe am y *GBH*!

Mae'n rhaid cyfadde taw gweithgaredde fel canu yn y gwasaneth, actio yn stori'r geni ac mewn pantomeim odd yn apelio fwya ata i yn yr ysgol, yn hytrach na'r ochr academaidd. Do'n i ddim yn lico darllen rhyw lawer, ar wahân i ambell gomic. Dodd hi ddim yn syndod yn y byd i rai, falle, bod Dennis the Menace yn dipyn o arwr i fi a rwy'n cofio hala bant i ga'l bathodyn arbennig odd yn dangos mod i'n aelod o'i *fan club* e. A dweud y gwir dim ond yn y blynyddoedd diwetha rwy wedi dod i lico darllen a hynna achos mod i'n hala cyment o amser yn teithio ar awyrenne ar hyd a lled y byd ac yn lladd amser mewn meysydd awyr a gwestai. Y math o lyfr sy wedi rhoi pleser arbennig i fi yw hunangofiant Nelson Mandela. Ar wahân i'r ffaith ei fod e'n ddyn sy'n ca'l ei barchu ledled y byd am yr hyn mae wedi'i gyflawni, fe ges i'r fraint o gwrdd ag e pan o'n i'n llumanwr mewn gêm rhwng De Affrica ac Awstralia, ac yntau wedi dod yno i ddathlu ei ben-blwydd yn 80 oed. Mae'r math yna o lyfr, lle mae'r cyn-arlywydd yn adrodd hanes ei fywyd a'i frwydr yn erbyn anghyfiawnder, wedi apelio'n fawr ata i. Un rheswm arall am hyn yw bod dyfarnu wedi caniatáu i fi deithio tipyn yn Ne Affrica, a mod i wedi gweld llawer o'r llefydd mae e'n sôn amdanyn nhw yn ei lyfr.

Fe bases arholiad 11+ i fynd i Ysgol Ramadeg y Gwendraeth, y disgybl olaf i neud hynny o Ysgol Mynyddcerrig, cyn i ysgolion uwchradd y sir droi yn rhai cyfun. Ond mae'n siŵr na fyddwn i ddim wedi llwyddo oni bai am y ffaith i fi ga'l gwersi ychwanegol ('côtshio' yn y dafodiaith leol) mewn mathemateg gyda chefnder 'Nhad, Lloyd, odd yn byw gyda'i wraig Val a'r plant, Richard a Jane (daeth Louise yn ddiweddarach) yn Bancosfelen. Nawr, rodd rownd laeth 'da Lloyd, felly rodd e'n gorfod bod yn un da am neud syms. Ond er iddo fe neud lot o ddaioni i 'mherfformiad i yn arholiad y 11+ mae'n rhaid i fi gyfadde taw'r sbardun mwya i 'ngha'l i fynd i'r Banc am y gwersi odd y ffaith mod i'n ca'l cyment o bleser yng nghwmni'r teulu yno.

Pentre bach odd Mynyddcerrig. Heblaw am y siop tsips ar y sgwâr a losgodd pan o'n i'n rhyw bum mlwydd oed, yr unig sefydliadau arall o bwys 'no odd y Post, y Clwb a'r ysgol yn nyddie 'mhlentyndod. Dim ond gwerthu nwyddau swyddfa post odd y Post ac rodd i'r Clwb le canolog ym mywyd cymdeithasol y pentre. Ar adeg arbennig fel adeg y carnifal, bydde teuluoedd cyfan, a ni yn eu plith, wrth eu bodd yn mynd i'r Clwb i ganu ac i ga'l tipyn o sbort. Canu odd 'y niddordeb hamdden penna i'r dyddie 'ny. Bob cwrdd plant, a fydde'n ca'l ei gynnal unwaith y mis yng Nghapel Seion yn y pentre nesa, fe fyddwn i, Christopher a Neil (a fu farw, yn drist iawn, yn ei ugeinie cynnar) yn canu unawde, ac yn canu gyda'n gilydd fel triawd. Fel 'na odd hi hefyd ym mhob cymanfa leol ac weithie fe fydde cyfle i neud 'ny yn yr Ysgol Sul, odd yn ca'l ei chynnal yng Nghapel Nebo,

Mynyddcerrig, bob prynhawn Sul. Rodd 'da ni dri yn 'yn dysgu ni yno – Jimmy Tegfan, Joyce Mountain Gate a Mrs Evans Brynhawddgar.

I Jimmy, mae'n siŵr, mae'r diolch am blannu yno' i'r awydd i berfformo o flaen cynulleidfa. Fe odd yn gyfrifol am 'y nghael i neud am y tro cynta a finne'n dair a hanner oed, pan dda'th e i'r tŷ â Beibl yn ei law a gofyn i Mam fyddwn i'n folon darllen ychydig o adnode'n gyhoeddus yn yr Ysgol Sul – ro'n i wedi dechre mynd i'r Ysgol Sul cyn mynd i'r ysgol gynradd. Dodd Mam ddim yn siŵr iawn a o'n i'n ddigon hen nac yn ddigon da i ddarllen yn gyhoeddus o'r Beibl yn y capel. Ond fe lwyddodd Jimmy i'w pherswadio hi gan ddweud, "gyda digon o ymarfer bydd e'n iawn". Rodd Mam yn fwy nerfus na fi, sdim dowt, ond wedi i fi lwyddo a cha'l canmoliaeth uchel gan y gweinidog, y Parch. Tudor Lloyd Jones, rodd Mam yn prowd iawn. (Gyda llaw, mab y gweinidog, sef Gwyn Elfyn, awgrymodd y teitl ar y gyfrol hon.)

Bues i'n mynd i'r Ysgol Sul yn ffyddlon tan o'n i'n rhyw 13 oed a sawl gwaith yn ystod y deng mlynedd 'na, fe enilles i'r wobr flynyddol odd yn ca'l ei rhoi i'r disgybl odd wedi bod yn absennol leia o weithie. Yn y diwedd dodd neb yr un oedran â fi'n para i fynd, felly fe benderfynes inne hefyd roi'r gore iddi. Erbyn hyn does dim Ysgol Sul yng Nghapel Nebo bellach, gan fod y capel wedi cau a'r adeilad wedi ei werthu i ffarmwr lleol. Er nad ydw i'n mynd i'r capel bellach ac mae bai arna i rwy'n gwbod, eto rwy'n teimlo ei bod hi'n drueni nad yw plant heddi'n mynd i'r Ysgol Sul fel roedden ni'n arfer gneud. Do's dim rhyfedd nad yw plant na phobol ifanc yn gwbod geiriau rhai o'n hemynau mwyaf fel cenedl.

Mae'n rhaid bod y sôn am ein dawn canu ni gryts wedi mynd ar led achos ambell i nos Sadwrn bydde John Morgan a'i wraig Heulwen, o Gapel Seion, odd wedi symud i gadw tafarn y Prince ym Mhorth-y-rhyd, yn hala car lan i Mynyddcerrig i nôl fi a Christopher i ddiddanu'r cwsmeriaid yno. Bydde Christopher hefyd withe'n whare'r organ yn y Prince a ninne'n cyflwyno rhai o'r caneuon ro'n ni wedi eu dysgu yn yr ysgol ac yn yr Ysgol Sul. Ar wahân i'r ffaith mod i wrth 'y modd yn canu o flân cynulleidfa bydde pobol yn y dafarn yn rhoi arian i fi am neud. Yn sicr fe gododd hyn i gyd awydd arna i i berfformo. Wedyn, pan o'n i bythdi deg oed fe fydde Mam, 'Nhad, Tad-cu a fi'n arfer galw'n gynnar ar nos Wener yn nhafarn y Bridge yng Nghwm-mawr, odd yn ca'l ei gadw gan 'y nghefnder i, Alan Rees a'i wraig Janet a'r plant, Stuart a Donna. Roedd galw 'na'n rhyw fath o achlysur teuluol, a finne'n joio bod yng nghwmni'r plant. Ond rodd 'na ddyletswydde teuluol erill i neud y nosweth 'ny hefyd. O'r Bridge fe fydde Mam a fi'n mynd mlân gynta i weld ei whâr, Gaynor, ei gŵr, Berian a'u mab Meurig, wedyn galw gyda whâr ifanca Mam, Petula, ei gŵr, Keith a'r plant Wyn, Louise ac Angharad. Yna fe fyddwn i'n mynd lawr i heol Maesyfelin lle byddwn i'n neud drygioni gyda 'nghefndryd Meurig a Wyn a phlant Dai Nick, brawd Mam, sef Adrian, Kevin a Wayne.

Ambell nos Wener hefyd, fe fydden ni'n ymweld â chwaer Mam, sef Janice a'r teulu ym Mhont-henri, a chwaer fy nhad a'r teulu, sef Eiry, Hubert, Carol a Michael. Fe arhoses i yn nhŷ Carol, fy nghyfnither, a'i gŵr Alan a mab Carol, Jarret sawl gwaith dros y blynydde. Roedd Alan yn whare wythwr ac yn gapten am flynyddoedd i dîm rygbi Pont-iets a byddwn i'n mynd gyda Carol a Jarret i'w weld e'n whare ambell waith. I weud y gwir, rodd Alan yn dipyn o arwr i fi ar y pryd. A ble rodd Tad-cu a 'Nhad pan odd yr holl gymdeithasu 'ma'n digwydd ar ôl bod yn y Bridge? Yn y Legion ym Mhontyberem yn whare bingo. Withe byddwn i'n hala mwy o amser nag arfer yn y Bridge achos ro'n i'n rhoi ambell i solo fach 'na. Rwy'n cofio Bill Tunichie (tad Margaret, 'yn hathrawes ni yn Ysgol Mynyddcerrig) yn gofyn i fi ganu un nosweth ac yna'n mynd â'i gap rownd y cwsmeriaid er mwyn casglu arian i fi. Rodd hi'n sioc eitha neis i ffindo bod bythdi £6 yn y cap.

Pan o'n i'n ddeuddeg oed, fe fu farw chwaer 'Nhad sef Nancy, gwraig John Maesgwern a mam Alan ac Ann – ergyd fawr i'r teulu a hithe mor ifanc. Fis ar ôl claddu Nancy bu farw Tad-cu'n 78 mlwydd oed. Yr wythnos ges i 'ngeni fe gas e strôc fawr ond fe frwydrodd 'nôl yn eitha da er iddo ddiodde o'i heffeth hi byth wedi hynny. Rodd e, Mam-gu a Ken erbyn hynna wedi symud i Drefach ond ro'n nhw'n dal yn ddylanwad mawr arna i. Eto, am ryw reswm, er cyment odd Tad-cu'n ei olygu i fi, wedes i nad o'n i isie mynd i'w angladd. Yn wir, yn ystod y cyfnod rhwng ei farwoleth a'r angladd fe es i aros at Dewi a Dilys yn Tir Garn, fel petawn i ddim yn gallu wynebu'r ffaith bod Tad-cu wedi mynd a bod gofyn nawr neud trefniade i'w gladdu. Ond ar y funed ola fe ffones i Mam i weud mod i'n moyn mynd i'r angladd wedi'r cwbwl. Wrth gwrs, erbyn 'ny rodd hi'n rhy hwyr a dim digon o amser i ngha'l i lawr o Tir Garn ac i newid dillad ac yn y blân. Felly fe hales i'r prynhawn yn gorwedd ar 'y ngwely'n llefen y glaw. Falle taw un o'r rhesyme pam nag o'n i am fynd i'r angladd odd bod 'da fi gof o fynd yn saith oed i'r unig angladd arall ro'n i wedi bod ynddi, sef angladd Mrs Evans Brynhawddgar, un o'n hathrawon yn yr Ysgol Sul, a llefen wnes i drwy'r gwasaneth i gyd. Ar ôl i Dad-cu farw bues i'n mynd i aros yn aml at Mam-gu yn Drefach a hithe bellach wedi colli gŵr a merch. Eto rodd hi'n dal i ddwlu adrodd straeon am yr hen ddyddie pan odd hi'n arfer gwitho ar y ffermydd lleol a finne wrth 'y modd yn gwrando arni.

Dodd dim llawer o le i chwaraeon yn 'y mywyd i pan o'n i'n grotyn. Pan fydden ni blant yn whilo am rywbeth i neud fe fydden ni'n amal yn mynd am wâc gyda'n gilydd lan i'r Cwm uwch ben y pentre a neud y pethe anturus arferol, fel dringo coed ac adeiladu ambell i dŷ ynghanol y canghenne heb sôn am neido ar gefen dau ddonci odd ar y ffarm sy'n ffinio â stad Maeslan. Rodd 'na ysfa i neud drygioni weithie, fel cered yn fwriadol ar draws tir ambell i ffarmwr fydde'n dueddol o golli'i dymer a rhedeg ar ôl unrhyw un fydde'n neud 'ny. Bydden ni'n rhoi brige coed ar draws yr heol a gorfodi unhyw un fydde'n dod heibio mewn cerbyd i stopo er mwyn eu symud nhw o'r ffordd, a ninne o'n cuddfan ar bwys yn neud sbort am eu penne nhw. Mis Medi bydden ni'n dwgyd fale a'u twlu nhw'n uchel i'r awyr fel eu bod nhw'n lando gyda chythrel o sŵn ar doeon y tai ar bwys.

Rodd Ysgol Mynyddcerrig yn rhy fach i gynnal tîm rygbi ein hunan, felly fe fydde rhyw dri ohonon ni'n ymuno ag Ysgol Drefach i whare ambell i gêm. Rwy'n cofio'r gêm gynta geson ni'n erbyn Cross Hands ar gae Clwb Cefneithin a finne'n sgori 'y nghais cynta eriôd. Ro'n i'n whare wythwr ac o sgrym rhyw ddeg metr mas fe godes i'r bêl lan o'r gwt a chered, fwy neu lai, dros y llinell gais. Fe sgores i un arall eitha tebyg yn ddiweddarach ond mae'n rhaid cyfadde nad odd dim llawer o syniad 'da fi beth ro'n i'n neud. Eto, ro'n i yn y dyddie 'ny'n gwlffyn bach ac rodd 'yn seis i'n gallu rhoi rhywfaint o fantais i fi. Dodd dim tîm rygbi yn y pentre o gwbl, yn wir traddodiad o bêl-droed odd yno. Buodd 'Nhad yn aelod o dîm llwyddiannus Mynyddcerrig fydde, ar ddiwedd y pumdege'n gallu denu tri llond bws o gefnogwyr o'r pentre i fynd i'w gweld nhw'n whare yn ffeinal Cwpan y Mond lawr yn Drefach, Felindre. A phan o'n i'n ifanc, socyr odd y bois yn arfer whare yn eu hamser hamdden yn y pentre, withe yn y parc bach gafodd ei godi ar yr hen gae pêl-droed, dro arall ar y llecyn gwair yng nghanol y pentre.

Wrth gwrs, fel crotyn ro'n i wrth 'y modd yn gweld Cymru'n whare rygbi ar y teledu ac rwy'n cofio'r union eiliad pan feddyles i, 'Jiw, rwy'n lico'r gêm rygbi 'ma…' pan sgorodd Phil Bennett y cais gwych yna yn Murrayfield yn 1977, ar ôl ochrgamu'n bert a gorwedd ar y bêl ar ôl ei thirio hi o dan y pyst, gyda rhyw wên fach o foddhad ar ei wyneb. Eto ches i fawr o gyfle i weld gêmau 'yn hunan tan o'n i'n rhyw 13 oed, pan fydde 'Nhad, Robert a Cyril Owen, ffrindie i'r teulu, a finne'n mynd yn rheolaidd i weld y Tymbl yn whare gartre a bant a nhwythe yn un o dime gore Undeb

Rygbi Gorllewin Cymru ar y pryd. Rheswm arall pam ro'n ni'n dilyn Tymbl odd bod Phil, mab Joy a Les, brawd 'Nhad, yn whare ar yr asgell iddyn nhw. Ro'n i'n galw'n amal i weld Joy a Les a'r teulu, Kevin, Debbie a Phillip. Fi ddysgodd Les i yrru, a sdim sbel ers hynny, a do fe basodd e'r tro cynta.

Gêm arall ro'n i'n arbennig o hoff ohoni odd pŵl. Rodd bord pŵl yn y Clwb a chan fod 'Nhad yn aelod o'r Pwyllgor rodd e'n un o'r rhai odd yn gyfrifol am lanhau'r lle yn ei dro, a finne'n mynd gydag e ar fore Sadwrn, ers pan o'n i'n ifanc iawn i'w helpu. Ond yr atyniad i fi, ar yr adege 'ny, odd i ga'l cyfle am ambell i gêm o pŵl gyda 'Nhad yn y Clwb. Mewn gwirionedd dodd dim hawl 'da fi whare achos ro'n i'n rhy ifanc, felly pan rwyges i'r defnydd ar wyneb y ford wrth drio neud *trick shot* un tro fe fu'n rhaid i 'Nhad druan gymryd y bai gan weud taw y fe odd yn gyfrifol am y damej. Ond fe dalodd yr holl ymarfer i fi achos pan o'n i'n 14 blwydd oed fe enilles i Bencampwriaeth Pŵl y Clwb. Bues i'n whare tipyn ar y gêm drwy'n arddege, yn benna yn y Clwb a lawr yn y Prince gyda ffrindie o'r Clwb Ffermwyr Ifainc, ond ychydig o gyfle fydda i'n ei ga'l y dyddie hyn.

Trwy hap a damwain y des i'n ddisgybl yn Ysgol Maes Yr Yrfa. Ar ôl i fi dreulio blwyddyn yn Ysgol Ramadeg y Gwendraeth fe fu'n rhaid i rieni'r ardal ddewis rhyngddi hi ac Ysgol Maes Yr Yrfa ar gyfer addysg eu plant, gan mai addysg gyfun yn unig fydde ar ga'l o hynna mlân. Yr unig wahanieth rhwng y ddwy ysgol odd bod Ysgol Maes Yr Yrfa yn cynnig addysg trwy gyfrwng y Gymraeg. Eto i gyd rodd llawer o'r rhieni o dan y camargraff bod y Gwendraeth yn dal yn rhyw fath o ysgol ramadeg. Oherwydd hynna, i radde helaeth rwy'n meddwl, rodd mwyafrif llethol o'r plant am aros yn Ysgol y Gwendraeth a finne tan y funed olaf, yn un ohonyn nhw. Erbyn heddi wrth gwrs mae'r rhod wedi troi a llawer mwy o blant yr ardal yn dewis mynd i Ysgol Maes Yr Yrfa.

Y rheswm penna dros 'y mhenderfyniad i adel Ysgol y Gwendraeth odd mod i'n ca'l 'y mwlio'n ddi-baid gan un o'r disgyblion yn yr un flwyddyn â fi. Gymint odd y bwlio nes mod i ddim isie mynd i'r ysgol o gwbl ar adege ac yn esgus yn aml mod i'n dost, er mwyn ca'l aros gartre. Eto rodd 'da fi griw o ffrindie da yn y flwyddyn gynta honno, bois fel Gari Niclas, Brendan Griffiths, Wayne Thomas, Mark Morgan, Gari Jones, Paul Isaacs, Kendal Jones ac Alan Jova, ac yn y diwedd fe droion nhw ar y 'bwli' ac o ganlyniad ces i lonydd 'da fe o hynna mlân. Byth ers hynny rwy 'di casáu agwedd 'y bwli' a phan es i witho yn Ysgol Maes Yr Yrfa flynyddoedd wedyn ro'n i bob amser yn trio cadw llygad er mwyn gallu achub cam unrhyw un a gâi ei fwlio. Ond rodd y criw o ffrindie nath 'yn achub i, yn wahanol i fi, wedi rhoi eu henwe lawr i fynd i Ysgol Maes Yr Yrfa y flwyddyn wedyn. Felly dyma fi'n mynd gyda nhw, a dyfaru dim achos i Ysgol Maes Yr Yrfa rwy'n ddyledus am beth bynnag rwy 'di llwyddo i'w gyflawni yn 'y mywyd cyhoeddus hyd yn hyn.

Dodd y penderfyniad ddim byd i neud ag iaith na'r math o addysg ro'n i'n mynd i ga'l. A dweud y gwir rodd nifer fawr o'r gwersi yn Ysgol y Gwendraeth yn ca'l eu cynnal yn y Gymraeg beth bynnag. Rodd yr ysgol honno wrth gwrs yn neud yn fawr o'i thraddodiad rygbi gwych gan roi sylw amlwg i'r ffaith bod sêr fel Carwyn James, Barry John, Gareth Davies a Jonathan Davies yn gyn-ddisgyblion. 'Y nghyfraniad mawr i i'r traddodiad hwnnw odd mod i wedi whare prop i dîm y flwyddyn gynta ac wedi casáu pob muned o'r profiad, yn benna achos bod dim siâp arna i.

Ond o'r dyddie cynnar 'ny yn y Gwendraeth rodd 'da fi ddawn arbennig i neud drygioni, yn aml ar draul yr athrawon. Un diwrnod cyn rhyw brawf Bioleg, a finne fel arfer ddim wedi paratoi ar ei gyfer e, dyma fi'n perswado un o'n ffrindie, Paul Isaacs, y dylen ni daflu ein bagie ysgol ar ben un o'r Portakabins yn yr iard. Yna, i mewn â ni i'r prawf gan gyhoeddi wrth yr athro, Eddie Biol, bod rhywun wedi dwyn 'yn bagie ni ac ynddyn nhw rodd 'yn holl lyfre ni a'n gwaith cartre ar gyfer y gwersi yn ystod gweddill y dydd a'i bod hi'n bwysig 'yn bod ni'n eu ffindo nhw ar unwaith.

Felly, ar ôl ca'l caniatâd i fynd i whilo am y bagie bant â ni i nôl Mr Owain Herbert, yr athro Technoleg, odd ag ystol at ei wasaneth, gan weud wrtho fe bod rhyw blant drwg wedi taflu'n bagie ni ar ben to'r Portakabin. Fe gafodd e hyd iddyn nhw, whare teg iddo fe, gan achwyn wrth ddringo ei fod yn 'gwbod yn iawn beth odd 'yn tricie ni'. Ond beth odd yn bwysig i ni odd 'yn bod ni wedi colli'r prawf Bioleg.

Dro arall fe ges i'n hala mas o'r dosbarth am regi a 'ngorchymyn i fynd i weld Elspeth Jones, Pennaeth Adran y Gymraeg yn y Gwendraeth. Roedd hi'n dysgu dosbarth ar y pryd a phan gerddes i mewn i'w stafell fe ofynnodd hi i fi pam o'n i yno.

'Wy 'di ca'l 'yn hala atoch chi achos mod i 'di rhegi, Miss,' meddwn i.

'Beth wedest di?' gofynnodd hi, heb feddwl.

'Ffycin hel, Miss!' atebes i.

Wrth gwrs fe fostodd pawb mas i wherthin yn ei dosbarth pan glywson nhw 'na ac fe geso i'n hala i'r cwts cadw llyfre yng nghefen y stafell. Pan gerddes i mewn rodd un o'n ffrindie gore i, Paul Isaacs, i mewn yno'n barod am ei fod e wedi neud rhyw ddrygioni neu'i gilydd. Ond fues i ddim yno'n hir oherwydd mae 'da fi ffobia o ran ca'l 'y nghau mewn llefydd bach cyfyng a dechreues i gnoco'r drws ar unwaith a gweiddi'n daer, 'Miss, alla i ddod mas... rwy'n *clostraffeebic*'.

Dyma'r dosbarth yn bosto mas i wherthin unwaith 'to, ac Elspeth Jones gyda nhw, ond fe ges i ddod o'na beth bynnag. Yn anffodus fe fu'n rhaid i fi fyw am sbel fawr wedyn gyda'r bois yn 'y mhryfoco fi mod i'n clostraffobic. Dodd hi ddim yn syndod falle bod Eddie Biol, yn ôl y sôn, ac ynte newydd glywed mod i a Paul Isaacs yn bwriadu gadel y Gwendraeth, wedi cerdded i mewn i ystafell y staff gan gario tomen o bapure odd i ga'l eu marco, wedi taflu'r cyfan i'r awyr a gweiddi, 'Thank God, Nigel Owens and Paul Isaacs are going to Maes Yr Yrfa!'

Ond fe barodd yr ysfa 'ma i fod yn ddrygionus ym Maes Yr Yrfa hefyd. Yn un o'r dosbarthiadau cofrestru cynnar yno rodd Jones Maths am i ni'r disgyblion alw 'yn henwe yn eu trefen. Nawr rodd e bob amser isie i'r plant, pan fydden nhw yn ei ateb e, orffen drwy ddweud, 'syr':

'Beth yw 12 wedi ei luosi â 12?'

'144, syr.'

Os na fydde'r ateb yn cynnwys y gair 'syr' fe fydde'n gofyn unwaith 'to. Felly pan dda'th 'y nhro i i alw'n enw adeg cofrestru, dyma fi'n dweud, 'Nigel Owens'.

Medde Jones, 'Pardwn?'

'Nigel Owens,' medde fi 'to.

'Smo ti'n dweud 'syr', 'te?' gofynnodd yr athro.

'O,' medde fi. 'Syr Nigel Owens!'

Mewn un ffordd ro'n i'n lwcus iawn na fu'r awydd yma i fod yn ddoniol yn gyfrifol am 'y ngha'l i drwbwl gyda'r staff ar sawl achlysur. Whare teg iddyn nhw, ro'n nhw'n sylweddoli nad odd dim casineb y tu nôl iddo fe ac ro'n nhw'n barod, fel arfer, i weld yr ochr ddoniol.

Wrth gwrs, do'n i ddim yn rhoi hanner digon o sylw i 'ngwaith ysgol yng nghanol yr holl rialtwch 'ma. A dweud y gwir ro'n i'n lico meddwl y byddwn i ryw ddiwrnod, yn gallu mynd yn filfeddyg ond fel y dwedodd un athro wrtha i pan ddwedes i hynna wrtho, 'Nei di byth mo 'ddi... 'smo ti'n gwitho'n ddigon caled.' Ond rodd 'na un maes odd yn agos at 'y nghalon i, sef drama, ac rwy'n ddiolchgar iawn i un athrawes yn arbennig, Delyth Mai Nicholas, am gynnal 'y niddordeb i yn y pwnc a rhoi cyfle i fi berfformio tipyn. Pan o'n i'n 13 oed fe dda'th Pat Griffiths, o Gwmni Teledu Atsain i'r ysgol i gynnal cyfweliadau ar gyfer dod o hyd i blant i drosleisio cymeriade mewn cyfres ddrama o'r Eidal ar gyfer pobol ifanc. Roedd Pat yn mynd i'w dybio hi i'r Gymraeg ar gyfer S4C. Do'n i ddim yn gwbod 'ny ar y pryd ond pan odd 'Nhad yn gwitho yn y cwar yn Crwbin, un o'i ddyletswydde fe odd mynd rownd rhai o'r ffermydd ar bwys i'w rhybuddio nhw pan fydde'r cwar ar fin tano twlle ac rodd rhieni Pat yn byw ar un o'r ffermydd 'ny.

Fe fues i'n ddigon lwcus i ga'l 'y newis gan Atsain (yr unig ddisgybl o Faes Yr Yrfa, fel digwyddodd hi) i whare rhan Pepino, bachgen bach tew odd yn stwffo rhyw fwyd neu'i gilydd drwy'r amser. Un fantais o whare'r rhan yna odd mod i, er mwyn gwneud y portread yn un dilys, yn ca'l byta lolipops a losin tra o'n i'n ca'l 'yn recordio hyd yn oed. Fe wnes i fwynhau'r profiad yn fawr iawn a do's dim dwy waith ei fod e wedi procio'r awydd yno' i i berfformo hyd yn oed yn fwy – ac ro'n i'n ca'l 'y nhalu ar ben hynny. Whare teg i Mam, fel yn achos unrhyw arian ro'n i'n ei ennill, fe fydde hi'n ei roi fe heibo drosta i fel bo rhyw swmyn bach yn dod mas bob hyn a hyn er mwyn i fi ga'l prynu rhywbeth neilltuol, ac mae'n dal i ddigwydd heddi. Dyna shwd ges i 'nghar cynta eriôd, yn 17 mlwydd oed, sef hen Honda Civic melyn Jimmy Tegfan.

Rodd mynd i Gaerdydd gyda 'Nhad a Mam i ddybio rhyw beder neu bump gwaith, dros gyfnod o ychydig o fisoedd yn dipyn o antur. Dodd 'Nhad ddim yn hapus i ddreifo i un man lle rodd 'na gylchdro neu sawl ffrwd brysur o draffig, felly fe fydden ni'n arfer teithio i Gaerdydd ar y trên. Rodd amserlen y dybio yn caniatáu i fi ga'l sbel fach am gwpwl o orie ganol dydd, fel arfer, ac fe roiodd hynna gyfle i ni weld rhywfaint ar atyniade'r ddinas, fel yr Amgueddfa Genedlaethol a Pharc yr Arfau, wrth gwrs. Pan aethon ni yno fe adawodd y dyn odd yn digwydd torri'r borfa i ni gerdded ar y cae ei hunan, odd yn dipyn o wefr i fi ar y pryd. Rwy'n cofio dweud, rhyw dair blynedd wedyn, nad elen i byth 'nôl i Barc yr Arfau tan mod i'n dyfarnu 'na ond rodd yn rhaid i fi anghofio'r addewid achos fe benderfynwyd bod

Cymru'n gorffen whare ar gae Parc yr Arfau yng nghanol y nawdege. Felly fe es i 'nôl 'na am yr ail dro gyda cwpwl o ffrindie i weld Cymru'n whare'i gêm ola ar Barc yr Arfau yn erbyn Lloegr yn 1995.

Pennod 2

Ysgol Brofiad

FALLE TAW'R UN CYMHELLIAD, yn y bôn, odd tu cefen i'r awydd i fod yn ddrygionus ac yn ddigrifwr. Ond 'sdim dwywaith taw'r person blannodd y dileit 'na yn'o i odd Ifan Gruffydd, yn ei raglenni teledu fel *Ma Ifan 'Ma* a *Noson Lawen*. Gan 'yn bod ni'n aml fel teulu mas ar nos Wener fe fyddwn i'n neud yn siŵr mod i'n recordo *Ma Ifan 'Ma* fel mod i'n gallu gweld y rhaglen ar ôl dod gartre. Fe fyddwn i wedyn yn gneud yn siŵr bod y jôcs ar 'y nghof ac yna yn yr ysgol ar y bore Llun, yn y stafell gotie, cyn y gwersi, byddwn i'n eu hadrodd nhw i gyd wrth 'yn ffrindie yn gwmws fel y bydde Ifan yn neud, gan achosi tipyn o rialtwch.

Pan o'n i'n 14 blwydd oed rwy'n cofio neud sbot o tua hanner awr yn dynwared Idwal, un o gymeriade Ifan Gruffydd, mewn noson o Gawl a Chân yng Nghlwb Mynyddcerrig a chael ymateb da iawn. Dyna, am a wn i, odd y tro cynta i fi deimlo'r wefr odd i'w ga'l o neud i gynulleidfa wherthin ac fe fu'r profiad 'na'n hwb i fi fod yn ddigrifwr yn ddiweddarach. Ond fe ddysges i wers bwysig y nosweth 'ny yn ogystal, achos fe netho i'r camgymeriad o fynd 'nôl i'r llwyfan yn hwyrach, a'r tro hwnnw dodd y derbyniad ddim cystel. Felly des i werthfawrogi'n gynnar iawn pa mor bwysig odd torri perfformiad yn ei flas yn hytrach na gadel i bethe lusgo.

Daeth cyfle arall i fi fod yn fwy 'cyhoeddus' pan ddetho i'n aelod o Glwb Ffermwyr Ifainc Llanarthne, a finne'n bymtheg oed. Gas Helen, 'y nghyfnither, a fi wahoddiad i ymuno â Chlwb Ffermwyr Ifainc Llanarthne gan Howard

Roberts, Arweinydd y Clwb, o achos 'yn bod ni'n neud tipyn yn gyhoeddus yn y Capel mae'n siŵr. Fe ddetho i'n ffrindie mawr 'da Howard a chyn bo hir ro'n i'n ei helpu bob dydd Sadwrn ac yn ystod gwylie'r ysgol, yn y Wern – ffarm Howard yn Drefach. Bob nos Fawrth fe fydde bws mini Dai Dŵr am £1 y pen yn codi fi, Helen, Angharad Tir Garn ac Avril Davies o Mynyddcerrig ac yn mynd â ni lawr i'r Clwb Ffermwyr Ifainc, whech milltir bant yn Llanarthne. Oni bai fod trefniant mor gyfleus yn bod mae'n amheus 'da fi a fyddwn i'n bersonol wedi stico gyda'r Clwb Ffermwyr Ifainc. Rodd 'da fi nifer o ffrindie da yno, fel Elsie Jones o'r Tymbl a'r chwiorydd Debbie a Cristen Jones o Cwm-mawr. Yn aelodau hefyd odd merched Luther Rees 'y tyres', Blaenhirwaun a fydde'n arfer mynd ar hyd y lle i gadw cyngherdde o dan yr enw Lliwiau'r Enfys. Fe ges i gyfle i gymryd rhan mewn sawl nosweth gyda nhw, odd yn brofiad gwerthfawr iawn. Ond fe fuodd yn gyfle hefyd i rai ohonon ni'r ffermwyr ifanc dreulio sawl nosweth hwyliog iawn ar aelwyd y teulu Rees, a hefyd yn y Wern, Drefach, lle rodd y drws wastod ar agor a chroeso ar yr aelwyd. Rodd 'da fi nifer o ffrindie da ymhlith y Ffermwyr Ifainc, cymeriade fel Emyr Bubbles, Graham, Bari Bro'n Berllan, Endaf y Grofft a Meirion Garnlwyd.

Mae'n bosib y base 'mywyd i wedi bod yn wahanol iawn heblaw am fudiad y Ffermwyr Ifainc. Fe roiodd gyfle gwych i fi fod yn 'gyhoeddus' mewn cyment o ffyrdd gwahanol. Ro'n i wrth 'y modd yn cymryd rhan yn Eisteddfod y Ffermwyr Ifainc a dros y blynyddoedd fe enilles i'r wobr gynta yn y gystadleuaeth siarad cyhoeddus, yn Gymraeg a Saesneg. Mae'n rhaid bod 'siarad' yn y gwaed gan fod Helen wedi ennill sawl gwaith hefyd. Enilles i hefyd y gystadleuaeth dynwared, yr adroddiad digri a'r gystadleuaeth i ddigrifwyr, yn ogystal ag ennill y wobr am y perfformiwr gorau yn y gystadleuaeth cyflwyno hanner awr o adloniant. Rodd y cyfan yn hwb mawr i fi gario mlân fel perfformiwr ar lwyfannau nosweithiau llawen.

Pan dda'th hi'n amser i fi gymryd arholiade TGAU 'y mwriad i odd mynd yn ôl i'r ysgol y flwyddyn wedyn i neud Safon A mewn hanes a drama ac er i fi baso'r ddau bwnc 'na, rodd y canlyniade erill yn siomedig. Felly fe etho i 'nôl ar ôl yr haf i aileistedd y pyncie ro'n i wedi eu ffaelu. Ond fe ddigwyddodd y Prifathro, Arwyn Thomas, sôn un diwrnod bod 'na bosibilrwydd y bydde'r ysgol yn gorfod cau am dipyn yr wythnos wedyn gan fod Cliff, y gofalwr ar y pryd, yn gorfod mynd i'r ysbyty i ga'l llawdrinieth, felly dyma fi'n cynnig neud swydd y gofalwr yn ei le. Y bore wedyn dyma'r Prifathro'n cadarnhau bo fe wedi ca'l gair gyda'r Offis yn Gaerfyrddin a bod pob dim yn iawn. Fi odd pia'r jobyn. Am ryw fis fe fues i'n ofalwr ac yn ddisgybl ond yna fe benderfynes i fod swydd y gofalwr yn apelio mwy ata i. Wedi'r cyfan, swydd rhan amser odd hi, a finne'n dod i mewn erbyn 6.30 y bore i gynne'r bwyleri a pharatoi'r ysgol ar gyfer y diwrnod. Yna byddwn i'n gorffen am 9.30 y bore, tan 3.00 o'r gloch y prynhawn, pan fydde'n rhaid i fi ddod 'nôl i'r ysgol a gweithio tan 6.30.

Ro'n i'n ca'l pai o £120 yr wythnos am neud 'ny. Ond do'n i ddim yn rhoi'n nhrâd lan yn ystod yr amser pan nad o'n i yn yr ysgol chwaith achos fe fyddwn i'n mynd lawr i witho ar ffarm y Wern yn ystod y dydd. Ro'n i'n hala orie yn y Wern hyd yn oed pan nad o'n i'n gwitho 'no. Yn wir rodd Howard a'i wraig Margaret, Mrs Roberts a'r plant, Nia a Neville fel ail deulu i fi a'r ffarm fel ail gartre'n aml iawn. Rwy'n dal i alw 'no heddi ond ddim mor aml ag y byddwn i'n lico neud gan fod amser mor brin erbyn hyn.

Wrth gwrs, mae jobyn gofalwr yn un pwysig iawn ac ro'n i wedi aeddfedu lot erbyn y cyfnod hynny. Ro'n i wedi dangos mewn sawl ffordd, falle mod i'n gallu derbyn cyfrifoldeb. Ro'n i wedi ca'l profiad o redeg siop yr ysgol yn y cyntedd bob bore, ro'n i wedi acto mewn sawl drama ac wedi neud sawl 'spot' fel dynwaredwr mewn cyngherdde – Ifan Gruffydd ac ambell i athro odd y ffefrynne. Ac erbyn hynny, wrth gwrs, ro'n i wedi dechre dyfarnu. Fe fydde Delyth Armstrong, athrawes ym Maes Yr Yrfa yn 'y nefnyddio i, mae'n debyg, fel esiampl ar gyfer y plant erill, o grwtyn drwg a dyfodd i fod yn ddisgybl cwrtais a hoffus odd hefyd yn dal i fod yn ddrygionus ddiniwed. Bellach ro'n i'n hala athrawon i wherthin yn hytrach na'u hala nhw'n benwan.

Yn naturiol ro'n i'n ddibrofiad iawn. Un o'r dyletswydde pwysica odd cynne tân y bwyler ben bore fel bod gan yr ysgol, a'r gegin yn enwedig, ddŵr twym a gwres. Y tro cynta ro'n i fod i neud hyn ro'n i wedi anghofio stoco'r tân y nosweth gynt, fel y bydde fe'n dal ynghynn y bore wedyn. Y canlyniad odd mod i 'di ffaelu'n deg â chynne'r tân, a hynny ar 'y more cynta. Felly rodd yn rhaid i fi ffono 'Nhad am 6.30 y bore ac ynte newydd gyrradd gartre ar ôl bod yn gwitho'r shifft nos yng nghwar Torcoed ym Mynyddcerrig. Buodd rhaid iddo fe ddod â choed tân sych lawr i'r ysgol fel mod i'n gallu cynne'r tân. Heblaw am ei help e'r bore 'ny, fe fydde'r ysgol wedi gorfod cau.

Digon anodd odd hi cofiwch i gadw'r ddesgl yn wastad rhwng y ffaith fod gofyn, ar y naill law i fi fod yn gyfeillgar gyda'r staff a cha'l eu parch nhw, ac ar y llaw arall bod rhaid i fi gadw'n ffrindie 'da'r hen griw o ddisgyblion fel Craig Bonnell, Gari Maesymeillion, Lyndon, Kevin Natzi, Ryan Parry, Colin Price, Wayne Thomas a Dylan Murphy ac yn enwedig y rhai odd yn y Ffermwyr Ifainc gyda fi. Ond diolch byth rodd rhai o'r rhai mwya drygionus wedi gadel! Eto fe fydde'r hen awydd i neud drygioni'n codi ei ben bob hyn a hyn. Ces i 'y mherswado gan rai o fois y chweched dosbarth i gloi un o'r athrawese mwya siapus yn ei hystafell a hithe'n marco ar ôl ysgol, er mwyn i ni i gyd ga'l ei gweld hi'n dringo mas trwy'r ffenest i ddiengid o 'na.

Rodd y cyfnod hales i fel gofalwr yn un hapus iawn a chan mod i mor ifanc, mae'n siŵr, fe fydde'r criw o saith o ferched odd yn glanhau'n edrych ar 'yn ôl i fel taswn i'n fab iddyn nhw. Ro'n i'n ca'l tipyn o sbort yn tynnu eu coese nhw hefyd ac fel uchafbwynt i'r wythnos fe fydden ni i gyd yn cwrdd am ddishgled o de a bisgedi ar ddiwedd pob prynhawn dydd Gwener. Yna unwaith y dechreues i ddynwared Idwal yn gyhoeddus ro'n nhw'n mynnu mod i'n gwisgo lan fel fe ac yn mynd trwy 'yn *repertoire* i o jôcs Idwal gyda nhw, bron bob wythnos.

Ro'n i'n gwbod bod Cliff, wedi iddo fe wella, yn bwriadu dod 'nôl i witho am flwyddyn ac yna ei fod e am ymddeol. Felly 'ngobaith i odd ca'l 'y nghyflogi fel gofalwr parhaol wedi iddo fe roi'r gore iddi ac rodd yr ysgol hefyd, mae'n debyg, yn hapus â'r trefniant 'ny. Felly fe hales i'r flwyddyn honno'n gwitho amser llawn yn y Wern ac, oherwydd mod i wedi cofrestru o dan gynllun gwaith yr YTS, ro'n i'n ca'l tâl am weithio yno. Fel rhan o'r cynllun byddwn i'n ogystal yn treulio rhai diwrnode bob wythnos ar ffermydd hyfforddi Pibwrlwyd a Gelli Aur, lle ro'n i'n ca'l 'y nysgu shwd i warchod cefn gwlad, shwd i ffenso, i blygu cloddie, i odro a phethe felly. Mewn gwirionedd, dim ond mewn anifeiliaid odd 'da fi ddiddordeb ond fe ges i dipyn o sbort yno gyda ffrindie fel Arwel Cottage, Ryan, Gethin, Aled Mawr, Dai Clarke a Simon Penyclîn.

Eto ro'n i wrth 'y modd ynghanol 'cymdeithas' y Ffermwyr Ifainc. Rodd rhai ohonyn nhw'n henach na fi ac fe es i drwbwl ambell waith yn trio profi i fi'n hunan mod i'r un mor brofiadol â nhw, yn enwedig wrth gladdu cwpwl o beints. Rwy'n cofio mynd i Gaerfyrddin 'da nhw rhyw nos Sadwrn ac er i fi drio cadw lan â faint ro'n nhw'n ei yfed, erbyn tua 11.30 y nosweth arbennig yna, ro'n i'n gwbod mod i wedi ca'l digon. Felly fe ges i afel ar dacsi a gofyn iddo fynd â fi 'nôl i Mynyddcerrig. Pan waeddodd y gyrrwr yn y man bo ni bythdi gyrradd dyma fi'n rhoi'n llaw yn 'y mhoced a ffindo nad odd dim clincen 'da fi ar ôl. Dodd dim amdani ond rhoi trâd iddi o'r tacsi er mwyn osgoi talu, felly bant â fi fel milgi. Fe neides i dros ddwy wal yn lân, gyda'r drifwr yn bytheirio ac yn bygwth rhywle y tu 'nôl i fi, cyn cwympo

fel sach o dato ar 'yn wyneb wrth drio clyro'r drydedd wal!
Fe orweddes i'n llonydd yn y fan 'na, nes mod i'n clywed y
tacsi'n gadel. Fe godes i ar 'y nhra'd a thrio gweld yn gwmws
ble ro'n i. Chymerodd hi ddim yn hir i fi sylweddoli bod
y tacsi wedi dod â fi i bentre Mynydd y Garreg, ar bwys
Cydweli, nid i Mynyddcerrig, a bod wâc o ryw wyth milltir
yn 'yn wynebu i cyn i fi gyrradd gartre! Rodd honno'n wers
ddrud iawn – dylen i ddewis yn fwy gofalus 'da pwy byddwn
i'n mynd mas i yfed, a gofalu bod arian 'da fi i i dalu am
dacsi!

Bob nos Sul bydden ni'n mynd mas i ga'l rhwbeth i'w
fyta gyda ffrindie o Bontyberem – dim byd mawr cofiwch,
dim ond mynd i McDonalds neu rywle felly. Un nos Sul ro'n
i, Steven Davies, Willis a Mathew Rowe wedi bod lawr i
Rydaman i ga'l kebab. Dethon ni 'nôl i sgŵar Pontyberem
ac fe gododd yr hen awydd 'na i greu drygioni ynddon ni.
Sylwon ni fod toilede symudol wedi eu gadel gan gwmni
adeiladu a odd wrthi'n codi adeilad yr ochor draw i'r hewl i
gartre Gary a Wayne Thomas, dau ffrind i ni. Yn dawel bach
aethon ni ati i symud y toilet a'i osod yn daclus ar y lawnt o
flaen eu cartre nhw a hwnnw'n sefyll yno fel rhyw tardis yn
y tywyllwch. Wedyn aethon ni ati i osod bolards ar yr hewl
ac arwain y traffic at y tardis.

Ond fe ddeffrodd y teulu a buodd yn rhaid i ni ei baglu
hi cyn ca'l 'yn dala. Yn anffodus i Wayne, fuodd e ddim mor
ofalus â ni wrth symud y toilede yn ôl dros y ffordd. Yn ei
wylltineb fe arllwysodd garthion y gweithwyr dros y lawnt i
gyd gan greu drewdod ar y sgŵar am ddiwrnode a thestun
trafod i'r pentre wrth gwrs. Nawr rodd Wayne yn byw yno ar
y pryd gyda'i fam a'i dad, Roy a Stephanie, a rhaid cyfadde
nad yw Wayne wedi ca'l ei eni gyda'r amynedd gore yn y byd
– siwrne y bydde e'n whythu'r ffiws, yna lwc owt yw hi. Fe
ffindiodd Wayne mas, trwy'i frawd Gary, taw fi odd perchen
y Peugeot 205 gwyn a wir i chi buodd rhaid i ni'n pedwar
gadw draw o glwb rygbi Pontyberem am wythnose nes bod

Wayne wedi dod dros ei bwl.

Yn ystod y dydd ro'n i'n ddigon hapus y dyddie 'ny yn neud y tasge arferol o gwmpas y Wern ac yn bwrw ati'n fishi iawn, yn arbennig adeg cynhaea gwair. Byddwn i'n neud tipyn o waith bêlo ac un tro ro'n i'n bêlo cae bach ym Mhontyberem, gyda'r Wern yn ca'l hanner y bêls a Fferm Mynachlog ym Mhontyberem yn ca'l yr hanner arall. Ma'n siŵr bod pobol Pontyberem wedi'n rhegi i bryd hynny lawer yn fwy hyd yn oed nag y bydden nhw'n neud pan fyddwn i'n dyfarnu 'na! Ro'n i wrthi'n drifo'r tractor trwy'r pentre a llwyth o fêls bach ar y treilyr, gyda Phil y Dryw, odd wedi bod yn llwytho'r treilyr, yn eistedd ar ben y llwyth. Rodd e'n byw yn Tŷ Newydd, drws nesa i'r Wern ac ro'n i'n ffrindie mawr ag e. Fel ro'n i'n mynd trwy sgwâr y pentre dyma'r llwyth yn moelyd a'r bêls dros yr hewl i gyd. Nawr mae e'n lle eitha bishi a thipyn o draffig yn paso drwyddo, felly'r peth cynta 'nes i odd neido bant oddi ar y tractor a thrio neud yn siŵr bod y traffig yn gallu symud heibio, er gwaetha'r holl fêls dros yr hewl. Ar ôl tipyn dyma fi'n mynd rownd y cefen i weld shwd odd Phil yn dod mlân o ran câl trefen ar y bêls. Ond dodd dim sôn amdano fe. Fe ffindes i fe yn y diwedd yn Cafe Cynnes ar bwys, yn yfed dishgled o de ac yn ca'l sbort am mai fi odd yn ca'l y bai gan bawb, ac felly y bydde'n enw i fel drifwr tractor yn fwd yn yr ardal.

Hyd yn oed yn y dyddie pan o'n i'n trin cŵn Tir Garn, rodd rhaid bod 'da fi ryw dynfa arbennig tuag at yr anifeiliaid. Bryd hynny rodd un o gŵn Dilys, Bel, yn ffyrnig iawn a dodd hi ddim yn saff i fawr o neb arall ar wahân i Dilys, fynd yn agos ati ond ro'n i'n gallu neud unrhyw beth ro'n i'n mo'yn 'da hi. Pan o'n i'n bymtheg oed fe gafodd Bel gŵn bach ac fe brynes i un ohonyn nhw. Rhoies i'r enw Bel ar yr ast fach 'ny hefyd gyda'r bwriad o'i magu er mwyn ca'l cŵn bach oddi wrthi ond dodd hynny ddim yn bosib. Fe fu Bel farw'n sydyn yn whech blwydd oed a ninne fel teulu'n ofnadwy o ddigalon o ganlyniad. R'o'n i'n gwitho fel technegydd ym

Maes Yr Yrfa ar y pryd ond fe ffaeles i â mynd i'r gwaith am dri diwrnod ar ôl colli Bel achos ro'n i mor ypsèt.

Yr adeg 'ny fe ddwedodd 'yn rhieni nag odd dim un ci arall i ddod yn agos i'n tŷ ni gan y bydde profiad arall tebyg i golli Bel yn ormod o ergyd. Ond rhyw flwyddyn neu ddwy wedyn dyma fi'n penderfynu prynu ci bach, West Highland Terrier fel Bel, yn anrheg Dolig i'n rhieni. Dyma fi'n mynd i nôl y ci o ffarm Cwm Hywel, Llan-non, y noseth cyn Dolig. Ar ôl galw yn Drefach i ddangos y ci i Mam-gu dyma fi'n mynd ag e gartre a'i guddio fe yn y sied, gyda'r bwriad o'i gyflwyno fe i'n rhieni y bore wedyn. Ond fe ddechreuodd yr hen gi bach neud tipyn o sŵn yn y sied a buodd 'Nhad ddim yn hir cyn ei ffindo fe. Os do fe! Fe ges i gythrel o stŵr ac fe fuodd 'na dipyn o ffraeo. O ganlyniad gorfod i fi fynd â'r ci bach 'nôl i Cwm Hywel y noseth 'ny. Y diwrnod wedyn rodd Mam-gu a Ken gyda ni'n ca'l cino Dolig ond 'nes i ddim byd ond achwyn am y cam rodd y ci bach wedi'i ga'l. Dyna odd y diwrnod Dolig trista rwy 'di ga'l eriôd ond fe ddysges i wers bwysig bryd 'ny – i beidio neud unrhyw gynllunie ar gyfer 'yn tŷ ni heb ga'l caniatâd 'yn rhieni gynta.

Un diwrnod fe dda'th y fet i'r Wern i roi Sheba, un o'r cŵn, i gysgu achos ei bod hi'n eitha tost ac rodd penderfyniad wedi'i neud i ddifa Lassie, un arall o gŵn y ffarm yr un pryd am ei bod hi wedi mynd yn rhy hen i witho. Ond ro'n i'n hoff iawn o Lassie ac ychydig cyn i'r fet gyrradd dyma fi'n mynd â hi ar linyn lan i'r mynydd a'i chlymu hi yno ymhell o olwg y ffarm. Pan gyrhaeddodd y fet dodd dim golwg o Lassie yn unman er y buodd 'na weiddi mawr amdani. Ddiwedd y prynhawn es i nôl yr ast ac wedi i fi ei gollwng hi ar bwys y ffarm dyma hi'n cerdded yn hamddenol i mewn i'r clos er syndod i bawb.

O ganlyniad fe benderfynodd Howard, gan i Lassie fod mor glyfar yn synhwyro bod y fet yn dod i'w rhoi hi i gysgu(!), y galle hi hala gweddill ei dyddie ar y Wern a buodd hi fyw am dair blynedd arall. Eto i gyd, ci defaid

arall, Rex, odd y ffefryn 'da fi a ble bynnag ro'n i'n mynd
fe fydde fe gyda fi. Er mwyn dangos falle pa mor agos ro'n
i'n mynd at rai anifeiliaid ar y ffarm, nelwn i fyth fyta cig
moch yn y Wern, er mod i'n dwlu arno. Y rheswm am 'ny
odd y bydde Howard a Margaret yn magu moch ar gyfer eu
lladd a'u byta. Y fi fydde'n eu bwydo gan amla gyda sbarion
a'r llath odd ar ôl wedi'r godro a byddwn i'n dod yn hoff
iawn ohonyn nhw. Allen i ddim meddwl am eu byta nhw
wedyn. Wy'n cofio mynd â rhai o'r moch unwaith, a dim
ond unwaith, i ladd-dy Pwll Bach, Felinfoel. Allwn i ddim
godde eu gweld a'u clywed nhw'n ca'l eu lladd er mor 'ddi-
boen' odd y dull o'u difa nhw i fod.

Rodd Mrs Roberts Y Wern yn dipyn o gymeriad ac fe ges
i lot o sbort gyda hi. Rwy'n ei chofio hi'n ca'l hwfer newydd
rywdro ac rodd hi'n barod i fynd ati i lanhau'r tŷ o'r top i'r
gwaelod yn llawn bywyd. A finne ar fy ffordd i'r Wern ar 'y
meic dyma fi'n ei ffono hi o'r ciosg ar sgŵar Drefach gan
esgus taw plismon o Gross Hands o'n i, a dweud bo rhaid i fi
ddod i nôl yr hwfer gan fod y peiriant wedi ca'l ei ddwyn. Yr
ateb ges i ganddi, wedi iddi fod yn 'y niawlo i am dipyn, odd,
'Dewch chi, ond bydd rhaid i chi aros nes bydda i 'di cwpla
hwfro cyn y gallwch chi fynd ag e o 'ma.' Gas hi dipyn o sioc,
a rhyddhad, pan gyrhaeddodd 'plismon' y Wern y bore 'ny.
Ac fe gafodd ynte 'i ddiawlo unwaith 'to 'fyd!

Er mod i'n mwynhau ffarmo roies i ddim lot o sylw i
ochr addysgol y byd amaeth ym Mhibwrlwyd na Gelli Aur
yn ystod y flwyddyn honno achos ro'n i'n gwbod y byddwn
i'n ailafel yn swydd y gofalwr ar ddechre'r flwyddyn ysgol
wedyn. Ond nid fel 'na y buodd hi chwaith. Yn y dyddie 'ny
ro'n i'n neud tipyn o waith trasio cloddie yn yr ardal ac ro'n
i'n ca'l enw da fel un odd yn neud jobyn teidi. Gofynnodd
Ieuan Morgan, Pennaeth Gwyddoniaeth ym Maes Yr
Yrfa, i fi ddod i drasio yn Stafell, tyddyn bach odd 'da fe
yn Llanddarog ac mae'n rhaid bod e wedi ca'l ei blesio ac
yn sylweddoli falle mod i'n eitha deche gyda 'nwylo achos

pan es i 'nôl i'r ysgol ddechre'r tymor wedyn fe ddwedodd Ieuan, whare teg iddo, fod angen technegydd ar Maes Yr Yrfa. Dyma fe'n gofyn i fi a o'n i'n ffansïo'r swydd fydde'n golygu taw y fi fydde'n gyfrifol am y gwasaneth llungopïo ac am yr adnodde technoleg. Fe neides i at y cyfle achos, wedi'r cyfan, rodd y gwaith yn llawer mwy diddorol na bod yn ofalwr ac rodd e'n talu lot mwy hefyd.

Roedd y cyfnod hwnnw'n un hapus dros ben ac mae'n bosibl taw fan'na byddwn i byth oni bai fod dyfarnu wedi mynd â 'mryd i. 'Nigel' o'n i i bawb, yn staff a disgyblion ac ro'n i'n dod mlân yn nêt gyda phob un. Wrth gwrs, rodd tipyn o sbort i ga'l yng nghwmni 'nghyd-weithwyr technegol, Bill, Caryl ac wedyn Sharon, a chyda merched y swyddfa, Lesley, Wendy, Sharon Garrity a Susan Roberts (odd yn gyfrifol am gyllid yr ysgol), ac yn enwedig gyda Robert Sams, y gofalwr. Yn wir o edrych 'nôl fe allech chi ddadle i ni fynd dros ben llestri weithe. Fe lwyddodd Robert a fi un noson i gloi'r athrawon i gyd i mewn yn stafell y staff tra o'n nhw'n cynnal cyfarfod ar ôl ysgol. Buodd yn rhaid i un ohonyn nhw ddringo mas trwy'r ffenest er mwyn nôl allwedd sbâr i achub y lleill, gyda Dai Williams Technoleg odd yn dipyn o gymeriad ei hunan, yn datgelu'r cwbl, pan ofynnodd i Arwyn Thomas, y prifathro, ble rodd y technegydd a'r gofalwr, gan mai nhw odd yr unig ddau nad odd 'na.

Dro arall rodd un o'r disgyblion wedi bod yn poeni Robert a finne ers tro byd, felly, un bore, cyn dechre'r gwasaneth yn y Neuadd, fe afaelon ni yn y disgybl trafferthus, ei glymu fe wrth gadair a'i roi fe tu cefen i'r llenni ar y llwyfan. Fe fuodd yn rhaid iddo fe eistedd 'na'n dawel heb symud drwy gydol y gwasaneth am fod y Prifathro a'r disgyblion odd yn cymryd rhan yr ochr arall i'r llenni, a'r ysgol i gyd yn y neuadd. Wrth gwrs rodd gormod o gywilydd arno fe i neud unrhyw sŵn neu fe fydde fe wedi bod yn destun sbort gan bawb yn yr ysgol byth wedyn. Cheson ni ddim trafferth 'da fe ar ôl y digwyddiad 'ny a fuodd dim drwgdeimlad chwaith.

Ond mae'r oes wedi newid llawer dyddie 'ma, a chymdeithas hefyd. Dwi ddim yn credu y gelen ni'r fath hwyl heddi. Sdim dowt mae oes y *political correctness* wedi mynd yn rhy bell.

Ond ambell waith fe gafodd staff yr ysgol gyfle i neud sbort am 'y mhen inne 'fyd. Rwy'n cofio ca'l 'yn hala gan y Prifathro, Arwyn Thomas, a Susan Roberts i Siop Leekes yn Cross Hands i brynu pwysau i'w clymu ar waelod rhai o'r bleinds odd ar y ffenestri – fe ddealles i wedyn nad oes dim shwd beth i'w ga'l. Bues i'n whilo am oesoedd yn y siop, gan holi hwn a'r llall, cyn i holl staff Leekes ddod gyda'i gilydd ata i a gweiddi 'Ffŵl Ebrill'. Do'n i ddim, wrth gwrs, yn cofio ei bod hi'n Ebrill y cyntaf!

Mae swydd technegydd yn gallu bod yn eitha danjeris weithe, wrth drafod cemegau neu offer trydanol. A do, fe fu'n rhaid iddyn nhw fynd â fi o'r ysgol i ga'l triniaeth feddygol ar ddau achlysur, a hynny dim ond o achos mod i wedi bod yn esgeulus ac yn hurt braidd. Y tro cynta, a finne wrthi'n paratoi offer i'r plant ar y llif-dro ar gyfer prosiect technoleg ac yn siarad ar yr un pryd gyda Neville, mab ffarm y Wern, dyma'n llaw i'n llithro yn erbyn y llif. Fe dorrodd gwt mawr a gyda gwaed yn pistyllo fe fues i bron â llewygu. Rodd yn rhaid i fi fynd i'r syrjeri lleol i ga'l pwythe ond y lôs mwya odd y tynnu coes di-baid ges i am sbel wedyn 'nôl yn yr ysgol.

Dro arall rodd Robert Sams wrthi ar ei benlinie ar y llawr yn y coridor yn riparo bollt ar waelod un o'r dryse, pan benderfynes i roi tamed bach o sioc iddo a neido drosto. Yn anffodus, fel ro'n i'n hedfan drwy'r awyr bwres i 'mhen yn erbyn fframyn ucha'r drws. Bu'n rhaid i Robert fynd â fi i Ysbyty Glangwili ar unwaith, lle ces i wyth pwyth, ond oherwydd 'yn bod ni wedi gorfod disgwyl 'yn tro yno am orie, rodd hi'n hanner awr 'di saith arnon ni'n cyrradd 'nôl i'r ysgol y nosweth 'ny. Gan taw gyda Robert odd yr unig allweddi i gloi'r ysgol rodd Iwan Rees, y prifathro erbyn hynny, wedi gorfod aros yn yr ysgol nes 'yn bod ni'n dau wedi dod 'nôl o'r ysbyty. Dodd e ddim yn ddyn hapus iawn y noson honno.

Dodd swydd y technegydd ddim yn talu cystal â 'ny, felly fe wnes i ambell i waith ecstra y tu fas i orie'r ysgol. Am ryw flwyddyn neu ddwy rhoies i help llaw ar rownd laeth ryw dair nosweth yr wythnos. Eirian a Linda odd bia'r busnes ac fe ddetho i'n ffrindie mawr 'da nhw a'r meibion Michael a Kevin a threulio tipyn o amser hwyliog yng nghwmni'r teulu. Wedi hynna, am ryw bedair blynedd gyda Tracy Roberts ac Alana Davies, fe fues i'n gofalu am glwbie ieuenctid ym mhentrefi Cwm Gwendraeth, fel Drefach, Carwe, Bancosfelen, Pontyberem, Cefneithin, Pont-henri, Pont-iets a Meincie. Rodd hyn o dan gyfrifoldeb Menter Cwm Gwendraeth o dan arweiniad Cefin Campbell ar y pryd ac wedyn Deris Williams a'r criw ym Mhontyberem, sy'n gwneud gwaith arbennig iawn yn yr ardal yn hybu'r defnydd o'r Gymraeg. Ro'n i wrthi bob nosweth o'r wythnos, ar wahân i benwythnose, a ro'n i'n dwlu ar y gwaith. Ar wahân i'r Clwb Ieuenctid ychydig iawn o gyfleustere odd 'na ar gyfer pobol ifenc yn yr ardalodd hyn a do's dim dwywaith y bydde llawer ohonyn nhw, fel arall, yn neud dim byd ond drygioni ar hyd yr heolydd. Ond beth odd yn neis odd bod cyment ohonyn nhw'n joio beth odd 'da ni i'w gynnig iddyn nhw. Bydden ni'n trefnu tripie ar eu cyfer nhw'n rheolaidd, fel mynd i Gaerdydd ar gyfer sglefrio iâ, yn cynnal teithie beicio, neu'n mynd i Barc Hamdden Oakwood. Bydde cymaint â 150 yn mynd 'da ni mewn bysus yno.

Ond er taw ar fwynhau rodd y pwyslais rodd y Clwb yn rhoi cyfle i fi gyflawni ambell i wasanaeth arall hefyd. Oherwydd fy mhrofiade personol i efalle, mae bwlian yn rhywbeth rwy'n teimlo'n gryf amdano fe ac ambell waith fe fydde rhywun, gan amla rhiant neu ffrind, yn tynnu'n sylw i at y ffaith bod hwn a hwn yn ca'l ei fwlian. Bydde cyfle 'da fi wedyn i neud rhywbeth, trwy ga'l gair tawel gyda'r sawl odd yn gyfrifol. Rodd 'da fi fantais, wrth gwrs, am mod i'n nabod nifer fawr o'r bobol ifenc hyn a nhw'n 'yn nabod i, gan fod llawer ohonyn nhw'n mynd i Ysgol Maes Yr Yrfa, ble byddwn i'n eu gweld nhw o ddydd i ddydd. Ac rodd y berthynas rhyngo i a nhw'n llawer mwy anffurfiol na'r berthynas rhyngddyn nhw a'r athrawon. Felly ro'n nhw'n ei cha'l hi'n haws o lawer siarad a thrafod 'da fi yn y Clwb Ieuenctid pan fydde rhyw broblem. Fe ges i rieni ar lawer achlysur yn dod ata i i ddiolch am ddelio ag ambell i beth odd wedi bod yn poeni rhai o'r bobol ifenc hyn.

Ro'n i'n joio'r gwaith yn y Clwb Ieuenctid gyment fel yr es i mor bell â mynd ar gwrs i rai odd am fod yn Weithwyr Ieuenctid ac oni bai i fi fynd yn ddyfarnwr proffesiynol, pwy a ŵyr falle taw dyna fydde'n swydd i heddi. A dweud y gwir, er nad ydw i wedi meddwl eto beth rwy i isie neud ar ôl bennu fel dyfarnwr proffesiynol, mae'n bosib y bydd mynd 'nôl i weithio gyda phobol ifenc yn rhywbeth y bydda i'n ei ystyried.

PENNOD 3

Y Noson Lawen

TUA DIWEDD YR WYTHDEGE ro'n i'n ca'l mwy a mwy o waith fel digrifwr. Ro'n i wedi dechre gwitho rhywfaint tu cefen i'r bar yn y Prince ym Mhorth-y-rhyd, gyda John a Heulwen a'r ferch Lesley, ac ar nos Sadwrn rodd tipyn o fynd ar ganu yno gyda phobol yn dod o bell i wrando. Rodd y Prince yn dafarn â'i llond o gymeriade fel Mel Bach, Arthur, John Howells, John Rees, Wally Brynlluan a'r criw nos Sadwrn fel Linda Penllwynio, Rita a Gari, Peter a Merlys, Terry Rab, Phil Nantyci a Zenith ei wraig, Marion a Glyn, Howard a Christine, a llawer mwy. Ond yr atyniad mawr odd llais arbennig John y Prince gyda Gom ar yr organ a chymeriade fel Ken Lewis (tad Emyr, y cyn-wharaewr rygbi dros Gymru) a John Greville o Borth-y-rhyd yn rhai erill fydde'n amal yn ei morio hi 'na. I roi tamed bach o amrywieth i'r nosweth fe fyddwn i'n gadel y bar i weud ychydig o jôcs ac fe fydden nhw'n mynd i lawr yn dda iawn. Yna fe fyddwn i'n ca'l gwahoddiad i neud yr un siort o beth mewn ambell i nosweth Cawl a Chân gan ambell fudiad fel Ysgol Sul Hebron, Drefach a Chlybie Ffermwyr Ifainc lleol.

Ymhen amser dechreuodd pobol ofyn i fi arwain nosweithie llawen, yn ogystal â neud *spot* 'yn hunan fel cymeriad o'r enw Mostyn. Mewn nosweth fel 'na, yng Nghlwb Rygbi Llanymddyfri, ro'n i'n rhannu llwyfan â Dafydd Iwan a'r Band. Fe soniodd rhai o fois y Band, Gari a Charlie, amdana i wrth Hefin Elis, cynhyrchydd y rhaglen deledu *Noson Lawen* ac o ganlyniad fe ges i wahoddiad i berfformio ar y noson dda'th o ffarm Abergelli Fach, Felindre, ar bwys

Treforys. Yn y man, ar ôl ymddangos ar y rhaglen fel y cymeriad Mostyn, fe ofynnodd Hefin i fi a licen i gyflwyno'r rhaglen bob hyn a hyn ac fe wnes i'r gwaith 'ny am y tro cynta o ffarm y Godor yn Nantgaredig yn 1992.

Fe fues i'n cyfrannu at y *Noson Lawen* am bymtheng mlynedd i gyd ac ro'n i'n mwynhau pob muned ohoni. Fe fyddwn i'n cyrradd y lleoliad lle ro'n ni'n recordio am bythdi pedwar o'r gloch ac yn mynd ar y llwyfan er mwyn i'r camerâu ga'l dod yn gyfarwydd â lle byddwn i'n sefyll yn ystod y nosweth. Yna, fe fyddwn i'n eistedd gyda phobol fel Olwen Meredydd, cynhyrchydd sawl un o'r rhaglenni y bues i'n perfformio ynddyn nhw, a mynd dros y jôcs ro'n i am eu dweud ymhob *spot* gyda hi. Er taw rhyw ddwy jôc fydde'n ca'l eu cynnwys ymhob *spot* ar y rhaglen ei hunan ro'n i'n tueddu i gynnwys rhyw dair neu beder yn y recordiad. Er bod Olwen yn gofyn i fi wastad am jôcs glân ro'n i fel arfer yn cynnwys croestoriad o rai glân, doniol ac agos at yr asgwrn, fel bod dewis gan y cynhyrchydd wrth olygu'r rhaglen, pa jôcs fydde wedi ca'l yr ymateb gore gan y gynulleidfa yn ystod y recordiad. Rheswm arall pam rodd Olwen am drafod y jôcs odd achos bod ofan arni y bydde rhai ohonyn nhw, er yn ddoniol, falle'n rhy goch! Yn hynna o beth mae'n rhaid i fi gyfadde mod i withe wedi cadw rhai jôcs 'nôl a heb eu dweud wrth Olwen tan mod i ar y llwyfan achos ro'n i'n gwbod taw'r jôcs mwya coch, yn aml, odd yn ca'l yr ymateb gore.

Rodd hi'n waith anodd paratoi jôcs ar gyfer y *Noson Lawen*. Rodd rhaid ffeindo storïe doniol newydd ar gyfer pob rhaglen ro'n i'n ei harwain a rhaid cofio bod rhaid i bob arweinydd arall neud yr un peth. Siwrne ro'n i wedi defnyddio jôc ar y teledu unwaith, rodd hi'n amhosib ei defnyddio wedyn. Wel, am sawl blwyddyn, o leia. Ar y dechre, yr unig ffordd odd 'da fi o gofio a o'n i wedi dweud rhyw jôc ar y teledu cyn hynny odd edrych ar hen dapie fideo o'r rhaglen *Jocars* neu'r *Noson Lawen*, ond wedyn fe fu'n rhaid i fi sgrifennu pryd ro'n i wedi dweud y jôc, ac ymhle, fel mod i ddim yn ailadrodd 'yn hunan.

O ran 'yn nhast personol i, y siort o hiwmor rwy'n hoff ohono yw'r un sy'n ca'l ei gyflwyno gan fois fel Ken Goodwin, Bernard Manning a Ken Dodd, sef y 'stand up' traddodiadol. Do's 'da fi ddim i ddweud wrth yr hyn sy'n ca'l ei alw'n gomedi amgen neu 'alternative'. Rwy'n hoff iawn o gomedi sefyllfa draddodiadol ac wrth 'y modd â chyfresi fel *Only Fools and Horses* a'r ffefryn 'da fi, *High Hopes*.

Rodd hi'n bwysig bod 'da fi stôr eitha da o jôcs wrth law. Fe fyddwn i'n clywed y rhan fwya ohonyn nhw gan bobol ro'n i'n cymysgu 'da nhw yn 'y mywyd bob dydd, ar ffarm y Wern, yn y Prince, Clwb Mynyddcerrig ac yn y Clwb Ffermwyr Ifainc. Rodd Clwb Mynyddcerrig yn llawn cymeriade fel Jones Tal, Biffo, Mink (sef Robert Newell), y brodyr Owen, Emrys, Graham, Roy a'r diweddar Robert odd wastad yn llawn hiwmor a jôcs; Cecil, Emrys fy wncwl, y diweddar Dewi Tir Garn, Alan Tal, Noire, Iwan, Max, Tony Rees, Franco, a nifer o rai eraill a dda'th i fyw i Fynyddcerrig. Un a wnaeth ymdrech arbennig i ddysgu'r iaith a dod yn aelod blaenllaw o'r pentref odd y diweddar Bernard Dix. Trueni mawr na fyse mwy o'r bobol ddŵad ddi-Gymraeg yn debyg i'r dyn unigryw 'ma.

Ffynhonnell bwysig arall i fi o ran clywed straeon doniol pan o'n i yn 'yn arddege odd Cwmni Drama'r Berem. Fe ges i lot o bleser fel aelod o'r Cwmni yn cynnal perfformiade ar hyd a lled yr ardal ac rodd yno gymeriade fel Arthur Rees, Mike Williams, Martin, Iori Bach, Wyndham, Meryl Davies, Meinir Rees, Deris Williams a Gwilym Sid Davies. Bydde Gwilym byth a beunydd yn adrodd jôcs er mwyn i fi ga'l eu defnyddio nhw'n gyhoeddus ac rodd e o gymorth mawr i fi. A finne'n un ar bymtheg oed fe fues i'n gofyn i un neu ddau o rai erill yn y Cwm odd wedi arfer dweud jôcs ar lwyfannau lleol a fydden nhw'n barod i fi 'fenthyca' ambell i stori ddoniol ond do'n nhw ddim yn rhyw awyddus iawn i helpu. O gofio pa mor anodd fuodd hi i fi ddod o hyd i ddeunydd doniol ar y dechre fe fydda i bellach yn trio helpu unrhyw un sy'n dod ata i ofyn am jôc neu ddwy y gallen nhw eu defnyddio. Yn wir, erbyn hyn, rwy hyd yn oed wedi sgrifennu sawl araith i ffrindie sy 'di bod yn was priodas ond dwi ddim wedi ca'l y fraint o neud y swydd arbennig 'ny 'yn hunan. Fe ges i wahoddiad unwaith i fod yn was i ffrind da i fi, Hugh Watkins ac Yvette, ei wraig bellach, ond ro'n nhw'n priodi yn Awstralia a finne ar y pryd yn dyfarnu yn Ne Affrica.

Ro'n i wastad yn trio'r jôcs ar 'yn rhieni gartre gynta, wa'th pa mor goch o'n nhw. Ond withe do'n nhw ddim yn wherthin, er mod i'n gwbod bod y jôc yn ddoniol. Ro'n i'n trio cysuro'n hunan wedyn gyda'r ffaith ei bod hi'n rhwyddach i ga'l pobol i wherthin pan fydde llawer 'da'i gilydd mewn cynulleidfa. Ond pan fydde jôc yn cwmpo'n fflat o flân Mam a Dad yn y tŷ yna fe fyddwn i'n eu siarso nhw i beidio dod i'r recordiad. Eto, dod y bydde Mam bob amser, ar y bws y bydde'r Cwmni Teledu yn ei drefnu ar gyfer pobol yr ardal 'co. Fe dda'th 'Nhad i'r rhaglen gynta un ro'n i'n perfformio ynddi ar ffarm Abergelli Fach. Da'th Mam-gu i'r ddau recordiad cyntaf hefyd, yn Abergelli Fach a fferm y Godor ger Nantgaredig, ac ro'n i mor falch ei bod hi i'w gweld yn blaen ar y rhaglen honno yn wherthin ei chalon hi.

Rhaid i fi gyfadde taw cynulleidfa'r *Noson Lawen* sy wedi rhoi mwya o bleser i fi. Fe fyddwn i wrth 'y modd yn sefyll o flân llond sgubor o gymeriade cefen gwlad odd yn benderfynol o joio'u hunen. Eto mae ambell i berfformiad arall wedi sefyll yn y cof. Rwy'n cofio ca'l ymateb gwych ar ôl neud *spot* mewn Noson Lawen ym Meincie, gyda'r gynulleidfa o 250 yn codi ar eu traed i gymeradwyo wrth i fi adel y llwyfan – y tro cynta a'r tro ola i hynna ddigwydd i fi. Rodd hi'n gallu bod fel arall hefyd ac yn gythreulig o anodd ca'l y gynulleidfa i ymateb a bydde'n rhaid meddwl yn eitha clou er mwyn neud iddyn nhw wherthin rhywsut. Rwy'n cofio un tro yn Glanaman, mewn cyngerdd dwyieithog a'r jôcs i i gyd yn cwmpo'n fflat ar ddechre'r perfformiad. Y fi odd y cyflwynydd, a'r bachan odd yn gyfrifol am y *warm up* er mwyn codi hwylie'r gynulleidfa – wel dyna odd fod i ddigwydd. Rodd un bachan yn y ffrynt yn gwisgo siwt olau lachar a chrys melyn a thei oren, ac wrth ei fodd yn tynnu arna i, 'Come on, make us laugh then!' sy'n brofiad digon cas. Yn y diwedd dyma fi'n troi ato a gofyn, 'Do you really want me to make the audience laugh? All right then, let me borrow your suit.' Fe wherthodd pawb ac fe wellodd pethe wedyn. Y prif artist y nosweth 'ny odd Bobby Wayne, dyn ffein a thalentog iawn ac fe fuodd e o help mawr i fi hefyd pan fydde'r gynulleidfa yn neud pethe'n anodd i fi wrth i fi ddechre ar y gwaith.

Profiad diflas arall i ddigrifwr yw dechre dweud jôc o flân cynlleidfa a sylweddoli wedyn na ddyle fe ddim bod wedi ei mentro hi o gwbl. Diolch byth, dim ond unwaith digwyddodd hynna i fi, a fuodd dim rhaid i fi dalu'n hallt am 'y nghamgymeriad. Rwy'n casáu pobol hiliol a phan ddwedes i jôc, gan honni ei bod hi'n cyfeirio at Ysgol Mynyddcerrig, am blentyn croenddu yn dod yn ddisgybl yno, ro'n i'n meddwl y bydde'r gynulleidfa yn ei gwerthfawrogi hi am yr hyn odd hi, sef stori fach ddoniol, ddiniwed. A dyma hi: rodd y plentyn bach croenddu dan sylw yn arbennig o glefyr ac er ei fod e'n boblogedd iawn gan y plant erill rodd y ffaith ei fod e mor glefyr yn mynd ar eu nerfe nhw. Un diwrnod dyma'r athrawes yn dweud wrth y dosbarth, 'Rwy'n mynd i roi cwis i chi nawr... ac fe fydda i'n rhoi £1 am bob ateb cywir y byddwch chi'n ei roi. Yn gynta, pa wleidydd enwog ddwedodd, 'Give us the tools and we'll finish the job'? Dyma'r plentyn bach croenddu yn ateb ar ei ben 'Winston Churchill, yn 1942, Miss'. 'Da iawn,' mynte hi, "ma bunt i ti.' Medde un o'r plant erill, 'Trueni na fydde'r diawl bach du 'na'n mynd gartre!' 'Pwy ddwedodd 'na?' gofynnodd yr athrawes. 'Enoch Powell, yn 1968,' odd yr ateb gas hi gan un o'r plant eraill! 'Y mhroblem i, rhyw hanner muned wedi i fi ddechre'r stori, odd mod i wedi sylwi ar ddyn croenddu yn y gynulleidfa a dechre poeni. Ond yn ffodus ro'n i'n gallu gweld ei fod e'n wherthin wrth i fi adrodd y stori a dyna odd 'yn achubieth i. Fel arall, base hi wedi gallu bod yn lletwith iawn arna i.

Ond nid yn unig ar lwyfan y *Noson Lawen* a gigie lleol ro'n i'n ca'l cyfle i weud jôcs. Daeth cyfle unwaith i ymuno â chriw y *Jocars*, rhaglen odd yn ca'l ei pharatoi ar gyfer S4C gan Emlyn Williams (brawd y diddanwr a'r actor Gari Williams) ac Idris Charles. Fe 'nes i fwynhau bod yn rhan o'r gyfres *Jocars* yn fawr iawn oherwydd rodd e'n gyfle i hala amser yng nghwmni rhai o gomedïwyr gorau Cymru fel Don Davies, dyn odd â'r ddawn o neud i bobol wherthin heb hyd yn oed weud gair. Wrth gwrs, rheswm arall ro'n i'n mwynhau neud y *Jocars* odd fod llawer o'r sgript yn ca'l ei baratoi i ni, a bydde Idris Charles, sy'n dipyn o gomedïwr ei hun, yn ein helpu ni i baratoi ar gyfer recordiad byw o flân cynulleidfa yn Theatr Felinfach.

Fel arfer bydda i'n ca'l ymateb ffafriol iawn gan gynulleidfaoedd. Eto mae modd weithe sylwi ar wahaniaethe rhwng rhai cynulleidfaoedd a'i gilydd. Dim ond unwaith rwy wedi ymddangos ar lwyfan yng ngogledd Cymru a hynna yn Theatr Bae Colwyn, mewn noson deyrnged i Dai Jones. Rodd hi'n fraint ca'l bod yn rhan o'r noson honno, oherwydd, i mi, mae Dai Jones yn un o gymeriadau mwyaf ein cenedl ni. ('Sech chi'n gofyn i fi ddewis dau berson fel enghreifftie o Gymry da, Ray Gravell fydde un, a Dai Jones yw'r llall.) Fe lwyddes i neud i'r gynulleidfa wherthin ond mae'n rhaid i fi gyfadde nad odd hi ddim yn un o'n nosweithie gore i. Rodd e'n dalcen eitha caled, yn benna achos bod acen a thafodiaith y de yn rhywfaint o rwystr i'r gynulleidfa ddeall rhai o'r straeon. Hefyd, ysgwn i alla i fentro dweud mod i'n credu falle bod hiwmor y Gogleddwyr at ei gilydd yn wahanol i'r hyn ry'n ni'n arfer ag e yn y de?

Yn lleol, o bosibl oherwydd bod gofynion iechyd a

diogelwch llym yn ei neud hi'n rhy drafferthus i'w threfnu, fe ddechreuodd y noson lawen fynd mas o ffasiwn ac fe fyddwn i fwyfwy, erbyn diwedd y nawdege, yn ca'l 'y ngwadd fel digrifwr i neud ambell i *spot* mewn nosweithie fydde'n ca'l eu cynnal mewn llefydd fel clwbe rygbi. Fe benderfynes i y gallwn i ehangu 'nghyfraniad i'r math yna o adloniant trwy gynnal nosweth gyfan 'yn hunan, yn dweud jôcs ac yn canu ambell i gân. Felly, i hwyluso'r gwaith 'ny fe brynes i system sain arbennig odd yn gadel i fi recordio cerddoriaeth y caneuon hynny ro'n i'n eu canu. Fe fyddwn i'n mynd lawr i dŷ Dai, gŵr Sylvia, cyfnither 'Nhad, i recordio'r organ yn whare'r gerddoriaeth ro'n i am eu perfformio. Fe fues i'n mynd atyn nhw am flynyddoedd cyn 'ny achos rodd eu plant, Angela, Julie a Martyn yn edrych ar 'yn ôl i'n aml pan o'n i'n fach. Rwy'n cofio, ar un o'r achlysuron 'ny, pan odd Dai a Sylvia mas yn rhywle, i fi arllwys Parazone ar y carped er mwyn esgus ei lanhau fe. Wrth gwrs, fe adawodd e staen mawr gwyn ar ei ôl ond nid y fi gath y stŵr, ond yn hytrach, Julie druan, am nad odd hi wedi cadw llygad yn ddigon gofalus arna i.

Rodd Dai'n organydd bach da ac yn whare yn y Prince withe. Fe fyddwn i wedi penderfynu ar y caneuon (odd yn gymysgedd o ganeuon artistiaid poblogaidd y dydd, fel Dafydd Iwan a Robbie Williams fel rheol) trwy drafod gyda Tony, sboner Julie ar y pryd, gan ei fod e'n canu mewn grŵp lleol o'r enw Side Effects. Rodd e o gymorth mawr i fi, yn enwedig o ran ca'l cefndir y caneuon er mwyn i fi allu creu'r awyrgylch iawn wrth eu canu. Yn ddiweddarach, gan mod i'n teimlo'n lletwith yn canu â dim ond meic yn 'yn llaw fe brynes i gitar a dyna lle byddwn i'n esgus strymio ychydig o gordie. Ond twyll odd y cyfan, er mod i wedi achosi penbleth i sawl cynulleidfa fuodd yn pwslo a o'n i'n whare'r gitâr neu beidio. Serch hynny, rwy'n addo y bydda i wedi dysgu shwd i whare'r gitâr go iawn rhyw ddiwrnod, a finne'n dyfaru hyd heddi mod i wedi bradu'r cyfle ges i i ddysgu whare'r piano pan o'n i'n grwt. Fe fues i'n ca'l gwersi 'da Palant o Borth-y-rhyd, ond do'n i byth yn ymarfer, ac yn y diwedd ro'n i'n pallu mynd i'r gwersi o gwbl, achos, yn syml, bod mynd mas i whare gyda'n ffrindie yn bwysicach i fi ar y pryd.

Y dyddie hyn ychydig iawn o waith fel digrifwr y bydda i'n ei neud. Ma'r rhan fwya o'r cyhoeddiade rwy'n eu cadw erbyn hyn yn wahoddiade i siarad yn dilyn rhyw ginio neu'i gilydd. Mewn achlysuron o'r fath rwy wedi ffindo nad o's galw arna i i ddweud jôcs mwyach ond yn hytrach i adrodd am 'y mhrofiade fel dyfarnwr rygbi ac mae hynna'n mynd lawr yn dda bob amser. Ond fe fydd ambell i achlysur arbennig bob hyn a hyn sy'n dal i sefyll yn y cof. Fis Ebrill diwetha, ro'n i'n ymddangos o flaen cynulleidfa o 350, ar garreg y drws fel petai, yn y Tymbl. Rodd hi'n nosweth i godi arian at ymchwil cancr, er cof am Byron Jones, Hirwaun Forge, Tymbl, tad Elsie, un o'n ffrindie gore i. Diolch byth, fe ges i dderbyniad da iawn ond mae'n rhaid i fi gyfadde mod i'n nerfus tu hwnt y nosweth 'ny.

Ychydig ddiwrnode'n ddiweddarach ro'n i'n dyfarnu gêm rhwng y Saraseniaid a Munster yn rownd gyn-derfynol Cwpan Heineken o flaen torf o 32,000 ond ro'n i'n llawer mwy nerfus ar lwyfan y Tymbl. A dweud y gwir, fydda i byth yn teimlo'n nerfus cyn dyfarnu y dyddie hyn ond fe fydda i'n lico ymlacio trwy wrando ar gerddoriaeth ysgafn ar 'yn iPod. Ar y llaw arall os yw hi'n gêm fawr, yn y Cwpan Heineken neu gêm ryngwladol, a ni'r swyddogion i gyd yn dod o Gymru, mae'r ystafell newid yn ferw o dynnu co's a dweud jôcs. A'r hyn sy'n od yw taw dim ond pan 'yn ni'r Cymry ar ddyletswydd mae shwd sbort yn digwydd.

At ei gilydd mae dyfarnwyr a llumanwyr o wledydd erill yn dawel iawn cyn gêm, ac eithrio pan fydd cymeriade fel Tony Spreadbury ac Alan Lewis wrthi. Mae eu stafelloedd newid nhw'n rhywbeth yn debyg i'n rhai ni, ond heb fod cweit mor swnllyd falle. Wrth gwrs, o fewn rhyw ddeg muned i'r gic gynta fe fyddwn ni'n rhoi taw ar y rhialtwch er mwyn inni ga'l canolbwyntio'r meddwl ar yr hyn sydd o'n blaene ni. A 'swn i'n lico meddwl 'yn bod ni'n gallu rhoi cystal perfformiad ag unrhyw dîm dyfarnu arall yn y byd, ond 'yn bod ni hefyd yn mwynhau'r fath achlysur i'r eitha.

Ond er cyment rwy'n mwynhau dyfarnu, alla i ddim byw rygbi bob dydd o'r wythnos. Rwy'n gwbod am un dyfarnwr ifanc yng Nghymru sy'n dod gartre ar ôl gêm a dadansoddi, ar ei gyfrifiadur pen-glin, ei berfformiad arbennig e'r diwrnod hwnnw. Fe fydd e hefyd yn edrych ar gêmau eraill yr un mor ofalus gan astudio gwaith y dyfarnwyr hynny. 'Swn i byth yn gallu neud 'na, mae'n rhaid i fi ga'l dihangfa o'r cae rygbi. Ar un adeg, pan o'n i'n gwitho yn Maes Yr Yrfa, rodd 'da fi ddau hobi, sef diddanu ar lwyfan a rygbi. Erbyn hyn mae rygbi yn waith i fi, ac yn waith pleserus dros ben ond rwy mor falch bod diddanu, fel digrifwr neu fel siaradwr gwadd, o hyd yn ddihangfa mor bleserus.

PENNOD 4

Dysgu'r grefft

GAN FOD CYN LLEIED o ddisgyblion yn Ysgol Maes Yr Yrfa yn y dyddiau cynnar ro'n ni'n aml yn crafu i roi tîm rygbi ar y cae, hyd yn oed pan o'n i yn nosbarth pump, sef Blwyddyn 11. Ond mantes hynny odd bod gobaith 'da *fi* hyd yn oed o ga'l lle yn y tîm. Ar ben hynny rodd un o'n ffrindie gore i, Craig Bonnell, yn gapten ac rodd hynna'n golygu bod hyd yn oed mwy o siawns 'da fi o ga'l 'y newis. Ac ro'n i'n wirioneddol mwynhau whare bob wythnos, tan y gêm honno yn erbyn Ysgol Gruffydd Jones yn San Clêr – a hithe'n ysgol uwchradd bryd hynny. Ro'n ni heb ennill un gêm drwy'r tymor ond dyma ni'n llwyddo i ddod yn gyfartal â nhw, 12-12, gan sgori cais reit ar ddiwedd y gêm, gyda'r trosiad i ddod o flân y pyst.

Ro'n i'n whare yn safle'r cefnwr y diwrnod 'ny a dyma fi'n gofyn allwn i gymryd y trosiad gan ragweld, mae'n siŵr, y clod mawr y byddwn i'n debyg o'i dderbyn wrth sicrhau buddugolieth gynta'r tymor. Yn anffodus 'nes i ddim taro'r bêl yn iawn o gwbl ac a'th y gic yn nes at y lluman cornel nag at y pyst! Yr un prynhawn rodd tîm dosbarth un yr Ysgol (Blwyddyn 7) yn whare ar gae ar bwys ac fe welon nhw'r gic. Erbyn hyn mae rhai ohonyn nhw, fel Lee Scrace, Gari Thomas, Jonathan Clayton, Richard Babbs a Paul Davies (P. D.) yn ffrindie agos i fi ac fe fyddan nhw'n dal i'm hatgoffa i o'r gic anobeithiol 'ny hyd y dydd heddi. Fe dda'th Gari, sy'n frawd i Wayne, yn gefnwr arbennig o dda i dîm Abertawe cyn i anafiade ei orfodi fe i roi'r gore iddi. 'Swn i wedi dwlu ca'l yr un dalent â fe fel cefnwr, ond ar ôl dweud 'ny, faswn i ddim lle rydw i heddi tase rhywfaint o siâp arna i fel wharaewr.

Rodd sawl canlyniad i'r drychineb fach 'na ar gae rygbi'r ysgol. Yn gynta, siaradodd Craig ddim â fi am bythefnos. Yn ail, gofynnodd y diweddar John Beynon, yr athro odd yn gofalu am chwaraeon, a fyddwn i'n lico ystyried bod yn ddyfarnwr, yn hytrach na mod i'n trio whare'r gêm. Rodd 'da fi barch mawr i farn John. Fel mae'n digwydd des i'n ffrindie mawr mas o law gyda fe a'i deulu ac rodd hi'n golled fawr i Ysgol Maes Yr Yrfa ac i rygbi ysgolion yng Nghymru pan odd rhaid iddo fe roi'r gore iddi oherwydd tostrwydd.

Po fwya meddyliwn i am y peth, mwya i gyd rodd awgrym John yn apelio ata i a phan ddangosodd James Rees, un o'r athrawon erill, boster i fi odd yn dweud bod Undeb Rygbi Cymru yn whilo am ddyfarnwyr a bod 'na gwrs dau ddiwrnod i hyfforddi darpar ddyfarnwyr wedi'i drefnu yng Nghaerdydd ro'n i'n frwd iawn dros y syniad. Felly John Beynon a James Rees odd yn gyfrifol am y ffaith i fi benderfynu bod yn ddyfarnwr. Wrth gwrs, rodd John Beynon wedi whare rhan bwysig yng ngyrfa rygbi sawl disgybl ym Maes Yr Yrfa, wharaewyr fel Dwayne Peel a Gareth Williams, a fu'n gapten ar dîm 7 bob ochr Cymru.

Ond siom ges i, o ran 'y ngobeithion i fod yn ddyfarnwr. Fe ges i wbod bod yn rhaid i'r rhai odd isie mynd ar y cwrs yng Nghaerdydd fod dros 18 oed ac mai dim ond trwy lwyddo ar y cwrs y bydde modd wedyn i unrhyw un ddringo ystol dyfarnwyr yr Undeb. Ond fe ges wbod hefyd y bydde modd i fi ddyfarnu yng nghynghrair lleol Gorllewin Cymru, lle rodd ail dimau llawer o glybie lleol yr Undeb yn whare. Roedd Alan Rees, mab Tal a Rita y Post yn Mynyddcerrig, yn ddyfarnwr o safon ac wedi gofalu am gêmau rhwng y clybie mawr fel Llanelli ac Abertawe. Fe a'th Alan â fi i un o gyfarfodydd Cymdeithas Dyfarnwyr Undeb Rygbi Llanelli a'r Cylch, Cymdeithas rwy'n gadeirydd arni ers rhai blynyddoedd bellach.

Fe fydda i'n ymuno unwaith y mis â dyfarnwyr erill y Gymdeithas, a phawb ohonon ni'n ca'l cyfle i drafod 'yn profiade wrth ddyfarnu ein gêmau diweddar. Weithe mae'n gyfle i ga'l barn dyfarnwyr erill am ryw benderfyniad neu'i gilydd neu i ga'l trafodeth ar gamgymeriad y bydd rhywun wedi'i neud falle. Achos ry'n ni i gyd yn neud camgymeriade o bryd i'w gilydd. Y peth pwysig yw 'yn bod ni'n dysgu o'n camgymeriade. Yn y cyfarfod cynta hwnnw o'r gymdeithas fe ges i gopi o'r llyfr rheolau a chyfle i ga'l gair gydag Alun West, odd yn gyfrifol am drefnu gêmau Llanelli a'r Cylch. Erbyn heddi fe yw Llywydd yr Undeb ac fe fuodd e, a phobl fel Onfil Pickard ac Ellis Davies, yn gymorth mawr i nifer o ddyfarnwyr fel fi ar hyd y blynyddoedd. Fe ofynnodd Alun i fi ddyfarnu gêm rhwng ysgolion Sir Gaerfyrddin ac ysgolion Sir Benfro ar gae Fivefields yng Nghaerfyrddin, ac yn wir fe a'th pethe yn well na'r disgwyl ar y diwrnod. I gadarnhau hynny, fel petai, da'th un o'r rhai fu'n gwylio'r gêm, ac ynte â rhyw gysylltiad swyddogol â byd rygbi'r ysgolion, ata i a dweud, 'Da iawn. Fe ei di'n bell fel dyfarnwr.' Ar y pryd rodd hynna'n galondid mawr i fi.

Ond dodd hi ddim mor rhwydd bob amser. Yr unig amod gen i wrth ofyn i Alun West am gyfle i ddyfarnu odd ei fod e'n rhoi gêmau gweddol agos at gatre i fi fel y gallwn i eu cyrradd nhw'n hwylus – falle ar drafnidieth gyhoeddus, oherwydd mod i'n rhy ifanc i ddreifo 'yn hunan. Doedd neb o 'nheulu agos i'n awyddus i fynd â char ymhell o gartre chwaith. Ond am ryw reswm nath y neges honno ddim taro deuddeg gyda'r trefnydd, achos y gêm gynghrair gynta ges i fel dyfarnwr odd lan yn Nhregaron, lle rodd y tîm lleol yn whare Nantgaredig.

Shwd o'n i'n mynd i gyrradd yno felly? Fe awgrymodd Alun West falle y dylwn i ofyn i glwb Nantgaredig a allen i fynd lan i Dregaron ar eu bws nhw. A dyna ddigwyddodd. Colli nath Tregaron o 6-9 ond pan dda'th hi'n amser i Nantgaredig fynd gartre dyma'u Cadeirydd nhw'n gweiddi,

Yng nghôl Mam-gu,
Maggie Moultan
a Tad-cu, Willy
Moultan. Rwy'n
gweld isie'r ddau
ohonyn nhw'n fawr
iawn.

'Nhad a'm Mam gyda
chwaer fy nhad, Eiry,
o flaen y Moultan.

Rhieni fy mam,
Lyn a Maud
Nicholas.

Fi'n ifanc gyda Fred
ar gaeau Bancyreos
lle treulies i lawer o
amser yn gofalu am y
ceffyle.

Yn barod i fynd
i'r Ysgol Sul – fi a
Helen fy nghyfnither,
a oedd yn byw am
flynyddoedd drws
nesa i ni yn Maeslan.
Roedden ni fel brawd
a chwaer.

'Ynd o'n i'n grwtyn bach pert. Wel,
na beth wedodd Mam, beth bynnag.

O'n i'n ddyfarnwr o'r cychwyn sdim dowt! Mae chwiban yn
'y ngheg ar gyfer ras feics ar y stryd yn Maeslan. Yn y llun:
Wynn Robinson, Mark Lloyd, Louise Robinson, Christopher
Lloyd a Helen Owens.

Ysgol gynradd Mynyddcerrig. Ma'r ysgol gyfan yn y llun
'ma, cofiwch, gyda'r athrawon Wyn Gravell y prifathro a
Margaret Tunuchie yr athrawes.

Trip clwb Mynyddcerrig i lan y môr. Ro'n i wastad am fod yn Tarzan!

Fi, wncwl Ken a 'Nhad ar wylie yng ngogledd Cymru. Buodd wncwl Ken yn dda iawn wrtha i ac rwy'n gweld ei isie fe'n fawr iawn.

Blwyddyn 8 Ysgol Maes Yr Yrfa. Ma llawer yn dweud mod i'n edrych yn ddrwg – smo i'n credu 'ny!

Dechre yn Ysgol Maes Yr Yrfa. Blwyddyn 8 gyda'r athro dosbarth, Mr Wynford Nicholas.

Dosbarth 1B Ysgol y Gwendraeth.

Ennill y gystadleuaeth
pŵl yng nghlwb
Mynyddcerrig a fi
yn ddim ond 14 oed.
Cofiwch chi, roedd
pawb arall yn dal yn
feddw ar ôl nos Galan!
Rwy'n dal i whare ar
ddydd Calan os na fydd
gêm rygbi.

Perfformio Idwal,
un o gymeriade Ifan
Gruffydd, yn Ysgol
Mynyddcerrig. Roedd
hi'n hawdd cael
pobl i wherthin wrth
ddynwared Idwal
– roedd ei olwg yn
ddigon i dynnu'r lle
lawr.

Fi a fy ffrind, Lyndon Davies. Fe fydde'r ddau ohonon ni'n perfformio'n aml iawn ar lwyfan yr ysgol yn dynwared athrawon.

Tîm pŵl Mynyddcerrig ar ôl ennill Cwpan Pŵl Cwm Gwendraeth. Rhes ôl: Kerry Prosser, Franco Saracinni, Martin Lewis. Rhes flaen: Len Jones, fi, Robert Owen, Johny Wilcox, Graham Owen a Cecil Jones

Teulu Tir Garn lle treulies i flynyddoedd fel un o'r teulu, yn mwynhau ffermio bob dydd Sadwrn. Dilys a Dewi, Rhiannon, Angharad a Naomi yng nhgarnifal Mynyddcerrig.

Aelodau o Ffermwyr Ifanc Llanarthne. Ym mhriodas pob aelod roedd yn draddodiad gwisgo fel hyn – y ffyrch gwair er mwyn i'r cwpwl hapus gerdded o danyn nhw ar y ffordd allan o'r capel. Yn y llun: fi, Bari Bron Berllan, Meirion Garnlwyd, Diane Bron Berllan, ei chwaer, Wendy a Nia Roberts y Wern yn y canol.

Diwrnod olaf yn fy ystafell yn Ysgol Maes Yr Yrfa lle bues i'n gweithio am bron i dair blynedd ar ddeg.

Rhai o griw y Jocars yn ffilmio'r gyfres *Jocars* yn Felin Fach.

Ar gwch ar yr afon Zambize yn Zimbabwe yng nghwmni Capten y llong, Simon McDowell, Mick Keogh a Patrick Robban.

Yng nghwmni criw Clwb Ieuenctid Pontyberem yng ngharnifal Pontyberem, ac yn ennill hefyd! Ro'n i'r un spit ag Autin Powers, medde'r beirniad.

Criw yr adran wyddoniaeth. Caryl, Bill a Sharon gyda fi a Robert Samms, y gofalwr. Amser bythgofiadwy.

Cerys ac Elis a fydd yn galw heibio'n amal i gael te gyda fi – plant fy nghefnder Wayne a'i wraig Julie

Dion, fy mab bedydd a'i frawd Dylan. Plant Wyn fy nghefnder a'i wraig Kay.

Gyda Ifan a Mared, plant Helen fy nghyfnither a'i gŵr Gwyndaf.

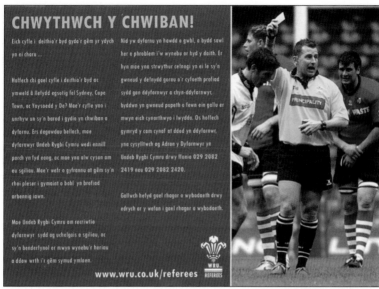

Anfon James Hook i'r Cell Cosb. Rownd Derfynol Cwpan Konica Minolta, Castell-nedd v Pontypridd. Cafodd y llun ei ddefnyddio i annog pobl i gymryd y chwiban ac i ddyfarnu. S'mo i'n siŵr a fydde James Hook yn meddwl fod dangos y llun yn syniad da!

Fe ddes i'n ffrind da gyda nifer o chwaraewyr 'nes i eu dyfarnu. Roedd Arwel Thomas yn ddewin o faswr, ac ry'n ni'n dal yn ffrindie da iawn hyd heddi.

Tynnu llun gyda chriw tlawd ond hapus a serchus iawn yn Victoria, Zimbabwe. Wrth fy ymyl ar y chwith mae'r cymeriad George.

Dyfarnu yn y dyddie cynnar. Maesteg yn erbyn Clwb Athletic Caerfyrddin

Rhedeg allan ar barc y Strade am y tro cynta erioed fel
llumanwr mewn gêm Gynghrair rhwng Llanelli a Phenybont.

Rhedeg y llinell ar San Helen yn y gêm rhwng Abertawe a
Chaerdydd – ges i sioc pan wnaeth canolwr Cymru, Mike
Hall alw enwe arna i, geirie na allen i byth eu hailadrodd!

Noson i'w chofio ar y cae ac oddi arno. Rhedeg y llinell gyda Mark Sayers o Felinfoel a'r unigryw Derek Bevan yn dyfarnu gêm testimonial Ieuan Evans, gyda Ken Parffit yn y canol.

Un o'r teithiau tramor cyntaf i Amsterdam, gyda Hugh Banfield a Nigel Whitehouse. Terry Bach dynnodd y llun.

'Nigel, wyt ti'n barod? Ma'r bws yn mynd mewn dwy funed!' Fe es i fel bwled am y bws ac wrth inni adel maes parcio'r Clwb rwy'n cofio rhes o fois Tregaron yn y ffenest â golwg eitha crac arnyn nhw ac yn pwyntio bys yn ffyrnig ata i.

Digwyddodd yr un math o beth o ran yr ail gêm gynghrair wnes i ei dyfarnu. Ges i fynd ar fws tîm Cefneithin lawr i Johnstown, Caerfyrddin, lle ro'n nhw'n whare'n erbyn tîm Adran B, Heddlu De Cymru. Y tro hwn fe welwyd fi'n cyrradd ar fws Cefneithin ac fe nath tîm yr Heddlu'n fawr o hynna. Aeth pethe ddim yn dda iawn iddyn nhw yn ystod y gêm ac yn ystod yr ail hanner, a nhwthe'n digwydd colli ar y pryd, a finne'n gorfod eu cosbi nhw unwaith yn rhagor, dyma'u capten nhw'n arwain ei dîm oddi ar y cae gan ddweud nad o'n nhw isie whare dim mwy. Ro'n i wedi ca'l 'y nghodi eriôd i gredu ei bod hi'n bwysig dangos parch tuag at yr heddlu ond mae'n rhaid cyfadde bod y parch hwnnw wedi ca'l ei whalu, o'n rhan i, yn dilyn y gêm honno a mod inne'n teimlo'n eitha digalon o ran 'y ngyrfa fel dyfarnwr. Eto mae'n rhaid cyfadde i fi ga'l un cysur bach y prynhawn hwnnw. Rodd ca'l ordro pymtheg plismon mawr, cyhyrog ar hyd y lle am ryw awr wedi codi gwên fach ar wyneb crwt 16 oed am beth amser wedyn.

Y sawl odd yn gyfrifol am dîm yr Heddlu'r diwrnod 'ny odd Brian Phillips, ac ynte'n blisman ei hunan. Fe edrychodd ar 'yn ôl i ar ôl y gêm gan ddweud wrtha i am beidio becso am yr hyn ddigwyddodd ac ro'n i'n gwerthfawrogi ei gymorth e'n fawr. Erbyn hyn gyda fe mae'r gwaith o drefnu dyfarnwyr ar gyfer gêmau rygbi Llanelli a'r Cylch ac mae e'n neud jobyn da iawn ohoni. Ar y dydd Llun canlynol daeth Onfil Pickard, odd yn gyfrifol am asesu dyfarnwyr y gynghrair ar y pryd, lawr yn unswydd i'r ysgol i 'ngweld i ac i ymddiheuro am ymddygiad tîm yr Heddlu gan addo na fydde'r fath beth byth yn ca'l digwydd 'to.

Fe fydde Wncwl Ken withe'n mynd â fi yn ei gar pan fyddwn i'n dyfarnu'n weddol bell bant. Rwy'n cofio un daith yn arbennig pan o'n i'n dyfarnu yn Aberaeron a Ken yn llwyddo i gloi'r car, gan adel yr allweddi y tu fewn iddo. A ninne'n ymbalfalu i weld beth allen ni ei neud dyma ryw grwt ifanc yn dod heibo, tynnu bwndel o allweddi ceir o'i boced ac agor y car i ni. Ro'n i'n ddiolchgar iawn iddo fe wrth gwrs ond yn poeni tamed bach ar yr un pryd am geir pobol Aberaeron!

Yn wir, oni bai am Wncwl Ken fyddwn i ddim wedi gallu cyrradd yr holl gêmau bues i yn eu dyfarnu nhw'r tymor cynta 'ny ac mae 'niolch i'n fawr iawn iddo fe. Rwy'n dal i weld ei isie fe'n fawr ers iddo fe farw ddechre'r flwyddyn. Ro'n i'n falch iawn o'r cyfle, yn ystod y blynyddoedd diwetha, o ga'l talu 'nôl rywfaint iddo wrth iddo fe, 'Nhad a Roy Owen, ffrind i'r teulu o Mynyddcerrig, ddod gyda fi pan fyddwn i'n dyfarnu ambell i gêm bwysig. Fel arfer fe fydde'r Clwbe yn gadel i'r tri ohonyn nhw ddod i mewn gyda fi am ddim, ond rodd 'na ambell i eithriad, fel Clwb Llanharan, a fynnodd eu bo nhw'n talu. Colli nath Llanharan y diwrnod 'ny, er colli'n deg hefyd, cofiwch!

Roedd gwersi pwysig i'w dysgu, fel dyfarnwr, yn ystod y dyddie cynnar hynny. Rwy'n cofio gofalu am gêm gwpan gyn-derfynol rhwng tîm ieuenctid Cwins Caerfyrddin, gyda Stephen Jones ifanc yn whare maswr iddyn nhw, a thîm Athletic Caerfyrddin. Dau arch-elyn fel mae'n digwydd bod. Fe ges i achos i rybuddio un o dîm y Cwins am drosedd eitha difrifol ond ar y pryd wnes i ddim nodi'r rhif ar ei gefen e. Ymhen fawr o dro rodd e'n euog o'r un peth unwaith eto, felly dyma fi'n galw arno fe i ddod draw ata i er mwyn rhoi darlith arall iddo fe ac yn fwy na thebyg, ro'n i am ei hala fe bant o'r cae. Ond, wrth gerdded oddi wrtho fe 'nes i'r camgymeriad o droi 'nghefen arno am eiliad neu ddwy. Pan droies i nôl i'w wynebu rodd dau wharaewr yr un ffunud â'i gilydd yn sefyll o 'mlân i â gwên lydan ar eu gwynebe nhw! Rodd y 'troseddwr' yn un o'r efeilliaid Morgan a dodd dim posibl dweud y gwahanieth rhyngddyn nhw, a finne heb sylwi cyn hynny. Ro'n nhw'n gwbod yn iawn nad odd dim posib felly i fi hala neb bant achos do'n i ddim yn gwbod pa un o'r ddau odd, yn gynta, wedi ca'l y rhybudd ac yn ail, pa un o'r ddau odd wedi cyflawni'r ail drosedd. Dysges i'n gynnar iawn yn 'y ngyrfa, felly, mod i bob amser o hynna mlân, wrth alw wharaewr draw ata i, i gerdded oddi wrtho wysg 'y nghefen. Fe fydda i'n gweld yr efeilliaid yn y dre o bryd i'w gilydd ac yn ca'l 'yn atgoffa'n aml o'r digwyddiad 'ny – neu falle taw'r un un y bydda i'n ei weld bob tro!

Ma'r dre'n gallu bod yn lle poblogaidd i godi ambell i hen grachen. Y flwyddyn wedyn, gyda Stephen Jones yn whare maswr i'r Cwins, ro'n i'n dyfarnu'r un timau yn rownd derfynol y Cwpan. Yn hwyr yn y gêm fe gafodd canolwr yr Athletic, Darren Simpson, ei daclo ac yn ôl rhai fe gafodd y bêl ei bwrw 'nôl o'i afel e tuag at ei linell ei hunan gan y taclwr. Wedyn, dyma un o gyd-wharaewyr Darren yn codi'r bêl rydd ac yn croesi'r llinell a'i thirio hi am yr hyn rodd y tîm yn meddwl odd yn gais i selio'r fuddugoliaeth. Ond nid fel 'na y gweles i bethe. Yn 'y marn i rodd Darren wedi bwrw'r bêl mlân felly dyma fi'n gwrthod rhoi'r cais. Hyd heddi mae Darren yn honni mod i wedi colli'r gêm yna i'r Athletic, gan fygwth dod a thâp fideo i fi i brofi'r ffaith. Beth bynnag am hynny, mae'r penderfyniad tyngedfennol hwnnw wedi costio peint i fi bob tro 'dw i 'di cwrdd â Darren Simpson, er nad wy i byth wedi ca'l gweld y fideo 'da fe!

Yn 'y nyddie cynnar fel dyfarnwr rodd llawer o hen benne, a'r rheiny wedi gweld eu dyddie gore fel wharewyr, yn troi mas i ail dime'r gwahanol glybie lleol ac ro'n nhw'n ca'l rhyw ddiléit mawr mewn rhoi amser caled i'r 'bachan â'r bîb'. Fe fydden nhw byth a beunydd yn trio dylanwadu arna i ac yn cwestiynu 'mhenderfyniade i, odd yn neud y gwaith dyfarnu braidd yn ddiflas ar adege. Felly, cyn hir, gan ddilyn cyngor siort Alun West ac Onfil Pickard, fe ddysges i taw'r ffordd ore odd bod yn llym ar y bois odd yn achwyn a'u cosbi nhw unwaith ro'n nhw'n dechre agor eu cegau. O hynny mlân fe ges i lonydd i fwynhau beth ro'n i'n neud. Fe fydda i'n neud pwynt o gofio'r cyngor 'ny hyd yn oed heddi pan fydda i'n dyfarnu, sdim ots pa mor enwog yw'r wharaewr cegog.

Rwy'n cofio dyfarnu gêm unwaith lan yng Nglyn-nedd ac ro'n nhw'n whare'n erbyn Cydweli. Nawr, rodd ambell hen ben yn y ddau dîm, ond rodd un bachan yn whare yn y rheng ôl i Glyn-nedd wedi bod yn rhoi amser caled i fi drwy'r gêm oherwydd mod i'n ifanc, sdim dowt – rhyw 22 oed ar y pryd. Rodd Glyn-nedd ar y blân o ryw ddau bwynt, a'r blaen-asgellwr 'ma'n gofyn bron bob munud, 'How much time, ref?' neu 'Time, ref?' a phwyntio at ei arddwrn. Bydde'i gosbi fe wedi bod ychydig bach yn hallt, yn enwedig â'r sgôr mor agos a dim ond rhyw bum munud i fynd. Felly dyma fi'n penderfynu, reit, os gofynnith hwn unwaith 'to, fe gaea i ei geg e. Jyst cyn gosod y sgrym nesa, dyma fe'n gweiddi a phwyntio at ei arddwrn, 'Time, ref? Ref, man, time?' a meddwn i'n cŵl reit, 'Five to four, mate!' A dyma'r ddau dîm yn dechre wherthin. 'Very funny,' medde'r blaen-asgellwr ac medde aelod arall o'i dîm wrtho, 'Well, he is on *Noson Lawen*!' Rwy'n dal i ddefnyddio'r ateb 'na hyd heddi, hyd yn oed mewn gêmau pwysig ac mae'n dal i neud i wharaewyr wenu!

Pan o'n i bythdi deunaw mlwydd oed ro'n i'n dyfarnu gêm ym Maes Yr Yrfa ac rodd crwt o'r enw Richard Lewis yn nhîm yr ysgol. Yn wir rodd ei frawd, Robert, neu Stato i ni fois y Bont, yn yr un dosbarth â fi ac yn ffrind da. Rodd ei dad, Humphrey, yn arfer whare fflancyr i Lanelli ac ar y diwrnod arbennig yma rodd e ar yr ystlys yn gwylio'i fab. Yn ôl ei arfer rodd e'n gweiddi tipyn ar y dyfarnwr ond mae'n rhaid i fi gyfadde ei fod e wedi rhoi gair o gyngor i fi ar ôl y gêm rwy wedi'i werthfawrogi byth ers 'ny. Rodd 'na damed bach o godi dyrne yn ystod y whare, felly dyma fi'n rhoi darlith i'r bachan ro'n i'n meddwl odd yn gyfrifol. Dyma beth wedodd Humphrey wrtha i: 'Pan o'n i'n arfer whare, os o'n i wedi neud rhywbeth o'i le, dwed yn y leinowt, rodd lot mwy o barch 'da fi at ddyfarnwr odd yn dod lan ata i ac yn ca'l gair bach tawel 'da fi i ddweud ei fod wedi gweld beth 'nes i ac y bydde fe'n cadw llygad mas y tro nesa, nag at ddyfarnwr odd yn lico rhoi pregeth gyhoeddus.' Rwy wedi trio cofio'i eirie fe byth ers 'ny, achos mae lot o synnwyr yn yr hyn wedodd e.

Yn ddiddorol, yn ystod y dyddie cynnar hynny, fe ges i gyngor pwysig iawn hefyd 'da'i frawd, Eldon Lewis, odd yn ysgrifennydd Clwb Rygbi Pontyberem am 26 mlynedd. Ro'n i'n 17 blwydd oed ac yn dyfarnu gêm rhwng ail dîm y Bont ac ail dîm yr Aman. Ro'n i wedi cerdded lawr o Mynyddcerrig i'r Bont fel mod i'n gallu gwlychu pig ar ôl rhedeg ar hyd y lle am awr a hanner. Tra o'n i'n ca'l peint bach yn y Clwb ar ôl y gêm da'th Eldon draw i ga'l gair a dyma fe'n 'y nghynghori i beidio â dyfarnu gyda'r chwiban yn rhy agos at 'y ngwefuse. 'Rodd 'na ddyfarnwr rhyngwladol o Gymru slawer dydd o'r enw Gwyn Walters,' medde Eldon. 'Bydde fe'n gwisgo blazer bob amser ac rodd e wastad yn cadw'i chwiban ym mhoced 'i flazer. Nawr, pe bydde fe'n meddwl defnyddio'i chwiban am rywbeth, fe fydde hi'n cymeryd rhyw ddwy eiliad iddo fe ddod â'r chwiban o'i boced i'w geg ac yn yr eiliade 'ny rodd e wedi ca'l amser i feddwl ac i benderfynu falle nad odd y digwyddiad yn haeddu defnyddio'r chwiban wedi'r cwbwl ac mai gwell fydde gadel i'r whare fynd yn ei flân.' Ac rwy wedi trio cofio cyngor Eldon byth ers 'ny gan ddyfarnu trwy ddala'r chwiban yn weddol isel fel mod i'n osgoi hwthu'n rhy fyrbwyll am rywbeth y bydde hi'n well ei anwybyddu. Yn anffodus, fe fu e farw y llynedd a chyment odd y parch odd 'da fi at ei holl waith dros Glwb Rygbi Pontyberem ac fel diolch am ei barodrwydd i roi cyngor bob amser fe wisges i rwymyn du am 'y mraich wrth ddyfarnu'r gêm rhwng Caerfaddon a Gleision Caerdydd yn fyw ar y teledu yng Ngystadleuaeth yr EDF yn dilyn ei farwolaeth.

Rwy wedi ffindo eriôd ei bod hi'n bwysig i ddyfarnwr wrando ar gyn-wharaewyr. Pan o'n i'n dechre'n enwedig, fe ddysges i lot am beth odd yn mynd mlân yn y rheng flân trwy siarad ag ambell i hen brop neu fachwr. Y nhw odd yn gallu dweud wrtha i beth y dylen i fod yn edrych mas amdano er mwyn penderfynu pwy fydde'n gyfrifol am dynnu sgrym lawr. Felly rwy wedi neud pwynt eriôd o fynd am beint i'r Clwb ar ôl gêm fel mod i'n ca'l cyfle i drafod gyda'r hen wharaewyr – y bois a fu'n 'gwitho ar y ffas'. Hyd yn o'd ar y lefel ucha un mae dyfarnwyr yn gallu elwa ar brofiad cyn-wharaewyr. Y llynedd, da'th Jon Humphreys, cyn-fachwr Cymru, sy'n un o hyfforddwyr y Gweilch ar hyn o bryd, i gyfarfod â ni'r dyfarnwyr ar Banel Undeb Rygbi Cymru. Ond er cyment ro'n i'n gallu elwa ar y profiad, ro'n i'n sylweddoli nad odd e'n mynd i ddweud y cyfan wrthon ni, achos rodd e'n gwbod y bydden ni'n dyfarnu'r tîm mae e'n ei hyfforddi rywdro yn y dyfodol agos. Hefyd ro'n i'n ddiolchgar iawn yn ddiweddar i Robin McBryde am gynnal sesiwn un wrth un gyda fi, er mwyn datgelu rhai o gyfrinache'r rheng flân.

Ond nid gan gyn-wharaewr rhyngwladol yn unig rwy wedi ca'l help a chyngor ynglŷn â sut i ddyfarnu rhai o brobleme cymhleth y rheng flân. Rwy wedi ca'l tipyn o gyngor gan Paul Lloyd o Bontyberem, odd yn gyn-aelod o reng flân Trimsaran a Phontyberem. Rodd e wedi whare ymhob safle yn y rheng flân. Bydd Paul yn gwylio'r rhan fwya o'r gêmau y bydda i'n eu dyfarnu ar y teledu ac yn rhoi galwad ffôn neu'n dod am sgwrs i ga'l trafod unrhyw brobleme fydd e wedi sylwi arnyn nhw ac wedi'u nodi ac yn cynnig gair o gyngor. Rwy'n ddiolchgar iawn i bawb sy'n barod i helpu. Wedi'r cyfan, dyw person byth yn rhy hen i ddysgu ac mae'n hynny'n arbennig o wir yn y byd dyfarnu, credwch chi fi.

Pan ddechreues i ddyfarnu dim ond un crys odd 'da fi, un melyn, a hwnnw'n replica o grys tîm rygbi Awstralia, ac mae e'n dal 'da fi gartre. Wedyn, ar ôl rhyw flwyddyn neu ddwy fe brynes i grys gwyrdd ac achos mod i'n aelod o Gymdeithas Dyfarnwyr Rhanbarth Llanelli rodd hawl 'da fi i roi bathodyn swyddogol Cymdeithas Dyfarnwyr Rygbi

Cymru ar 'y nghrys gyda'r llythrenne WSRUR. Ro'n i'n
browd iawn o'r crys 'ny, ac yn ei wisgo fe bob cyfle gelen
i, ond rhag ofon y bydde un o'r time ro'n i'n digwydd eu
dyfarnu hefyd yn gwisgo gwyrdd, ro'n i wastad yn cario'r
crys melyn yn y bag.

Un diwrnod ro'n i'n dyfarnu ail dîm y Betws yn erbyn ail
dîm Nantgaredig, y naill yn whare mewn gwyrdd a'r llall
mewn melyn. Rodd gofyn meddwl am ateb cyflym iawn a
dyma bois y Betws yn dod i'r adwy. Yn y clwb, mewn câs
gwydr ar y wal, rodd crys un o wharaewyr y clwb, Arwyn
Thomas, crys a wisgodd pan gynrychiolodd dîm Cymru dan
19 oed. Felly dyma nhw'n ei dynnu fe mas o'r câs a'i roi fe
i fi i'w wisgo i ddyfarnu'r gêm, whare teg iddyn nhw. Byth
ers y diwrnod 'ny rwy wedi neud yn siŵr mod i'n tsieco pa
liwie yw'r cryse fydd y ddau dîm yn eu gwisgo ymhob gêm y
bydda i yn ei dyfarnu.

Erbyn hyn mae 'da fi ddewis mawr o wisgoedd dyfarnu,
yn benna achos bod rhaid gwisgo'n wahanol ar gyfer y
gwahanol gystadlaethau a chynghreiriau, gyda lle amlwg yn
ca'l ei roi ar y cryse i logo'r noddwyr. Adidas fydde'n noddi
gwisgoedd dyfarnu yr IRB – ond cwmni Canterbury fydd
yn neud o hyn mlân. Fe fyddwn i'n ca'l tri chrys, pob un o
liw gwahanol, tri phâr o siorts, tri phâr o sane, tracwisg,
sgidie rygbi, trainers a chrys T gan y cwmni bob blwyddyn.
Byddwn i'n ca'l yr un 'kit' eto ar gyfer Pencampwriaeth y
Chwe Gwlad, ond gyda logo RBS yn ca'l lle amlwg arno.
Ar gyfer y Cwpan Heineken bydda i'n ca'l pedwar crys,
sane, siorts, tracwisg a chrys T gan gwmni Webb Ellis.
Ar ddau grys mae'r logo Heineken Cup ac ar y ddau arall
yr H Cup. Y rheswm am hyn yw nad oes hawl hysbysebu
alcohol na thybaco yn Ffrainc, felly wrth ddyfarnu yno rodd
yn rhaid gwisgo crys gyda H Cup arno. Cwmni Rhino sy'n
rhoi'r gwisgoedd, gan roi lle amlwg i enw'r noddwyr erill
sef Specsavers, ar gyfer y Cynghrair Magners, sy'n golygu
bob blwyddyn dau grys gwahanol, dau bâr o siorts a sane,

tracwisg, gwisg tywydd gwlyb a chrys T. Mae Undeb Rygbi Cymru yn ca'l ei noddi gan gwmni Underarmour ac ar gyfer gêmau'r Undeb fe fydda i'n ca'l cryse, siorts a sane bob blwyddyn, gydag enw'r noddwr arall, SWALEC, yn amlwg. Bydda i'n ca'l set arall gan gwmni Gilbert ar gyfer gêmau'r EDF ac yna ar gyfer gêmau'r Uwchgynghrair yng Nghymru fe fydda i'n ca'l crys wedi ei noddi gan gwmni Principality. Hefyd, am y tro cynta eriôd, rwy wedi ca'l cytundeb personol eleni gan gwmni Kooga i wisgo eu sgidie nhw. Rwy'n ddiolchgar iawn i Matt Fielding o Kooga am gefnogaeth y cwmni. Rwy newydd gytuno ar gytundeb gyda Under Armour i wisgo eu nwyddau pan fydda i'n dyfarnu gêmau, yn ymarfer, ac yn ogystal pan fydda i'n neud unrhyw waith swyddogol ar ran y cwmni neu'r Undeb. Nhw hefyd sy'n gyfrifol am git Undeb Rygbi Cymru.

Fel y gellwch chi ddychmygu mae gofyn ca'l wardrob eitha mawr i ddala'r holl ddillad 'ma. Ond fydda i ddim yn cadw'r hen rai a bydda i fel arfer yn eu rhoi nhw i'r bois ifainc sy'n dyfarnu yn Rhanbarth Llanelli neu i ffrindie yng Nghlwb Rygbi Pontyberem. Ar nosweth ymarfer y Clwb fe allech chi feddwl withe bod tîm o ddyfarnwyr ar y cae! Fe fydda i hefyd yn ca'l cais o bryd i'w gilydd i gyflwyno crys wedi'i lofnodi at ryw achos neu'i gilydd, rhai'n ymwneud â rygbi a rhai erill i elusen. Fe gyflwynes i'r crys ro'n i'n ei wisgo i ddyfarnu'r Crysau Duon yn erbyn Lloegr i Glwb Rygbi Machynlleth ar achlysur agor eu clwb newydd. A'th y crys wisges i ddyfarnu Toulouse a Munster yn ffeinal yr Heineken eleni i Glwb Rygbi Aberystwyth ar gyfer ocsiwn er mwyn codi arian at gronfa teulu un o'u cyn-wharaewyr a gollodd ei fywyd mewn damwain y llynedd. Rodd hi'n dda clywed bod y crys 'ny wedi codi £700 ac mae'n debyg ei fod e erbyn hyn ar wal un o dafarne'r dre. Yn yr un modd ro'n i'n falch iawn o weld bod crys roies ar gyfer ocsiwn a gynhaliwyd y llynedd mewn cinio i ddyfarnwyr Cymru er mwyn codi arian i gronfa Brian 'Yogi' Williams, gafodd ddamwain ofnadw o ddrwg wrth whare i dîm y Bala, wedi codi £300.

Yr hyn na fydda i'n lico 'i neud yw gofyn i wharaewyr gyflwyno crys neu lofnodi rhaglen neu bêl. Ma hynna'n gallu achosi rhywfaint o embaras i ddyfarnwr. Ond mae 'na ambell i eithriad wedi bod yn 'yn achos i. Yn ddiweddar fe ofynnodd Zoe, Gwyddeles sy'n cefnogi Munster a gwraig Gary Thomas, un o'n ffrindie o Bontyberem, a fyddwn i'n gallu ca'l Paul O'Connell, capten Munster i lofnodi rhaglen y gêm pan fyddwn i'n eu dyfarnu. Rodd hi am ei chyflwyno hi i'w mab bach, Brion. Ar ôl eu gêm yn ddiweddar yn erbyn y Dreigie eleni fe ges i air gyda Paul O'Connell, sy'n gymeriad ffein iawn, er gwaetha'r argraff mae e'n ei roi ar y cae, ac rodd e'n barod iawn nid yn unig i roi ei lofnod ond hefyd i ofyn i weddill tîm Munster i dorri'u henwe ar y rhaglen.

Dro arall yn ddiweddar fe ges neges ar Facebook gan wraig o'r enw Donna Davies. Fe soniodd bod ŵyr ei ffrind gore, bachgen bach un ar ddeg blwydd oed o'r enw Connor Brown, o Gwmbrân, wedi ca'l tipyn o sgytwad pan gymerodd ei dad ei fywyd ei hunan. Ma'n debyg bod Connor yn gefnogwr mawr i'r Dreigiau a gofynnodd Donna a fyddwn i'n folon ca'l y tîm i arwyddo carden iddo fe, yn dweud rhywbeth fel 'Thinking of you' neu 'Best Wishes'. Atebes trwy ddweud y byddwn i'n folon trefnu mynd â Connor gyda fi i Rodney Parade y tro nesa y byddwn i'n dyfarnu 'na, neu fe elen i â fe yno yn un swydd er mwyn iddo eu gweld nhw'n whare a rhoi'r cyfle iddo fe gwrdd â'r wharaewyr ar ôl y gêm. A dyna ddigwyddodd.

Ar noswaith y gêm fe gwrddes â Connor a'i fam ym maes parcio Sainsbury yng Nghasnewydd ac yna fe dda'th e gyda fi i'r cae. Ro'n i wedi cysylltu â Gethin Jenkins a Paul Turner, o Glwb y Dreigie, a whare teg ro'n nhw'n barod iawn i helpu gan drefnu bod Connor a finne'n ca'l sêt yn yr eisteddle ar gyfer y gêm ac yna'n ca'l mynd i gwrdd â'r wharaewyr yn y stafell newid. Fe nethon nhw i gyd lofnodi ei lyfr llofnodion, fe roiodd Tom Willis, capten y Dreigie, ei grys ymarfer ac fe roies i iddo fe dop tracwisg ro'n i'n ei wisgo withe i ddyfarnu. Rodd e wrth ei fodd. Es i â fe 'nôl at y teulu i faes parcio Sainsbury a phan ges gwtsh mawr 'da'i fam a Donna, ro'n i'n eitha dagreuol. Edrychodd Connor yn hurt arna i. Wedi'r cyfan, rodd e wedi 'ngwylio i'n dyfarnu sawl gwaith ac wedi 'ngweld i'n ordro'r bois mawr, ffyrnig 'ma ar hyd y cae a dyma fi nawr yn colli dagre yng nghôl y ddwy fenyw 'ma.

Fe ffoniodd ei fam y diwrnod wedyn i ddiolch unwaith eto i fi ac i ddweud eu bod nhw wedi gweld newid mawr yn Connor yn barod. Rodd e'n hapusach o lawer, ac rodd e wedi gwrthod tynnu crys Tom Willis hyd yn oed i fynd i'r gwely. Rhyw ddiwrnod neu ddau wedyn dyma Donna'n hala carden ata i gan ddweud, 'Thank you very much for all that you've done in arranging the evening for Connor Brown. You are truly a wonderful person with a generosity of spirit that has no boundaries. With deepest gratitude to you.' Mae derbyn neges fel yna wedi golygu llawer i fi ac wedi rhoi tipyn mwy o foddhad nag mae derbyn clod am ddyfarnu gêm o rygbi.

Ond er y bydda i'n trio cymryd gofal wrth baratoi'r 'kit' ar gyfer gêm mae rhywun yn gallu bod yn esgeulus weithie. Pan gyrhaeddes i'r ystafell newid yn Marseille ar gyfer rhedeg y llinell yn y gêm gyn-derfynol rhwng Lloegr ac Awstralia yng Nghwpan y Byd 2007, fe ffindes i mod i wedi gadel 'yn sgidie ar ôl yn y gwesty ym Mharis. Trwy lwc, cyfrifoldeb Marius Jonker, y dyfarnwr o Dde Affrica, y prynhawn 'ny odd edrych ar y peiriant fideo yn yr eisteddle a thaflu goleuni ar rai digwyddiade rodd y dyfarnwr yn ansicr yn eu cylch. Felly fe gynigiodd roi benthyg ei sgidie i fi, whare teg iddo. Ond rodd e'n gwisgo seis 12 a finne seis 9. Felly fe es i i'r cae yn gwisgo tri phâr o sane a llwyth o bapur wedi ei stwffo i mewn i'r sgidie. I neud pethe'n wa'th rodd hi'n dwym ofnadw'r diwrnod 'ny, felly, fel y gallwch chi ddychmygu, dodd sgidie Marius ddim yn gwynto mor ffein pan gas e nhw 'nôl.

Dysges i ambell i wers yn gynnar yn 'y ngyrfa beth ddylen i neud, neu'n hytrach beidio â gneud *ar ôl* y gêm. Pan o'n i'n ddwy ar bymtheg oed fe fues i'n dyfarnu lawr yn Nhalacharn mewn gêm lle collodd y tîm cartre. Yn ôl yr arfer ar y diwedd, fe safon nhw ar ymyl y cae mewn dwy res, i glapo'r tîm buddugol bant, a finne'n dilyn wedyn rhwng y ddwy res, a thîm Talacharn yn 'y nilyn i. Dyna pryd y da'th dyn sbwnj y tîm cartre lan ata i'n dawel bach a rhoi cythrel o ergyd i fi yn 'y nghefen. 'Nes i ddim byd yn 'i gylch e ond ar ôl y diwrnod 'ny rwy 'di neud yn siŵr taw y fi yw'r diwetha i adel y cae rygbi neu sicrhau mod i'n cerdded bant gan gadw'n ddigon pell oddi wrth y wharaewyr a'r swyddogion! Ches i fawr o groeso yng Nghlwb Talacharn ar ôl y gêm y noson 'ny. Ond yn rhyfedd iawn, mewn pum mis wedyn ro'n i dyfarnu lawr 'na 'to. Fe enillodd y tîm cartre bryd hynny ac fe ges i groeso mawr 'da nhw wedi'r gêm – yn wir, 'swn i wedi gallu aros lawr 'na am y penwythnos 'swn i isie.

Rodd dau ddyfarnwr ifanc arall fel fi'n magu profiad yng ngêmau Rhanbarth Llanelli, sef Wayne Davies, o Felinfoel, a dda'th yn ffrind da, a Carwyn Phillips, Rheolwr y Co-op yn Llandeilo. Y nod i ni'n tri odd ca'l 'yn dyrchafu'n ddyfarnwyr Undeb Rygbi Gorllewin Cymru ac rodd Cymdeithas Dyfarnwyr Rhanbarth Llanelli wedi bod yn 'yn hasesu ni'n rheolaidd drwy'r tymor. Ond un cymhwyster odd yn rhaid i ni ei ga'l cyn y gallen ni ga'l 'yn hystyried ar gyfer hynny odd mynd ar y cwrs dyfarnu yng Nghaerdydd y cyfeiries i ato'n barod. Rodd yn rhaid bod yn 18 oed cyn y galle unrhyw ddyfarnwr fynychu'r cwrs ond pan ddetho i'n ddigon hen, rodd gêm bêl-droed fawr wedi ei threfnu rhwng staff Maes Yr Yrfa a chast *Pobol y Cwm* ar yr un noswaith â phan fydde'r cwrs i'r dyfarnwyr yn dechre yng Nghaerdydd. Do'n i ddim yn mynd i golli shwd achlysur pwysig, felly fe benderfynes i whare yn y gêm bêl-droed a gadel y cwrs sbo'r flwyddyn wedyn.

Ar ôl bod ar y cwrs a finne erbyn hyn yn 20 oed, rodd

aseswr swyddogol, Gwyn Watts, yn mynd i benderfynu pa un o'r tri ohonon ni, ddyfarnwyr ifenc yn Rhanbarth Llanelli, odd yn mynd i ga'l dyrchafiad. Y gêm ddewisodd e i ddod i 'ngweld i'n ei dyfarnu odd rownd derfynol Cwpan Ieuenctid Llanelli a'r Cylch rhwng Llanymddyfri a Cwins Caerfyrddin. Mae'n rhaid mod i wedi neud yn weddol achos y fi gas y dyrchafiad, er taw dim ond dau farc odd yn gwahanu Wayne, Carwyn a finne. Fe gas y ddau ohonyn nhw ddyrchafiad yn ystod y ddwy flynedd wedyn. Ro'n i'n 21 oed bellach, yn ddyfarnwr gydag Undeb Rygbi Gorllewin Cymru ac felly'n gymwys i ddyfarnu gêmau rhwng y clybie odd yn whare yn adrannau isa'r Undeb.

Ma system yr Undeb o raddoli dyfarnwyr yn caniatáu iddyn nhw ddringo o ris i ris, os y'n nhw'n ddigon da, nes eu bod nhw'n cyrradd y brig. Ro'n i'n symud o fod yn ddyfarnwr gyda Rhanbarth Llanelli i Ddosbarth 4, dan brawf yr Undeb. Y camau nesa fydde symud o Ddosbarth 4 i Ddosbarth 3, 2, ac yna 1. Ma dyfarnwr sy'n cyrradd y dosbarth ucha'n ca'l dyfarnu gêmau yn Adran Gynta'r Undeb. Y dosbarth nesa lan wedyn yw Premier 1, fydde'n golygu dyfarnu gêmau yn y Brif Adran ac yng Nghystadleuaeth Magners ac yna ar y brig mae'r dyfarnwyr sydd ar banel Undeb Rygbi Cymru ac sy'n gymwys i ddyfarnu gêmau rhyngwladol a gêmau Cwpan Heineken.

Neud Marc

O LEIA RHYW DAIR neu bedair gwaith bob tymor fe fydd pob dyfarnwr yn ca'l ei asesu gan gyn-ddyfarnwr, sy'n ca'l ei benodi gan yr Undeb, neu gan y Rhanbarth yn achos dyfarnwr sy heb gyrradd safon dosbarth isa'r Undeb. Fe fydd yr aseswr yn marcio gwahanol agwedde ar berfformiad y dyfarnwr drwy'r tymor ac yna tua diwedd y tymor fe fydd aseswr annibynnol yn dod i asesu'r dyfarnwr gan efalle ystyried ydy e'n ddigon da ai peido i haeddu dyrchafiad i ddosbarth uwch.

Wrth ddringo'r ysgol fe ddysges i sawl gwers bwysig ac o edrych 'nôl rodd rhai ohonyn nhw'n eitha doniol. Rwy'n cofio dyfarnu gêm gwpan leol yn Resolfen rhwng y tîm cartre a Blaendulais yn ystod cyfnod y Nadolig. Ro'n i wedi clywed bod un o brif swyddogion dyfarnu yr Undeb, Clive Norling, yn mynd i fod yno, felly bydde gofyn i fi fod ar 'y ngore. Fe a'th pethe'n eitha da ond fe fu'n rhaid i fi hala Darren Davies, blaenasgellwr Resolfen, i'r cell cosb am ddeg muned. Nawr rodd busnes y cell cosb wedi bod yn ofid i'r Undeb ers tro. Yn ôl y rheole rodd unrhyw wharaewr fydde'n ca'l tair carden felen mewn tymor yn ca'l ei ddiarddel am gyfnod ond rodd yr Undeb yn achwyn nad odd dyfarnwyr yn trafferthu rhoi gwbod pwy odd wedi ca'l eu hala i'r cell cosb yn ystod gêm, felly doedden nhw ddim wedi gallu cadw cownt o'r wharaewyr odd wedi ca'l tair carden. Y canlyniad odd bod siars ar y dyfarnwyr i neud eu gwaith yn iawn a chyflwyno enw unrhyw un fydde'n ca'l carden. Fydden i byth yn trafferthu gofyn i droseddwr ar y cae beth odd ei enw gan y bydde'r broses o holi a sgrifennu'r enw'n arafu gormod ar y gêm, yn 'y marn i. Ar ben hynna fe fydde gofyn i wharaewr am ei enw'n debyg falle o ddenu ateb tebyg i'r un ges i rywdro gan un o wharaewyr Aberpennar ar ôl dangos carden iddo, sef 'Mickey F... ing Mouse'!

Yr hyn byddwn i'n ei neud wastad odd gofyn i'r troseddwr am ei enw *cyn* dangos carden iddo neu nodi ei rif oddi ar ei grys ac yna, ar ôl cyrradd 'nôl i'r stafell newid ar ddiwedd y gêm, priodi'r rhif â'r enw fydd ar y rhester wharaewyr swyddogol mae pob tîm, yn ôl rheole'r Undeb, yn gorfod ei chyflwyno cyn mynd ar y cae. Yn yr achos arbennig 'ma fe gyrhaeddes i 'nôl yn y stafell newid a ffindo nad odd dim rhestr wharaewyr yno. Gan taw gêm gwpan leol odd hi mae'n debyg nad odd rhaid ca'l un o gwbl. Felly, beth ro'n i'n mynd i neud nawr a Clive Norling wedi gweld bachan yn ca'l ei hala bant a finne ddim yn gwbod ei enw fel y gallwn ei anfon at yr Undeb? Ar ben hynna da'th Clive i mewn i'r ystafell newid ar y diwedd gan ddweud 'Well done' wrtha i. Felly rodd rhaid meddwl am ateb arall.

Ar ôl cyrradd gartre dyma fi'n ffono Clwb Resolfen a gofyn am ga'l siarad â'r ysgrifennydd. Dodd dim pwynt gofyn iddo am enw'r 'troseddwr' achos fe fydde fe wedi gwrthod ei roi fe i fi. Felly fe benderfynes i dynnu ar y tipyn dawn dynwared odd 'da fi ar gyfer y sgwrs, ac a'th hi rhywbeth yn debyg i hyn:

'Hello, it's Mark Orders here from the *South Wales Evening Post*.'

'Hiya Mark, how are you?'

'Fine thanks. Can you confirm the score of the game today for me?'

'We won 15-9,' a dyma fe'n nodi pwy odd wedi sgorio.

'I believe there was a yellow card?'

'Yes, Darren Davies got sin-binned.'

'Right, thanks very much. Oh, by the way, what was the

ref like?'

'F... ing useless!' odd yr ateb.

A hynna, cofiwch, ar ôl i Resolfen ennill. Dyna'r tro cynta a'r tro ola i fi ofyn i gynrychiolydd unrhyw Glwb am ei farn amdana i.

Un pwt bach am y garden felen wrth baso, a alle neud cwestiwn bach mewn cwis rygbi rywdro. Y fi odd y dyfarnwr cynta eriôd yng Nghymru i ga'l achos i ddefnyddio'r garden felen a hynny mewn gêm rhwng Trebanos a Trimsaran. Bryd hynny d'odd dim cell cosb yn bod – rodd y garden felen yn gweithredu fel rhybudd. Gan fod un o fois Trebanos yn priodi ar y dydd Sadwrn fe ofynnodd y Clwb a alle'r gêm felly ga'l ei whare ar y nos Wener cynt. A dyna ddigwyddodd, a finne'n dangos y garden i wharaewr o'r enw Andrew Thomas, odd yn whare i Drimsaran, ar y diwrnod cyn i bob dyfarnwr arall ga'l achos i'w thynnu hi o'u pocedi.

Ar hyd y blynyddoedd fe lwyddes i'n eitha cyson i symud lan o Ddosbarth i Ddosbarth. Ar ddiwedd un tymor arbennig fe lwyddes i neidio Dosbarth, ond rodd 'na dipyn o lwc tu cefen i'r dyrchafiad 'ny. Ro'n i'n dyfarnu ar y pryd yn Adran 3 ac yn ca'l 'yn asesu'n rheolaidd gan y cyn-ddyfarnwr Keith 'Mogo' Jones. Fe ddwedodd e wrtha i ar ddiwedd y tymor dan sylw ei fod am hala un arall o aseswyr yr Undeb i fwrw golwg arna i'n dyfarnu Penygraig yn erbyn Senghennydd, er mwyn gweld a o'n i'n ddigon da i symud lan i Ddosbarth 2. Nawr, yr adeg honno rodd Clive Norling, ar ôl gyrfa ddisglair dros ben fel dyfarnwr, newydd ailgydio ynddi fel aseswr, ond aseswr odd â chyfrifoldeb arbennig am fugeilio wyth neu naw o ddyfarnwyr ifainc a fydde, yn ei farn e, yn ddigon da maes o law i gyrraedd y brig – do'n i ddim yn eu plith nhw. Yn wir, dodd hi ddim yn hir cyn y cyfeiriwyd atyn nhw fel 'Norling's Angels' ac fe dda'th rhai ohonyn nhw i hedfan yn uchel, fel Nigel H. Williams, Nigel Whitehouse, Paul Adams a Hugh Watkins. Bore'r gêm dan sylw fe ffonodd Clive y tŷ 'cw er mwyn ca'l gwbod ble yn gwmws odd y gêm a phryd odd y gic gynta, ac yn wir fe weles i fe yn yr eisteddle pan redes ar y cae. Ro'n i nawr wedi cymryd yn ganiataol fod yr aseswr Keith Jones wedi gofyn iddo fe ddod i 'ngweld i. Fe ges i gythrel o sioc ar ôl y gêm pan dda'th aseswr arall o'r enw Steve Jeffries i mewn i'r ystafell newid a chyhoeddi taw fe odd yr aseswr annibynnol rodd Keith wedi'i drefnu, a'i fod e am drafod 'y mherfformiad i.

Fe ddwedodd nad odd e ddim mor hapus â hynny ar 'y 'mherfformiad i a bod 'na rai gwendide rodd am dynnu sylw atyn nhw. Ro'n i, medde fe, wedi colli ambell i gamsefyll ynghanol y cae. Felly y cyngor rodd e'n mynd i'w roi i'r Undeb, odd mod i'n aros yn Dosbarth 3 am flwyddyn arall beth bynnag. Gyda 'ny 'ma'r drws yn agor a Clive Norling yn dod i mewn a fe a Steve Jeffries yn synnu o weld bod y ddau ohonyn nhw wedi dod i'r gêm. 'How did you think it went?' holodd Clive fi. Fe dries i fod yn garcus, gan ddweud, 'Not bad, but I think I missed a few off-sides in mid-field.' Dyma fe'n bwrw golwg ar ei nodiadau a dweud, 'Not at all. In fact I've got you down for very good scanning of mid-field. No, it went very well.' Fe weles wyneb Steve Jeffries yn cwmpo ond ddwedodd e ddim gair. Yn sgil adroddiad Clive fe ges i'n 'nyrchafu'n syth o Ddosbarth 3 i Ddosbarth 1 ac oni bai fod Clive wedi digwydd taro draw i weld y gêm arbennig 'na mae'n bosibl y byddwn i'n dyfarnu yn Nosbarth 3 o hyd. Ar ôl y gêm 'ny fe ddes i hefyd yn un o 'Angylion Norling'.

Eto mae'n rhaid canmol y gyfundrefn asesu a hyfforddi sy'n bodoli ar hyn o bryd ac mae'n dda gweld bod cyment o gyn-ddyfarnwyr llwyddiannus, fel Derek Bevan, Clayton Thomas, Malcolm Thomas, Les Peard, Jim Bailey, Ken Rowlands, Alun Richards, Tony Lynch, Vernon Brown a Gwyn Watts yn rhan ohoni. Fe fuon nhw i gyd o gymorth mawr i fi dros y blynyddoedd. Ro'n i bob amser yn gwethfawrogi steil rhywun fel Gwyn pan fydde fe'n dod i'm hasesu. Fe fydde'n mynd dros wahanol agwedde o'r gêm gyda fi ac yn rhoi cyfle i fi gyfiawnhau unrhyw benderfyniad ro'n i wedi ei neud rodd e falle'n anghytuno ag e, gan newid ei feddwl weithe yn wyneb 'yn eglurhad i. Ar y llaw arall fe fydde rhai aseswyr yn amharod i wrando ar unrhyw esboniad ac yn mynnu taw y ffordd ro'n nhw'n gweld pethe odd yr unig ffordd. Yn anffodus fe fu farw Gwyn fis Awst diwetha ac fe fydd colled fawr ar ei ôl, nid dim ond yn y cylchoedd dyfarnu yng Nghymru ond drwy'r byd rygbi i gyd. Fe fu e'n aseswr swyddogol mewn dau Gwpan y Byd a phan ges i 'newis yn ddyfarnwr ar gyfer Cwpan y Byd 2007 y llythyr cynta dda'th trw'r post yn 'yn llongyfarch i odd un oddi wrth Gwyn Watts.

Fe fydd pob dyfarnwr yn derbyn copi ysgrifenedig o adroddiad ei aseswr ychydig ddyddie ar ôl pob gêm. Dim ond un waith rwy wedi achwyn yn swyddogol am asesiad a dderbynies i. Ro'n i'n dyfarnu'r Saraseniaid yn erbyn Biarritz yng Nghwpan Heineken ac fe weles un o flaenwyr y tîm o Ffrainc yn cwmpo'n ddramatig i'r llawr wedi iddo ga'l gwthiad bach diniwed gan un o dîm y Saraseniaid. 'Come on, get up,' wedes i wrtho. 'You're in London now, not in Hollywood!' Rodd y sawl odd yn 'yn asesu i'r diwrnod hwnnw, Tony Trigg, wedi ei benodi gan Undeb Rygbi Lloegr ac yn ei adroddiad fe wedodd ei fod e'n tynnu dau farc oddi arna i am y jôc am Hollywood, gan nad odd neud jôc o'r digwyddiad yn briodol ar y pryd, medde fe, a beth bynnag, fydde rhywun o Ffrainc ddim yn deall y cyfeiriad at Hollywood. Ar ben hynny fe dynnodd ddau farc oddi arna i am nad o'n i'n gallu cyfathrebu â wharaewyr Biarritz yn Ffrangeg. Dyma fi'n achwyn am hyn wrth 'y mhennaeth i yn yr Undeb, Robert Yeman, gan ofyn a fydde rhywun odd yn mynd i ddyfarnu yn Llanelli yn colli marcie os na fydde fe'n gallu siarad Cymraeg gyda rhai o'r Sgarlets? Yn yr un modd, holes i a odd disgwyl i ddyfarnwr allu siarad Rwseg yn Rwsia, Afrikaans yn Ne Affrica neu Eidaleg yn yr Eidal? Fe dynnodd Robert sylw Colin High, odd yn gyfrifol am ddyfarnwyr Lloegr, at yr 'annhegwch' yma ac o ganlyniad fe ges i'r marcie gafodd eu tynnu i gyd yn ôl.

Erbyn heddi dyw iaith ddim yn broblem ar y cae. Mae mwyafrif llethol y wharaewyr sy'n siarad iaith estron yn gyfarwydd â'r termau Saesneg am elfennau pwysica'r whare ac os bydd yn rhaid siarad â wharaewr unigol sy ddim yn deall llawer o Saesneg fe fydd rhywun yn ei dîm fel arfer yn gallu cyfieithu yr hyn mae'r dyfarnwr yn ei ddweud. Mae'n arferiad gan ddyfarnwyr, pan fydd tîm tramor yn whare, i holi cyn y gêm oes rhywun o'u plith yn deall a siarad Saesneg. Ond ar ôl dweud 'ny, mae'n dacteg gan ambell i dîm tramor i beidio â chydnabod eu bod nhw'n deall beth mae'r dyfarnwr yn ei ddweud. Fe ddysges i hynna'n gynnar yn 'y ngyrfa pan o'n i'n llumanwr mewn gêm yng nghystadleuaeth y Cwpan Heineken rhwng y Gwyddelod yn Llundain ac Agen. Y dyfarnwr odd Derek Bevan a phan a'th e i mewn i ystafell newid y Ffrancwyr a holi pwy odd yn deall Saesneg dim ond un ohonyn nhw'n unig atebodd gan ddweud, 'Only me, and just a leetl bit'. Wrth gerdded i'r cae dyma Derek yn dweud wrtha i, 'You watch, by the end of the game they'll all be able to speak English'. Ac rodd e'n iawn. Ar ddiwedd y gêm fe dda'th rhes o dîm Agen lan aton ni'r swyddogion a'n cyfarch ni gyda sylwade fel, 'Thanks very much for an excellent game' a 'Ref, thanks, we enjoyed that very much'.

Ma mater defnyddio'r Gymraeg wedi codi ei ben o bryd i'w gilydd. Rwy wedi clywed nad yw rhai pobol yn hapus mod i'n siarad Cymraeg ar y cae gyda bois fel Stephen Jones, Dwayne Peel, Shane Williams, Mefin Davies, Nicky a Jamie Robinson, Deiniol Jones, Kevin Morgan, Dafydd Jones, John Davies a Jamie Roberts. Nage trio neud pwynt y bydda i wrth siarad Cymraeg 'da nhw, yn hytrach rwy'n neud 'ny am ei fod e'n beth cwbl naturiol i fi 'i neud. Os rwy am ddweud rhywbeth wrthyn nhw y dyle wharaewyr erill ei glywed, yna fe siarada i Saesneg pryd 'ny. Rwy'n browd iawn o'r iaith ac fe siarada i Gymraeg bob cyfle ga i, ble bynnag y bydda i, yng Nghymru neu mewn unrhyw ran arall o'r byd. Un o 'nghas bethe yw clywed pobol sy'n Gymry Cymraeg rhugl yn siarad Saesneg â'i gilydd.

A dweud y gwir mae'n beth da weithe nad yw pawb yn deall beth sy'n mynd mlân ar y cae. Yn ystod gêm rhwng y Gleision a'r Sgarlets y tymor dwetha fe roies i gic gosb, yn bell bell mas i'r Gleision. Dyma Nicky Robinson yn dweud, yn Gymraeg, 'Rwy'n mynd am y pyst,' ac fe 'nes i arwydd i ddangos taw 'na beth odd e'n mynd i neud. Dyma fe'n wherthin ac yn dweud ar unwaith, 'Na, jocan dw i. Rwy'n mynd am y gornel'! Nawr, yn ôl y rheole, unwaith bod wharaewr yn dweud beth mae e wedi penderfynu 'i neud o gic gosb, chaiff e ddim newid ei feddwl. Felly fe allwn i fod wedi dweud wrtho bod yn rhaid iddo fynd am y pyst. Ond gan mai jocan odd e (a finne'n gweld y jôc gan fod y marc mor bell o'r pyst) ac, yn bwysicach byth falle, gan fod neb arall o fewn clyw wedi deall beth wedodd Nicky, fe adewes iddo fe gico am y gornel. Y llynedd ro'n i'n dyfarnu un o gêmau Caerlŷr, gyda Mefin Davies yn whare yn safle'r bachwr iddyn nhw. Y ni'n dau odd yr unig Gymry Cymraeg ar y cae ond yn Gymraeg y bues i'n siarad ag e drwy'r gêm. Rodd y wharaewyr erill yn edrych yn hurt arnon ni!

Mater sensitif arall yw pa un ai i alw wharaewyr mae rhywun yn eu nabod yn dda wrth eu henwe cynta neu beidio. Fel arfer fe fydda i'n tueddu galw capteniaid y ddau dîm wrth eu henwau cynta, a'r wharaewyr hefyd os bydda i'n dyfarnu dau dîm rhanbarthol o Gymru, a bwrw mod i'n gwbod pwy y'n nhw. Eto, os oes un o'r timau yn dod o'r tu fas i Gymru fe fydda i'n cyfeirio at y wharaewyr i gyd wrth y rhifau ar eu cryse, yn hytrach nag wrth eu henwau, gan ei bod hi'n fwy na thebyg na fyddwn i beth bynnag yn gwbod enwe hanner y tîm arall. Ond y peth pwysig yn hyn i gyd yw sicrhau cysondeb wrth drin y naill dîm a'r llall.

I ddod nôl at gŵyn yr aseswr o Loegr am neud jôc. Rwy'n gredwr cryf mewn defnyddio hiwmor ar y cae, lle bo hynna'n gweddu. Yn un peth mae'n amal yn gallu ca'l gwared ar rywfaint o densiwn. Rwy'n cofio dyfarnu ym Mhencampwriaeth 7 Bob Ochr y Byd, yn Hong Kong ac, yn un o'r gêmau, dodd mewnwr yr Ariannin ddim yn stopo achwyn. Dyma fi'n ca'l llond bola o'r diwedd ac yn ei alw fe draw ata i. 'Listen,' wedes i. 'You've got two ears and one mouth. From now on, use them in that proportion!' Fe gafodd y wharaewyr erill eitha sbort am hynna ac fe nath hyd yn oed 'yn aseswr i ar gyfer y gêm honno ganmol y sylw. Dro arall, mewn gêm gwpan fe ges i achos i gosbi fwy nag unwaith, un o wharaewyr Penygraig yn eu gêm yn erbyn Pontypridd. Fel rodd hi'n digwydd, rodd llyged croes ofnadw gyda'r bachan arbennig 'ma a phan gas e gyfle, gyda'r bêl yn ei ddwylo, fe nath e'n siŵr bo fe'n rhedeg yn galed i mewn i fi a 'mwrw i i'r llawr. 'Why the hell don't you look where you're going,' medde fe, ac ynte'n gwbod yn iawn beth odd e'n neud. Ges i dipyn o bleser wrth ei ateb e gyda, 'Why don't you go where you're looking!' er mawr sbort i'r wharaewyr erill.

Yn gynnar yn ystod 'y ngyrfa dyfarnu, mewn gêm ieuenctid rhwng Pontyberem a Cydweli, rodd tipyn o glatsio wedi bod. Yna, digwyddodd ffrwgwd arall gyda'r ddau frawd, Mathew a Phil Rowe (rwy'n ffrindie mawr â nhw) yn bwgwth bod yn rhan ohono a finne'n eu rhybuddio nhw i beidio. Dyma fi'n gweiddi arnyn nhw, 'Walk this way, or you're walking that way!' gan bwyntio at y stafell newid. Am flynyddoedd wedyn, bob tro y byddwn i'n dyfarnu ym Mhontyberem, bydde rhyw wàg yn y dorf yn siŵr o weiddi, 'Walk this way or you're walking that way', rywdro yn ystod y gêm.

Rwy wedi gorfod wherthin yn aml am ryw sylw fydd yn ca'l ei anelu ata i o'r dorf. Wrth gwrs pan o'n i'n ymddangos ar *Noson Lawen* ro'n i'n darged hawdd, yn enwedig os o'n i'n dyfarnu ar y dydd Sadwrn ar ôl ymddangos ar y teledu y nosweth gynt. 'Hei, Owens! Er mwyn Duw, neithwr o't ti fod yn gomedian, nage heddi!' odd sylw un cymeriad yn yr Hendy-gwyn rywdro. Fe fydda i'n ei cha'l hi withe hyd yn oed pan na fydda i'n dyfarnu. Bob cyfle ga i, fe fydda i'n mynd i weld Pontyberem yn whare. Mae'n ddileit 'da hen ffrind i fi,

Peter Lewis (neu Peter Pig fel mae e'n ca'l ei alw yn y Bont) i weiddi'n uchel, pan fydd pawb arall yn dawel er mwyn neud yn siŵr bod y dorf i gyd yn ei glywed e, rhywbeth fel, 'Hey Nigel, it's only the good refs who are out refin' today then!'

Wrth gwrs, mae rhai cymeriade i'w ca'l ymhlith y wharaewyr hefyd ac fe fydd ambell i un yn sgafnu tensiynau ambell i gêm gyda rhyw sylw doniol. Ma 'da Tom Shanklin hiwmor sych dros ben sydd yn aml yn dod â gwên i'r wyneb. Ma Alan Quinlan, y wharaewr o Munster, yn un arall sy'n neud i fi wherthin wrth drio acto'n ddiniwed a thwp a finne'n gwbod yn iawn ei fod e'n sylweddoli'n gwmws beth mae e'n neud. Yn hynna o beth rwy'n cofio un sylw 'da Connor O'Shea, odd yn gefnwr gyda'r Gwyddelod yn Llundain, yn un o'u gêmau yng nghystadleuaeth Tarian Ewrop, wnath i fi wherthin. Ro'n i wedi'i gosbi fe am dacl uchel a dyma fe'n ateb ar unwaith, 'But Ref, he ran into my arm!' 'Swn i wedi gallu ychwanegu, 'which was stiff, high and out waiting for him!'. Ond y cyfan wnes i odd rhoi'r gic gosb yn ei erbyn e a falle, yn yr achos arbennig 'ny, bod ei ffraethineb e wedi arbed carden felen iddo fe. Ond yn anffodus mae llawer llai o sylwade a dywediade ffraeth i'w clywed bellach, o'i gymharu â slawer dydd. Un rheswm am hyn yw bod cyment o'r gêmau mawr ar y teledu a chyment o'r dyfarnwyr yn gwisgo meic, fel bod y wharaewyr a'r dyfarnwyr yn gorfod bod yn garcus iawn beth maen nhw'n ddweud.

Eto, er mor bwysig yw cyflwyno ychydig o hiwmor ar y cae mae'n rhaid sicrhau bod y balans yn iawn rhwng bod yn ddoniol a bod o ddifri. Dyw hi ddim yn amser i weud jôc pan fo rhywun yn haeddu pregeth am whare brwnt neu pan fo prop wedi rhedeg pymtheg llath i groesi'r llinell gais ac yna'n bwrw'r bêl mlân wrth drio tirio'r bêl. Ac mae'n rhaid i unrhyw ddoniolwch gan y dyfarnwr ddod yn naturiol. Yn hynny o beth rwy'n eitha lwcus erbyn hyn mod i'n gallu ymlacio'n rhwydd mas ar y cae a pho fwya o bwyse sy arna i o ran pwysigrwydd y gêm, gore i gyd y bydda i'n dyfarnu, yn 'y marn i. Ro'n i'n teimlo'n bles iawn y llynedd ar ôl y gêm gynderfynol yng Nghwpan Heineken rhwng y Saraseniaid a Munster, pan dda'th un o swyddogion blaenllaw cyfundrefn y dyfarnwyr ata i i'n llongyfarch i nid yn unig am ddyfarnu'n dda, yn ei farn e, ond hefyd am berfformio'n dda mas yn y canol.

I fi, dyle dyfarnwr os yw e'n mynd i ga'l parch y wharaewyr, ddangos parch atyn nhw. Dyle fe hefyd bob amser fod yn siŵr o'i benderfyniad, a pheido geso beth ddigwyddodd. Yn ogystal, mae gofyn iddo fod yn onest bob amser ac os digwydd iddo neud camgymeriad dyle fe fod yn ddigon o ddyn i gyfadde hynny. Rwy'n cofio'r tymor dwetha, mewn gêm bwysig rhwng y Sgarlets a'r Gweilch, fe hales i Mike Phillips i'r cell cosb. Pan edryches i ar fideo o'r gêm wedyn fe sylweddoles mai dim ond cic gosb y dylwn fod wedi ei rhoi am drosedd Mike. Mewn ychydig ddyddie ro'n i'n dyfarnu gêm rhwng y Gweilch a'r Gleision a chyn y gêm fe es i whilo amdano a chyfadde mod i wedi neud camgymeriad wrth ddangos y garden felen iddo. Eto rwy'n sylweddoli pwysigrwydd bod yn ofalus wrth ymddiheuro am gamgymeriad. 'Swn i ddim yn mynd i stafell newid unrhyw dîm, dyweder, yn syth ar ôl rownd gyn-derfynol Cwpan Heineken ac ymddiheuro na weles i eu gwrthwynebwyr yn bwrw'r bêl mlân wrth groesi am y cais nath ennill y gêm yn y funed ola!

Rwy'n cofio rhoi carden felen i Andrew Thomas mewn gêm gwpan rhwng Casnewydd ac Aberafan, sef yr un bachan a gafodd y garden felen gynta eriôd 'da fi lawr yn Nhrimsaran. Erbyn hyn rodd carden felen yn golygu deg muned yn y cell cosb ac os bydde wharaewr yn ca'l tair mewn tymor fe fydde fe'n ca'l ei atal rhag whare am gyfnod. Fe apeliodd Aberafan yn erbyn y penderfyniad ar ran y wharaewr ac rodd yn rhaid mynd i Gaerdydd i'r gwrandawiad. Fe ges gyfle cyn hynna i edrych ar dâp o'r gêm ac fe ddes i'r casgliad mod i wedi bod yn rhy hallt wrth roi carden felen iddo. Eto i gyd pan ofynnwyd i fi yn y gwrandawiad a o'n i'n meddwl mod i wedi bod yn rhy llym, fe wedes i nad o'n i. Rodd hi'n weddol amlwg i aelodau'r pwyllgor yn y gwrandawiad mai camgymeriad odd rhoi'r garden i Andrew ac fe enillodd yr apêl. Ar ôl y cyfarfod dyma un o'r pwyllgor yn dweud wrtha i am gofio nad odd dim gwarth mewn cyfadde wrth rywun ei fod e'n anghywir ambell waith. Ers y nosweth 'ny rwy wedi bod yn onest gyda fi'n hunan a gyda'r wharaewyr a phan fydda i'n gwbod mod i wedi neud camgymeriad, bydda i'n ymddiheuro iddyn nhw. Ers hynny rwy wedi ca'l llawer mwy o barch 'da wharaewyr a hyfforddwyr.

Dro arall rodd rhaid mynd i Gaerdydd ar gyfer apêl Percy Montgomery a finne wedi ei anfon oddi ar y cae mewn gêm gynghrair yn Abertawe wedi iddo fe wthio Peter Rees nes ei fod ar ei hyd ar lawr wedi i Abertawe sgorio cais. Gobeithiai Percy Montgomery ar y pryd ga'l ei alw yn ôl i garfan De Affrica ar gyfer gêmau rhyngwladol a'i lygaid wrth gwrs ar Gwpan y Byd 'mhen blwyddyn. Hon odd y gêm ola rhwng y ddau glwb cyn i'r clybiau newid yn rhanbarthau a'r gêm fwya anodd i gadw disgybleth arni rwy eriôd wedi ei dyfarnu. Cafodd dau o Gasnewydd ac un o Abertawe garden goch.

Roedd y cyfryngau byd-eang â diddordeb yn y stori gan fod cam-drin dyfarnwr a llumanwr yn drosedd ddifrifol a gallai'r wharaewr, o'i ga'l yn euog, wynebu gwaharddiad am flynyddoedd a hyd yn oed am oes. Ces i a'r ddau lumanwr, Peter Rees a Richard Hughes ein galw i'r apêl ac yn ffodus, gan ein bod ein tri'n Gymry Cymraeg, ro'n ni'n gallu trafod gyda'n gilydd heb i'r wasg allu ein deall.

Y rheswm am yr apêl odd bod Percy Montgomery yn honni i Peter Rees ei regi a dyna pam y gwnaeth ei wthio. Chlywes i na Richard Hughes ddim byd. Rodd hi'n anodd credu bod Peter wedi rhegi, a'r un mor anodd credu bod Percy Montgomery yn dweud celwydd ac wedi ei wthio heb reswm. Yr unig beth pendant odd bod Percy Montgomery wedi gwthio Peter ac rodd yn cyfadde hynny. Yn amlwg, roedd y pwyllgor yn wynebu 'run dilema â ni.

Darllenwyd sawl llythyr yn tystio bod Percy Montgomery yn gymeriad y gellid ymddiried ynddo ac un llythyr o gefnogaeth gan Jonathan Kaplan, y dyfarnwr o Dde Affrica, hyd yn oed. Wedi hir drafod daeth y pwyllgor i'r farn y dylid ei wahardd am chwe mis ac y byddai'n rhaid iddo dalu swm sylweddol o arian. Percy Montgomery a Peter Rees yn unig all ddweud beth yn union ddigwyddodd y tu ôl i'r pyst ar gae Sain Helen y noson honno. Yn 'y marn i, a dyma leisio barn yn gyhoeddus am y tro cynta ar y mater hwn, rwy'n credu bod y pwyllgor wedi dod i'r penderfyniad cywir o ystyried pob dim.

Rwy'n cofio gêm arall yn y cyfnod cynnar 'ny, rhwng Pontypridd a Chaerdydd lan ar Heol Sardis, pan fues i falle braidd yn rhy llym. Rodd hi'n un o'r gême cynta i fi ddyfarnu ar y lefel honno ac rodd hi'n ca'l ei darlledu'n fyw ar y teledu. Rodd y gêm yn un glòs a llawn tensiwn, gyda dau o hen ffefrynnau'r tîm cartre, Neil Jenkins a Martyn Williams, yn whare yno a hynny yn lliwie'r Gleision, ac ar ben hynna i gyd rodd hi'n arllwys y glaw. Ar yr hanner rodd Pontypridd ar y blân o ryw saith pwynt a finne erbyn 'ny wedi'u cosbi nhw rhyw dair gwaith a Chaerdydd rhyw ddeg o withe. Rodd hi'n gêm 'derby' a finne'n awyddus i roi'n stamp arni a finne hefyd heb gymryd y tywydd gwael i ystyriaeth o gwbl. Felly ro'n i'n rhy awyddus i gosbi'r timau am rai trosedde y byddwn i heddi falle, rwy'n cyfadde, wedi'u hanwybyddu. Wrth i fi gerdded oddi ar y cae ar hanner amser yng nghwmni Huw Watkins, odd yn llumanwr y noson 'ny, dyma dri o bwysigion Clwb Caerdydd, Robert Norster, Dai Young a Gareth Edwards, yn digwydd dod lawr o'r eisteddle i'n hwynebu ni. Rodd Huw, yn wahanol i fi, wedi cwrdd â Gareth Edwards o'r blân, felly dyma fe'n estyn ei law i'w gyfarch e fel rodd e'n cerdded tuag aton ni. A'th Gareth streit heibio iddo fe a lan ata i, ac ynte mae'n amlwg wedi'i gynhyrfu, gan ddweud, 'Er mwyn y nefodd rho rwbeth i ni.'

Fel arfer fydda i'n poeni dim os yw'r dorf yn cynhyrfu yn sgil rhai o 'mhenderfyniade i. Ond mae'n rhaid i fi gyfadde mod i wedi ca'l achos i fecso am 'y niogelwch mewn ambell i le, yn enwedig yn Ffrainc a De Affrica. Yn aml ar feysydd yn Ffrainc mae'n rhaid cerdded mas i'r cae trwy ryw fath o gaets metal sy ddim yn syniad ffôl o gofio bod rhai o'u cefnogwyr mwya tanbaid nhw mas 'na'n lico poeri neu daflu poteli ac yn y blân at unrhyw un sy'n eu hypseto nhw. Rwy'n cofio un achlysur yn Auch, a'r tîm cartre wedi colli, a finne hefyd wedi hala un o'u whaaewyr nhw bant, bod tua dau gant o Ffrancwyr gwyllt yn aros amdana i a'r llumanwyr y tu fas i'r stafell newid. Fe fu'n rhaid i ddau *gendarme* fynd â ni mas trwy ddrws cefen a threfnu bod tacsi'n mynd â ni 'nôl i'r gwesty. Fe geson ni'n cynghori taw'r peth doetha i neud fydde aros yno a pheidio mynd i'r cinio swyddogol yn hwyrach y nosweth 'ny.

Am wn i un o'r llefydd anodda i ddyfarnu ynddo yng Nghymru yw'r Strade, er bod y cefnogwyr fan'na fel angylion o'u cymharu ag ambell i le tramor. Ond mae bois y sosban yn ofnadw o daer dros y Sgarlets ac maen nhw'n meddwl yn aml, gan mod i'n byw jest lawr yr hewl, y dyle pob un o 'mhenderfyniade i fynd o blaid y tîm cartre. Rwy'n cofio dyfarnu'r Sgarlets yno'n erbyn Caerdydd, rhyw ddau dymor cyn ffurfio'r gwahanol ranbarthau, rhyw ddeg diwrnod cyn i Graham Henry ddewis tîm Cymru. Stephen Jones odd yn faswr i'r tîm cartre a Iestyn Harris yn y safle 'ny i'r ymwelwyr. Jest cyn hanner amser dyma fi'n cosbi un o ffefrynnau'r Strade, Garan Evans, o flân yr eisteddle. Dyma 10,000 o gefnogwyr y Sgarlets yn dechre gweiddi'n groch gyda'i gilydd gan gadw cythrel o sŵn. Wrth i Iestyn ddod lan i gymryd y gic dyma fe'n dweud, 'Don't let them get to you, Ref, don't worry about it.' 'I'm not,' atebes i. 'They're booing you, not me.' Y gwir amdani odd eu bod nhw'n dal i fŵan pan ddes i mas ar gyfer yr ail hanner.

Fe ofynnodd rhywun i fi pam na fyddwn i wedi gofyn am

fynd i ddyfarnu gêm ola'r Sgarlets ar y Strade. 'Yn ateb i'n syml odd na allen i feddwl gneud y fath beth – beth petaen nhw'n colli a fi'n dyfarnu!

Yn 'y mhrofiad i y rhai sy'n cynhyrfu fwya o achos penderfyniad dyfarnwyr yw'r hyfforddwyr ac yn aml iawn mae eu hymateb yn dibynnu a yw eu tîm nhw wedi ennill neu golli. Os gall yr hyfforddwr ffindo bai ar rywun, pan fydd ei dîm wedi colli, fe wnaiff e feio'r dyfarnwr. Rwy'n cofio dyfarnu Caerfaddon yn eu buddugoliaeth yn erbyn y Gweilch yn Stadiwm Liberty yn 2006 a John Connolly, hyfforddwr yr ymwelwyr (a chyn-hyfforddwr Abertawe wrth gwrs), yn dweud ar ôl y gêm pa mor braf odd ca'l dyfarnwr, er ei fod yn dyfarnu yn ei filltir sgwâr fel petai, odd yn hollol ddiduedd. Fe ychwanegodd y byddwn i'n siŵr o ga'l gyrfa lwyddiannus. Flwyddyn neu ddwy'n ddiweddarach ro'n i'n dyfarnu Seland Newydd yn eu gêm gartre yn y Tri Nations yn erbyn Awstralia odd yn ca'l eu hyfforddi bellach gan John Connolly. Yn ystod yr ail hanner, ar gyngor y llumanwr, fe gosbes i Sterling Mortlock am dacl uchel ac fe giciodd Dan Carter y gôl gosb i'r Crysau Duon – un o nifer a giciodd e'r diwrnod 'na.

Yr adeg honno rodd Connolly o dan bwyse ar ôl rhai perfformiade siomedig gan Awstralia ac ar ôl y gêm fe gyhoeddodd taw o'n achos i rodd ei dîm e wedi colli. Fe ychwanegodd i fi fod yn rhy barod, o ran 'y mhenderfyniade, i ffafrio Seland Newydd gan taw y nhw odd y tîm cartre ac rodd e'n dal i ddweud 'ny yn ystod y Tri Nations eleni. Mae clywed rhywun yn dweud mod i yn ochri gydag un o'r ddau dîm ar y cae wrth ddyfarnu yn 'yn hala i'n grac achos 'dw i eriôd wedi neud 'ny. Fe godod y mater ei ben yn ddiweddar pan rodd y cyn-wharaewr, Derwyn Jones, yn un o'r tîm sylwebu yn yr iaith Gymraeg ar ddarllediad y BBC o'r gêm rhwng Leinster a'r Gweilch, a finne'n dyfarnu'r noson 'ny. Ar un adeg yn ystod yr hanner cynta mae'n debyg iddo ddweud mod i, gwaetha'r modd, yn tueddu i ochri rhywfaint gyda thimau o Gymru pan fydda i'n eu dyfarnu yn erbyn timau o wledydd eraill. Yn ddiddorol iawn, yn ystod sylwebaeth Saesneg y BBC ar yr un gêm dyma Robert Jones, y cynfewnwr, odd yn rhan o'r tîm sylwebu gyda Gareth Charles yn yr iaith honno'n dweud ynghanol yr ail hanner mod i byth yn dangos unrhyw ragfarn tuag at y naill dîm na'r llall, sdim ots pwy odd yn whare. Yn fy marn i, mae Gareth Charles gyda'r gore am sylwebu ar y teledu. Wrth gwrs, beth mae siort John Connolly a Derwyn Jones yn tueddu ei anghofio yw bod aseswr swyddogol annibynnol yn bresennol ymhob un o'r gêmau mawr ac yn pwyso a mesur perfformiad y dyfarnwr yn fanwl. Mae'n ffaith nad o's un aseswr eriôd wedi nodi mod i wedi ffafrio un tîm ar draul y llall.

Mae 'na ryw fai arnon ni i gyd yn y byd 'ma. Mae'r hen ddywediad yn eitha gwir, 'Heb ei fai, heb ei eni'. Ond fe alla i weud, â llaw ar 'y nghalon, dyw bod yn anonest neu ffafrio un tîm yn fwy na'r llall ddim eriôd wedi dod i 'meddwl i. 'Sen i yn gorffod dyfarnu Cymru yn erbyn Lloegr fory nesa, fe fyddwn i'n dyfarnu'r ddau dîm yn union 'run fath, ac yn trin pob wharaewr ar y cae yr un peth. Rwy wedi ca'l 'y magu ar yr aelwyd, gyda Mam a 'Nhad, i fod yn serchus, cwrtais a gonest ac mae'r egwyddorion hynny wedi bod yn bwysig i fi eriôd, a dw i ddim yn golygu newid 'yn ffordd, dim nawr nac yn y dyfodol, chwaith. Mae gan bawb ei farn amdana i fel dyfarnwr, a licen i feddwl fod pawb o'r farn bod Nigel Owens yn ddyfarnwr teg a gonest bob amser.

Fe ges i ddadl eitha twym gyda hyfforddwr rhyngwladol arall, na wna i mo'i enwi achos ei fod e'n dal wrthi. Da'th e i mewn i'n hystafell newid i ar ôl gêm gan achwyn mod i wedi ffaelu sylwi bod un bàs mlân yn un o symudiade'r gwrthwynebwyr na'th arwain at gais, a bod y cais 'na wedi ennill y gêm iddyn nhw. Fel mae'n digwydd edryches i ar fideo o'r gêm yn ddiweddarach ac mae'n bosib bod y bàs mlân ond rodd hi'n anodd dweud, gan ei bod hi'n dibynnu ar ba ongl rodd rhywun yn edrych arni. Fe ofynnes i i'r hyfforddwr cegog,

'How many penalties did your outside half miss today?'

'Three,' medde fe.

'How many conversions did he miss?'

'One.'

'How many times did he knock on?'

'Twice.'

'How many times did he die with the ball after ignoring an overlap outside him?'

'Twice,' medde fe ar ôl ychydig.

'And you're blaming me for the fact that you lost?' gofynnes i, a finne'n eitha crac erbyn hyn. 'Now bugger off out of here, and don't come bothering me ever again!' A bant â fe a'i gwt rhwng ei goese.

Ym mis Rhagfyr 2001 rodd troi cefen ar swydd y technegydd ac ar Ysgol Maes Yr Yrfa, ro'n i wedi bod yn rhan ohoni am ddeunaw mlynedd, a mynd yn ddyfarnwr llawn amser, yn benderfyniad anodd iawn. Am wn i, pe na byddwn i wedi neud y penderfyniad 'ny fe fyddwn yn dal yn yr ysgol heddi. Bues i'n trin a thrafod tipyn, cyn gadael, gyda 'nghyd-weithwyr yn yr ysgol, pobol fel Melody Gronw, o'r Adran Wyddoniaeth, a Shân Ifans, Pennaeth yr Adran Ddaearyddiaeth. Fe fuodd Sian Williams, o'r Adran Addysg Gorfforol a rhai o'r staff gweinyddol fel Sharon, Bill a Robert Sams hefyd yn rhan o'r trafodaethau. Ro'n nhw'n pwyso arna i i gymeryd y cyfle a mynd yn ddyfarnwr proffesiynol neu, medden nhw, fe fyddwn i'n siŵr o ddyfaru. Rodd y fantais ariannol yn sicr yn rhywbeth i'w ystyried. Fel technegydd ro'n i'n ennill bythdi £12,000 y flwyddyn ond o gymryd y swydd fe fydde cyfle i fi ennill bedair gwaith yn fwy, a rhagor.

Do'n nhw yn Ysgol Maes Yr Yrfa ddim yn siarad ar eu cyfer achos ro'n nhw'n deall y byd rygbi i'r dim. Rodd Shân Ifans yn un o gefnogwyr mwya selog y Sgarlets a phe byddwn i wedi bod yn dyfarnu ar y Strade ar ddydd Sadwrn, a'r Sgarlets wedi colli, fydde hi ddim yn siarad â fi ar y dydd Llun canlynol. Yn anffodus mae Shân wedi ei chladdu ers rhyw bedair blynedd bellach, ond chware teg i'w gŵr, Geoff, mae e'n dal i anfon tecst ata i'n amal wedi i fi ddyfarnu gêm ac mae'n amlwg ei fod e'n falch o'n llwyddiant i.

Yn ogystal â cha'l 'y nhalu am bob gêm y byddwn i'n ei dyfarnu, ro'n i hefyd wedi ca'l cynnig cytundeb canolog gan Undeb Rygbi Cymru odd yn golygu tâl ychwanegol. I ddechre, fe ges i gytundeb am ddwy flynedd ar ôl ca'l cyfweliad gan rai o fawrion yr Undeb a'r byd dyfarnu. Dodd y ffaith mod i'n broffesiynol ddim, wrth gwrs, yn 'y neud i'n well dyfarnwr ac fe allen i fod wedi cario mlân i ddyfarnu a chadw'n swydd fel technegydd. Mae ambell ddyfarnwr ar y lefel ucha, fel Alain Rolland ac Alan Lewis, wedi dewis y llwybr 'na. Ond mae bod yn ddyfarnwr cwbl broffesiynol yn neud bywyd yn haws o lawer. Mae'n golygu nad oes dim pwyse arna i i ruthro o 'ngwaith bob dydd i ddyfarnu, falle i wlad arall, nac yn yr un modd i fynd ar garlam gartre er mwyn cyrradd 'nôl i 'ngwaith erbyn rhyw amser arbennig.

Yn hynny o beth, yn ystod y cyfnod pan o'n i'n dal yn dechnegydd rodd 'da fi ddealltwriaeth ardderchog gyda'r ysgol o ran ca'l amser bant i ddyfarnu. Achos pan fydde'r gofalwr ar ei wyliau, neu'n dost, a phan fydde angen neud un o ddyletswydde'r gofalwr yn ystod y dydd (gan na fydde fe'n gweithio rhwng 9.30 a 3.30) y fi fydde'n neud ei waith yn ddi-dâl, yn benna achos taw fi odd wedi bod yn neud y gwaith o'i flân e. A dodd dod i mewn i'r ysgol erbyn 6.30 y bore ar yr adege 'ny ddim yn fêl i gyd! Felly pan odd isie amser bant arna i i deithio i'r fan a'r fan i ddyfarnu, dodd dim problem. Ond rwy'n ddiolchgar iawn i nifer o'r staff am eu cefnogaeth, pobol fel y Prifathro, Arwyn Thomas ac, yn ddiweddarach, Iwan Rees. Hefyd Dyfed Llywelyn, Pennaeth yr Adran Dechnoleg a'n rheolwr llinell, odd yn gefnogol iawn i fi pan odd angen ambell i ddiwrnod bant, neu angen gadel yr ysgol yn gynnar er mwyn cyrradd gêm mewn pryd. Cymerodd Ieuan Morgan, Pennaeth Gwyddoniaeth a dda'th wedyn yn Ddirprwy Brifathro, ddiddordeb mawr yn 'y ngyrfa i fel dyfarnwr ac rodd e'n daer iawn i 'ngweld i'n llwyddo.

Rheswm arall dros fynd yn broffesiynol odd bod 'da fi lawer mwy o amser i baratoi'n gorfforol ar gyfer dyfarnu ar y lefel ucha. Ro'n i wedi neud amser eriôd, yn amal ar ôl gwaith, i gadw'n ffit trwy redeg a mynd i'r *gym* yn gyson. Ond nawr fe fyddwn i'n rhydd i neud hynna i gyd a mwy, wrth 'y mhwyse. Ar ben hynna mae'r tri ohonon ni sy'n ddyfarnwyr dan gytundeb i'r Undeb yn mynychu sesiynau ffitrwydd arbennig yng Ngwesty'r Vale – pencadlys ymarfer tîm rygbi Cymru, wrth gwrs – ac yng Nghaerdydd o dan gyfarwyddyd Huw Wiltshire, Cyfarwyddwr Ffitrwydd Cenedlaethol yr Undeb, sy'n gofalu am 'yn ffitrwydd ni'r dyfarnwyr ar y panel. Mae Huw hefyd yn paratoi rhaglenni cadw'n heini unigol ar ein cyfer, y gallwn ni eu dilyn pan fyddwn yn mynd i'r *gym* ar 'yn penne'n hunen.

Yn y gorffennol fe fuodd cadw'n ffit yn broblem i fi am gyfnod. Falle y dylwn i ddweud yn hytrach bod cadw rheolaeth ar 'y mhwyse wedi achosi trafferth i fi, fydde, wrth gwrs, yn dylanwadu ar 'yn ffitrwydd i. Ychydig flynyddoedd yn ôl ro'n i'n pwyso 15 stôn, yn benna achos mod i mor hoff o fwyta ac yn claddu bwyd bob cyfle gawn i. Fe benderfynes bod yn rhaid i fi golli pwyse ond do'n i ddim yn barod i neud 'ny trwy fynd ar ddeiet neu trwy fwyta'n gall, fel mae'r rhan fwya o bobol yn ei neud. Ro'n i am barhau i stwffo bwyd gyment ag y gallwn i. Felly fe ddewises y ffordd fwya hurt ohonyn nhw i gyd. Pan o'n i'n teimlo nad o'n i ddim yn gallu troi cefn ar ga'l llond bola o fwyd fe fyddwn i'n ei gladdu fe, ac yna yn neud 'yn hunan yn dost er mwyn ei ga'l e 'nôl i gyd. Mewn geirie eraill ro'n i'n diodde o bwlimia ond wrth gwrs, ar y pryd, do'n i ddim yn barod i gydnabod y niwed rodd hynny'n ei neud i 'nghorff i, nac i fi'n seicolegol. Yn ffodus fe weles i sens yn y diwedd, ac er mod i'n joio 'mwyd o hyd rwy'n gallu rheoli 'mhwyse nawr mewn ffyrdd llawer mwy derbyniol.

Er yr holl fanteision odd 'na wrth droi'n ddyfarnwr proffesiynol, rodd 'sawl peth ar y dechre yn 'y nala fi 'nôl rhag penderfynu'n derfynol. Yn gynta fe fyddwn i'n siŵr o weld isie'r gwmnïaeth yn Ysgol Maes Yr Yrfa. Yn ail, ro'n i nawr yn mynd i neud yr hyn odd wedi bod yn waith amser hamdden i fi am flynyddoedd, yn yrfa a do'n i ddim y siŵr a allen i dderbyn 'ny. Yn drydydd, rwy wedi bod eriôd yn fachan sy'n lico sefydlogrwydd ac yn anfodlon gweld pethe'n newid, hyd yn oed ar lefel gymharol ddibwys. Pan fyddwn yn penderfynu gwerthu hen gar odd 'da fi, fe fyddwn wastad yn amharod i'w weld e'n mynd, pan ddele'r amser. Yn yr un modd, bydde symud o ardal 'y magwreth i rywle fel Caerdydd yn apelio dim ata i er y bydde hynna wedi bod yn gam call ar sawl cownt, yn enwedig gan fod llawer o 'ngwaith i bellach yn golygu mod i'n treulio tipyn o amser yn y fan honno. Ar ben hynna, rodd y cyfnod pan ddes i 'mas', a chyhoeddi mod i'n hoyw, yn un anodd dros ben, mewn sawl ffordd, a falle y bydde hi wedi bod yn haws petawn i wedi symud i fyw i rywle fel Caerdydd. Ond fe benderfynes aros yn 'y nghynefin, a dwy'n dyfaru dim. Yn yr un modd, rwy'n cyfadde bellach taw'r peth gore 'nes i eriôd odd mynd yn ddyfarnwr rygbi proffesiynol.

PENNOD 6

Probleme

YN NATURIOL, RODD 'YN rhieni wedi cynhyrfu'n lân pan ffindon nhw'r nodyn ro'n i wedi'i adel iddyn nhw, yn dweud mod i'n mynd i gymryd 'y mywyd 'yn hunan yn Ebrill 1996. Do'n nhw ddim yn gwbod ble i ddechre whilo amdana i er y buon nhw'n trio ca'l hyd i fi am sbel. Yn y diwedd rodd yn rhaid iddyn nhw gysylltu â'r heddlu a rhyw ddwy awr wedi i fi adel y tŷ fe welodd criw hofrennydd yr heddlu fi'n gorwedd ar ben Mynydd Bancyddraenen. Ges i 'nghodi o 'na a 'nghludo i Ysbyty Glangwili a'r farn ar y pryd odd y byddwn wedi marw tase'r hofrennydd wedi 'nghyrradd i hanner awr yn ddiweddarach. Rai misodd yn ôl da'th yr heddwas nath 'y nghodi i oddi ar y mynydd ata i a chyflwyno'i hunan. Ar ôl diolch iddo rodd yn rhaid i fi gyfadde nad o'n i ddim callach o'i weld e achos do's 'da fi ddim cof hyd heddi o ga'l 'yn achub.

Bues i yn Ysbyty Glangwili am bedwar diwrnod, digon o amser i feddwl dros yr hyn odd wedi digwydd ac i ddeall pa mor hurt ro'n i wedi bod. Yn ystod y cyfnod 'ma galwodd ffrindie ac aelode o'r teulu i 'ngweld i'n gyson bron drwy'r dydd a'r nos. Er mod i'n teimlo'n euog am yr hyn ro'n i wedi'i neud ro'n i'n falch iawn o ga'l eu cwmni ac yn ddiolchgar dros ben iddyn nhw am fod yn gefn i Mam a 'Nhad ar adeg anodd iawn. Ma 'nyled i'n fawr iddyn nhw i gyd.

Yn sicr, ro'n i wedi dod i sylweddoli erbyn 'ny pa mor ddanjeris odd cymryd tabledi steroid a mod i wedi dablo 'da nhw am y tro diwetha. Ond allen i ddim dechre meddwl cyment o boen meddwl ro'n i wedi'i roi i Mam a 'Nhad wrth neud beth wnes i ac ro'n i'n teimlo mor flin am y gofid achoses i iddyn nhw. Hefyd rodd cwilydd mawr arna i mod i wedi trio delio â 'mhrobleme mewn ffordd mor eithafol a difeddwl er, ar y pryd, do'n i ddim yn credu bod 'na ffordd arall mas ohoni. Ond fe nath yr holl brofiad erchyll i fi sylweddoli pa mor werthfawr yw bywyd a pha mor bwysig yw teulu a ffrindie da. Yn y pen draw, rodd yr hyn ddigwyddodd yn gyfrifol am 'yn neud i'n berson cryfach ac yn fwy cymwys i ddelio â phenderfyniad hollbwysig y byddwn yn ei neud rai blynyddoedd wedyn, sef y penderfyniad i 'ddod mas' a chyhoeddi mod i'n hoyw.

Yn eironig, ar ôl gadel Glangwili, rodd 'da fi waith acto mewn dwy bennod o *Pobol y Cwm*, yn whare rhan rhywun odd yn galler iacháu trwy ffydd. Yr adeg 'ny 'swn i 'di gallu neud â chymorth person fel'na 'yn hunan! Rhyw dair wythnos wedyn ro'n i'n arwain Noson Lawen yng Ngheinewydd, odd ar y pryd yn dipyn o straen, er yn rhyw fath o ddihangfa hefyd. Ro'n i erbyn hynny hefyd yn diodde o colitis, canlyniad i'r holl straen ro'n i wedi ei deimlo dros y blynyddoedd cynt i radde helaeth, yn ôl y farn feddygol. Rwy'n dal i ddiodde o'r clefyd heddi ond erbyn hyn rwy'n gallu ei reoli fe'n eitha da. Ma tabledi a pigiade ar ga'l i drio'i leddfu ond diolch byth rwy'n gallu neud hebddyn nhw ar hyn o bryd achos mae'r clefyd fel petai e wedi ei sefydlogi ei hunan. Fe fydd e'n codi'i ben bob hyn a hyn ond rwy'n gallu cario mlân heb lawer o ryw ffws na ffwdan. Yr unig ofid sy 'da fi yw mod i'n gorfod mynd i'r tŷ bach ar unwaith pan fydd e yn 'y nharo i. Nawr fe alle hwnna fod braidd yn lletwith pan rwy ar ganol dyfarnu gêm bwysig, a honno ar y teledu hefyd. Ond 'smo 'ny wedi digwydd 'to, diolch byth.

Ma 'na gred bod dynon hoyw yn poeni mwy am y ffordd maen nhw'n edrych na dynon erill. Ma'n bosib bod hynna'n esbonio pam y da'th hi'n obsesiwn 'da fi i edrych yn dda. Fel rwy 'di sôn yn barod, rodd cadw rheolaeth ar 'y mhwyse i wedi bod yn broblem fawr i fi ers blynyddodd ac un ateb, yn 'y marn dwp i, odd neud 'yn hunan yn dost ar ôl byta. Ro'n i'n neud 'ny'n amal ar y dechre ac o ganlyniad cwmpodd 'y mhwyse i o fewn cyfnod o dri mis pan o'n i yn 'yn ugeinie cynnar, o ryw 15 stôn i 11 stôn a hanner. Rodd pobol yn dweud wrtha i mod i'n edrych yn dost a mod i wedi colli'r sbarc odd yn arfer bod yn rhan naturiol ohono i. Felly fe ddechreues godi pwyse, er mwyn magu rhywfaint o gyhyrau, yn y *multi-gym* fach yn Ysgol Maes Yr Yrfa. Fe fues i'n mynd 'na rhyw dair nosweth yr wythnos gydag un o'r athrawon, Gwynallt Price, odd wedi hen arfer cadw'n ffit, er ei fod e yn ei bumdege erbyn 'ny. Yna, ar ôl sbel, fe ddigwyddodd Terry Davies, tad Steven Davies, ffrind i fi o Bontyberem, sôn wrtha i bod 'na gyfleustere ardderchog er mwyn cadw'n ffit yn y *gym* yn Cross Hands o dan gyfarwyddyd Dorian Price, cyn-wharaewr rygbi lleol a chyn-hyfforddwr Cefneithin. Gareth Zags Isaacs odd yn rhedeg y *gym*. 'Mhen dim, man 'na byddwn i'n ymarfer bob nos, gyda Zags, Andrew Sainty, Peter Watts, Joni Simons a Peng a chyn bo hir ro'n i'n edrych yn llawer iachach a ffitach. Ond, ar ôl gweld mod i'n edrych lot yn well, ar ôl defnyddio'r cyfleustere am sbel ro'n i isie edrych hyd yn oed yn fwy cyhyrog. Wrth drafod gyda rhywun ro'n i'n 'i nabod odd yn cymryd tabledi steroid fe ddes i gredu y gallen nhw gyflawni'r hyn ro'n i isie.

Rodd e'n gwbod shwd odd ca'l gafel ar y tabledi a chyn bo hir ro'n i'n eu defnyddio nhw 'yn hunan. Fe fuodd rhai o'r bois odd wedi hen arfer â nhw yn 'yn rhybuddio i taw'r ffordd i neud odd eu cymeryd nhw am gyfnod, yna stopo am dipyn, cyn ailddechre 'to. Ond, fel bues i ddwla ro'n i'n lico beth ro'n i'n ei weld shwd gyment, o ran siâp 'y nghorff, do'n i ddim isie rhoi'r gore i'r tabledi, ddim hyd yn oed am gyfnod byr. O ganlyniad, yn ystod y pum mlynedd y bues i'n cymryd tabledi steroid, fe fues i'n diodde sgil effeithiau drwg. Yn gynta fe fu'n rhaid i fi ga'l llawdriniaeth yn yr ysbyty dair gwaith i godi twmpyn oddi ar 'y mrest. Ar ben hynna ro'n i'n fyr 'yn amynedd, yn blino'n rhwydd ac yn ffaelu cysgu. Do'n i ddim chwaith mor ffit ag y dylen i fod, gan mod i 'nôl lan i

15 stôn erbyn hynny, nage o achos mod i'n dew ond am mod i'n gyhyrog iawn. Eto i gyd ro'n i'n dal i deimlo'n anhapus iawn wrth weld y person ro'n i. Ar ôl rhai blynyddoedd ar y tabledi steroid ro'n i wedi mynd i deimlo'n ishel iawn – un o'u sgil effeithie mwya niweidiol. Dyna un o'r rhesyme pam y ces i'n arwain i feddwl y bydde lladd 'yn hunan yn ateb. Ond wrth gwrs, rodd mater arall hefyd wedi bod yn pwyso'n drwm ar 'yn meddwl i.

Ers pan o'n i'n rhyw 17 neu 18 mlwydd oed ro'n i'n gwbod bod rhywbeth yn wahanol amdana i o'i gymharu â'r rhan fwya o fechgyn erill. Ro'n i'n ffansïo merched bryd hynny ac yn mynd mas 'da nhw yn rheolaidd. Bues i mewn perthynas gydag un ferch am bythdi blwyddyn ac, er ei bod hi'n groten hyfryd, ro'n i'n gwbod nad odd pethe ddim yn iawn a mod i yn y bôn ddim yn hapus. Pan o'n i'n 19 oed bues i gyda bachgen hoyw arall am y tro cynta ond, er mor ddymunol a naturiol odd y profiad i fi, rodd arna i gywilydd i fi fod gydag e. Felly es i ddim gyda bachgen arall am sawl blwyddyn wedyn ac yn y cyfamser ro'n i'n para i fynd mas gyda merched, er mor annaturiol rodd hynna'n ei deimlo i fi.

Ar hap a damwain y penderfynes i neud rhywbeth ynglŷn â'r ffaith taw gyda bechgyn ro'n i isie perthynas. Ro'n i wedi mynd i Abertawe gyda'n ffrindie ar gyfer dawns flynyddol fawr Mudiad y Ffermwyr Ifainc ac ro'n i'n digwydd bod mewn cwmni odd yn adrodd hanes cwpwl o'r bois y flwyddyn flaenorol yn mynd ar goll yn y ddinas. Fe holon nhw rywrai shwd i gyrradd lleoliad y ddawns a rheina, fel jôc, yn eu hala i glwb lle bydde pobol hoyw yn cwrdd. Dyma fi'n gofyn, gan drio ymddangos yn ddiniwed, beth odd enw'r clwb hwnnw ac fe ges wbod. Y tro nesa ro'n i a'n ffrindie yn Abertawe fe 'nes i'n siŵr mod i'n eu colli nhw, a rhoiodd hynny'r cyfle i fi whilo am y clwb hoyw dan sylw, sef Champers.

Rodd cerdded i mewn ar 'y mhen 'yn hunan, gyda phawb yno'n edrych arna i'n brofiad rhyfedd iawn. A finne ddim yn gwbod beth i neud nac i'w ddweud, es i lan at y bar i brynu rhywbeth i'w yfed ac yna o fewn dim daeth ambell i un lan ata i a siarad â fi. Enjoies i'r ymweliad â Champers ac es i mlân wedyn i glwb nos o'r enw y Palace. Es i gartre'r nosweth 'ny gan deimlo mod i wedi cymeryd cam pendant mlân yn y broses o fod yn onest ynglŷn â'r ffaith mod i'n hoyw. Eto pan holodd 'yn ffrindie ble ro'n i wedi diflannu'r nosweth 'ny, yr ateb geson nhw odd mod i wedi clico gyda merch o Townhill ro'n i wedi digwydd taro arni.

Fel yna fuodd hi am flynydde ac er y bues i 'nôl wedyn i'r clwb yna, do'n i ddim isie i neb wybod amdana i, heblaw am un person. Pan o'n i'n rhyw 22 oed fe ddwedes i wrth ferch odd yn ffrind agos i fi mod i'n credu mod i'n hoyw, gan ofyn iddi gadw'r gyfrinach ac yn wir ddwedodd hi ddim gair wrth neb.

Y peth mwya anodd i ymladd yn ei erbyn odd y ffaith nad o'n i ddim isie cario mlân fel 'na, na bod fel 'na. Ro'n i'n casáu'r teimladau, ond dodd dim byd gallen i neud amdanyn nhw, er mod i wedi ceisio'n galed iawn i'w hanghofio a gobeithio y bydden nhw'n diflannu. Rwy'n cofio mynd i glwb hoyw un nosweth a gweld bachan ro'n i'n ei nabod, gan wbod ei fod e'n 'y nabod i hefyd. Rodd shwd ofan arna i y bydde fe'n 'y ngweld i ac yn dweud wrth bobol erill fel y gadawes i'r lle ar ras a finne wedi talu £6 wrth y drws – dim ond am ddeg muned y bues i mewn 'na! Des i i ddeall wedyn na fydde pobol hoyw byth yn clebran wrth neb arall pwy fyddan nhw'n eu gweld mewn clybie hoywon ac rodd hynny'n rhyddhad mawr i fi.

Yn ystod yr wyth mlynedd nesa ges i sawl perthynas hoyw, un am tua blwyddyn hyd yn oed, ond do'n nhw byth yn gwitho mas yn iawn yn y diwedd. Y prif reswm am hynna odd bod gormod o ofan arna i ga'l 'y ngweld yng nghwmni bachgen arall ac oherwydd hynna, ro'n i'n ffaelu cynnal perthynas. Ma hi'n wahanol erbyn heddi falle. Ma'r rhyngrwyd a'r ffaith bod cymdeithas nawr yn fwy parod i gydnabod perthynas hoyw yn ei neud hi rywfaint yn haws i berson 'ddod mas'. Tua phymtheg mlynedd yn ôl, pan o'n i'n dechre ca'l amheuon ynglŷn â'n rhywioldeb, fydde neb mewn lle fel Mynyddcerrig yn galler derbyn gweld dau ddyn neu ddau fachgen yn cerdded ar hyd y pentre mewn perthynas hoyw. Y duedd pryd 'ny odd meddwl taw dim ond mewn llefydd fel siope dillad merched, siope trin gwallt neu ar awyren yn serfo bwyd rodd dynon hoyw i'w gweld. Yn wir, rwy'n cofio cered hibo ambell i siop trin gwallt y dyddie 'ny dim ond er mwyn pipo i mewn a gweld allen i ga'l rhyw syniad shwd odd bachan hoyw fod i edrych.

Er mor drist ar un olwg odd y ffaith mod i'n ffaelu bod yn agored am ambell i berthynas ges i gyda dynion erill, fe arweiniodd hynna at ambell i sefyllfa eitha doniol. Rwy'n cofio fi a 'mhartner ar y pryd yn galw yn y Pizza Hut yn Abertawe i ga'l pryd o fwyd. Pwy dda'th i mewn ond Dwayne Peel, hen ffrind i fi, a Jessica, ei wejen. Dyma fi'n dweud wrth 'y mhartner am 'i baglu hi i'r tŷ bach cyn bo nhw'n 'yn gweld ni a finne'n codi fel mellten i fynd i dalu, er nad o'n i ddim wedi ca'l 'y mwyd. Fe ges i air gyda'r pâr ifanc ar y ffordd mas cyn cwrdd wedyn â 'mhartner tu fas. Dw i ddim yn gwbod odd Dwayne yn amau unrhyw beth, 'nes i ddim gofyn iddo eriôd a 'smo fe wedi dweud gair am y nosweth 'ny wrtha i. Ond rodd un peth yn sicr, ar ôl y perfformans 'ny dodd dim dishgwyl i 'mhartner i fod yn rhy awyddus i gario mlân â'r berthynas, ac fel 'na digwyddodd hi, fel yn achos sawl perthynas arall ges i. Rodd y cyfan yn pwyso'n drwm ar 'yn meddwl i ac yn ffactor arall a gyfrannodd at y penderfyniad ffôl ar ben Mynydd Bancyddraenen, taw dim ond un ffordd odd 'na mas o'r dryswch. Ond, diolch byth, flynyddoedd wedyn da'th goleuni o ran shwd ro'n i'n mynd i ddelio'n gyhoeddus â'r ffaith mod i'n hoyw.

Erbyn hyn mae pethe wedi newid a rwy gyda'r un partner ers rhyw dair blynedd. Fe gwrddes i â Dan tra o'n i mas yng Nghaerdydd ar ôl y gêm rhwng Cymru a'r Alban ac er nad yw hi ddim wedi bod yn hawdd i ni gynnal 'yn perthynas ar adege am nifer o resyme, yn enwedig oherwydd bod 'y ngwaith i'n mynd â fi bant mor aml, mae'r bywyd hoyw a'r bartneriaeth gyda Dan yn eitha da. 'Swn i byth wedi dychmygu, ddeng mlynedd yn ôl, y galle hi fod fel y mae hi'r dyddie hyn.

Ar ôl blynyddoedd o guddio a gwadu ro'n i wedi dod i'r casgliad, a finne erbyn hynny'n 32 oed, bod yn rhaid i fi fod yn agored ynglŷn â'n rhywioldeb. Rodd yr holl dwyll yn ca'l effaith ar 'y mhersonoliaeth i. Pan fyddwn i'n mynd bant i ddyfarnu, er mod i'n neud 'y ngwaith yn iawn, ro'n i'n ymwybodol bod rhyw bwyse ychwanegol ar 'yn sgwydde i. Ma nifer o'r dyfarnwyr rhyngwladol rwy'n cymysgu 'da nhw'r dyddie hyn yn dweud mod i'n berson cwbl wahanol nawr, yn hapusach, yn gwmni mwy hwyliog, yn fwy bodlon 'y myd. Rwy'n cyfadde i fi fod yn ofnus yn eu cwmni'n gymdeithasol slawer dydd rhag ofn i'r ffaith mod i'n hoyw ddod i'r amlwg.

Rwy'n cofio un digwyddiad yn arbennig, yn ystod y cyfnod rodd yr ail gyfres o'r rhaglen *Jonathan* yn ca'l ei darlledu ar S4C, a hynny nath 'y mhrocio i i 'ddod mas'. Ro'n i yn Macdonalds yng Nghaerfyrddin ac fe dda'th criw o blant ysgol i mewn. Pan welon nhw fi dyma nhw i gyd yn dechre canu'r dôn fydd i'w chlywed ar y rhaglen pan fydden ni'n barod am yr eitem 'Ar y Pyst' a cha'l tipyn o sbort wrth neud. Fe dda'th nifer ohonyn nhw draw a gofyn am 'yn llofnod i, gan neud i fi sylweddoli eu bod nhw'n 'y ngweld i fel rhyw fath o 'seleb' ro'n nhw'n edrych lan ato fe. Ro'n inne serch hynny'n gwbod mod i'n byw bywyd llawn twyll nad odd yn 'y neud i'n deilwng o fod yn rhyw fath o batrwm, neu rôl model iddyn nhw. Fe ddes i i benderfyniad yn gynnar wedyn y bydde 'dod mas', a chyhoeddi ble ro'n i'n sefyll o ran 'yn nheimlade rhywiol, yn llawer gwell na bod pobol yn dod i wybod trwy ryw stori mewn rhyw bapur newydd tabloid. Nid chwifio rhyw faner ar ran pobol hoyw odd y bwriad ond yn hytrach jest bod yn onest.

Y cam cynta odd dweud wrth Mam. Er mor galed a dagreuol i ni'n dau odd hynna, ac er iddi gyfadde ei bod hi'n teimlo ychydig yn siomedig, dodd y newydd ddim yn hollol annisgwyl iddi, medde hi, gan ei bod hi wedi amau ers tro falle mod i'n hoyw. Ond dwedodd hi hefyd ei bod hi'n bwysig i fi wbod na fydde hynna'n neud unrhyw wahaniaeth i'w pherthynas hi â fi. Bydde hi'n dal i 'ngharu i fel y bydde unrhyw fam yn caru ei mab. Rodd y ffordd nath Mam ymateb i'r newydd yn gysur mawr i fi ond ro'n i'n gwbod y bydde dweud wrth 'Nhad yn llawer mwy anodd ac yn brofiad nad o'n i'n barod i'w wynebu. Felly fe ofynnes i Mam sôn wrtho a dyna nath hi, rhyw bythefnos wedyn.

Rodd 'Nhad yn eitha ypsèt am ryw fis ar ôl clywed. Rodd e'n dal i siarad â fi ond dodd e ddim fel petai e'n gwbod beth i'w ddweud wrtha i. Dyw'r gair 'hoyw' ddim yn rhan o'i eirfa fe a dyw e ddim wedi sôn wrtha i am y peth hyd y dydd heddi. Ma 'da fe ryw syniad 'hen ffasiwn' taw'r cymeriade 'camp' sy ar gyfresi teledu, fel Shaun yn *Coronation Street*, sy'n gweithio yn y ffatri a'r tu cefen i'r bar yn y Rovers, yw pobol hoyw'r byd 'ma a do's 'da fe ddim llawer o amynedd atyn nhw. Ry'n ni'n dal yn ffrindie mawr ac fe fydd e'n dod 'da fi i weld ambell i gêm rygbi. Ond fe fydd e'n dweud rhai pethe sy'n awgrymu nag yw e falle'n sylweddoli, neu o bosib ei fod e'n gwrthod cydnabod arwyddocâd y ffaith mod i wedi 'dod mas'. Ro'n i'n eistedd gydag e mewn gêm rygbi yn ddiweddar a dyma fe'n tynnu'n sylw i at ferch smart yn ishte ar 'yn pwys ni. 'Dishgwl ar honna man'na,' medde fe. 'On'd yw hi'n ferch bert? Pam na feddyli di amdani hi fel gwraig?'

Ar ôl dweud wrth Mam ar y dydd Iau dyma fi'n ffono Robert Yeman, rheolwr dyfarnwyr Undeb Rygbi Cymru a gofyn iddo a gelen i ddod i'w weld e. Y noswaith arbennig 'ny rodd e a'i wraig, Christine, wedi trefnu mynd mas am bryd o fwyd ar achlysur dathlu pen-blwydd eu priodas. Pan

glywodd Christine ymateb Robert ar y ffôn fe synhwyrodd
fod rhywbeth o'i le felly dyma hi'n mynnu eu bod nhw'n
canslo'r pryd bwyd er mwyn i fi ga'l dod draw i'w gweld.
Rwy'n ddiolchgar iawn iddyn nhw am y gymwynas 'ny
ac am yr holl gefnogeth rwy wedi ei ga'l 'da nhw dros y
blynyddoedd. Ma Robert wedi bod yn ffrind da, yn ogystal â
bòs cydwybodol, a finne, mae'n siŵr 'da fi, wedi rhoi tipyn
o straen ar ei amynedd e sawl gwaith. Ro'n i isie gwbod a
odd y ffaith mod i wedi penderfynu 'dod mas' yn debyg o
effeithio ar 'y ngyrfa i fel dyfarnwr – o ran 'yn ymwneud i
â wharaewyr a hyfforddwyr. Yn ei farn e dodd e ddim yn
mynd i neud owns o wahanieth ond fe ddwedodd y bydde
fe'n rhoi gwybod i uwch-swyddogion yr Undeb ar y pryd,
sef Steve Lewis, David Moffett a David Pickering, Cadeirydd
yr Undeb a Chadeirydd pwyllgor dethol yr IRB. Daeth ateb
oddi wrthyn nhw'n dweud yr un peth.

Y cam nesa odd hala neges destun ar y dydd Sadwrn at
'yn ffrindie lleol i i gyd, sef Wayne Thomas, Hefin Death,
Gari Cute, Mathew Rowe, Baker, Kelvin, Justin Lloyd,
Craig Bonnell, Richard Babs, Baglin, Joni Clayton, Richard
Hardy, Willis a Pete Pig. Fe ges i ateb gan bob un ohonyn
nhw, ond un, yn pwysleisio nad odd y newydd yn mynd i
neud unrhyw wahanieth i'w perthynas nhw â fi ac y bydden
ni, o'u rhan nhw'n gyment o ffrindie ag eriôd. Ac ro'n nhw'n
dweud y gwir. Er mor anodd odd 'dod mas' rodd gwbod bod
y grŵp 'ny o hen ffrindie yno o hyd yn gysur mawr i fi. Rwy'n
ddiolchgar iawn hefyd i aelodau o'r teulu am eu cefnogaeth
yn ystod yr amser anodd yma, a hefyd am y gefnogaeth
roddon nhw i Mam a Dad. Rodd hi'n amser caled rhwng
popeth a fyddwn i byth wedi dod trwyddi heb gymorth teulu
a ffrindie. Mae 'nyled i'n enfawr iddyn nhw i gyd.

Dyna pam y penderfynes i aros yn 'yn ardal enedigol ar ôl
dweud wrth bawb, yn hytrach na falle mynd i fyw i rywle fel
Caerdydd, lle na fydde pobol yn cymryd sylw o'r ffaith mod
i'n hoyw, a lle na fydde ond llond dwrn o bobol yn 'yn nabod

i. Falle y bydde pethe'n wahanol erbyn heddi, gyda mwy o bobol yn gwbod amdana i fel dyfarnwr. Ond bachan y filltir sgwâr ydw i yn y bôn a fyddwn i byth isie gadel yr ardal lle ces i 'magu.

Mae'n braf ca'l troi ymhlith enwogion y byd rygbi ledled y byd ond mae e wastad yn neis hefyd ca'l dod 'nôl i fyd real 'y nghynefin, lle dwi'n 'Nigel' i bawb a lle dw i ddim yn wahanol i neb arall. Ma 'nghylch cymdeithasu yr un peth nawr ag odd e flynyddodd yn ôl ac rwy'n troi, fwy ne lai, 'mhlith yr un grŵp o ffrindie. Er hynna, petawn i wedi dod mas pan o'n i'n 16 oed mae'n eitha posibl erbyn heddi y bydde 'da fi ffrindie cwbl wahanol. 'Swn i falle wedi troi at grŵp o ferched am gwmni, neu at grŵp o fechgyn erill hoyw. Dim ond un person nath ddim ymateb i'r neges mod i'n dod mas. Rodd e'n hen ffrind ysgol ac yn arfer whare rygbi yn yr un tîm â fi. Fe fydda i'n ei weld e o bryd i'w gilydd o hyd a do's dim wedi newid o ran 'yn perthynas ni. Eto dyw e eriôd wedi cydnabod ei fod wedi derbyn y neges destun 'ny.

Hales i neges yn ogystal at 'y nhri cyd-gyflwynydd ar raglen *Jonathan* a cha'l yr un ymateb calonogol. Yn wir, ffonodd Jonathan fi a dweud, 'Sdim ots 'da fi os wyt ti'n shelffo buwch, fe fyddwn ni'n dal yn ffrindie!' Rodd y tri ohonyn nhw, yn enwedig Eleri Siôn, yn gefen mawr i fi. Yn sicr, fe roiodd y ffaith mod i wedi dod mas gyfle am flynyddoedd i'r sgriptwyr gynnwys llwythi o gyfeiriade ffraeth(?!) ar gyfer Rowland a'r criw. Er gwaetha hynna i gyd mae'n amlwg bod rhai pobol o hyd yn meddwl taw jôc yw'r holl gyfeiriade 'ma at y ffaith mod i'n hoyw achos fe ofynnodd rhywun i fi ychydig yn ôl os o'n i ac Eleri Siôn yn mynd mas 'da'n gilydd!

Ar y dydd Sul ffones i Huw Watkins, un o'n ffrindie gore i, sy hefyd yn ddyfarnwr, i ddweud wrtho fe mod i wedi 'dod mas'. Ar y bore Llun rodd e'n derbyn e-bost o Seland Newydd oddi wrth ffrind i ni'n dau, y dyfarnwr Bryce Lawrence, yn gofyn iddo a odd y stori mod i'n hoyw yn wir. Ro'n i'n dishgwl i'r llinelle ffôn yn ardal Pontyberem fod yn dwym yn ystod y penwythnos 'ny ond do'n i ddim yn meddwl y bydde'r newyddion yn trafaelu mor bell. Ar y dydd Llun hefyd ro'n i'n ymarfer yn y Ganolfan Ffitrwydd arferol pan dda'th Barrie Williams, y bachwr rhyngwladol a chapten y Gweilch ar y pryd, draw i shiglo llaw gan ddweud mod i wedi bod yn ddewr iawn a chadarnhau na fydde'r newyddion yn neud unrhyw wahaniaeth iddo fe nac i'w gyd-whariewyr. Ges i'r un neges gan Gethin Jenkins ar ran tîm y Gleision wrth i fi deithio 'nôl o Iwerddon ar yr un awyren â nhw ar ôl i fi fod yn dyfarnu eu gêm nhw yn erbyn Connacht.

Mae'n dda ca'l dweud nad ydw i ddim, hyd heddi, wedi ca'l profiad o unrhyw wharaewr na swyddog yn y byd rygbi'n cyfeirio'n sarhaus at y ffaith mod i'n hoyw. Rwy'n tueddu dod mlân yn dda gyda wharaewyr oddi ar y cae a do's dim un ohonyn nhw wedi ymateb mewn ffordd wahanol i fi ers i fi 'ddod mas'. Eto 'swn i ddim yn synnu pe bai ambell un ohonyn nhw'n teimlo'n anghyffordddus o ga'l 'i weld gyda fi, a ninne ar 'yn penne'n hunen achos mae straeon yn gallu tyfu o ddim byd. Yn ddiweddar fe siarades gyda Chymro sy'n whare i glwb Doncaster ac ynte'n gofyn i fi a odd hi'n wir mod i'n mynd mas gydag aelod o dîm Cymru ar y pryd, achos bod y stori honno'n dew yn y cylchoedd rygbi yn Lloegr. Dodd dim owns o wirionedd ynddi, ac er nad odd llawer o ots 'da fi o ran 'yn hunan gan mod i'n dishgwl i straeon fel 'na godi o bryd i'w gilydd, eto ro'n i'n teimlo'n flin am y wharaewr arbennig 'ny achos dwi'n gwbod nad yw e'n hoyw.

'Mhen sbel ar ôl i fi 'ddod mas' ro'n i'n dyfarnu gêm y Gleision yn erbyn y Sgarlets lan ar Barc yr Arfau. Gan ei bod hi'n gêm ganol wythnos ar ddechre'r tymor ym mis Medi, da'th dau ffrind i fi, Owain Baglin a Christian Lewis, sef Baker i fois y Bont, gyda fi i'r gêm. Ffonies i Vicky yn swyddfa'r Gleision i ofyn am docynne iddyn nhw a hithe'n fodlon iawn i helpu, chwarae teg. Yn anffodus rodd peiriant y tocynne wedi torri, ond dwedodd y bydde hi'n ca'l gair 'da'r stiward ac y bydde sedd iddyn nhw ym Mocs y Pwyllgor.

Wrth i fi dwymo lan ar y cae ro'n nhw ill dau yn ca'l peint o flân yr eisteddle ac yn gweiddi ambell sylw digon drygionus amdana i. Wedyn, wrth i fi fynd 'nôl i'r stafell newid, holon nhw lle ro'n nhw'n eistedd. Finne'n dweud y byddwn i'n rhoi eu henwe i'r stiward ac y bydde fe'n mynd â nhw i'w seddi. Rodd y stiward yn foi mowr rhyw chwe troedfedd a hanner a dwedes i wrtho fe, 'My mate and his boyfriend will be with you soon. Could you show them to their seats, please?'

Rhaid pwysleisio bod y ddou ffrind yn hollol streit ac wedi priodi erbyn hyn. Fe aethon nhw'n sŵn i gyd at y stiward a dweud wrtho, 'The Ref told us to come and see you so that you could take us to our seats.' A dyna ddigwyddodd. Ond wrth iddyn nhw eistedd dyma fe'n troi atyn nhw a gweud,

'You know, you don't look it. I would never have guessed.'

'Guessed what?' medden nhw.

'Well, you know,' mynte fe.

'No we don't, what are you on about?'

'Oh never mind,' medde fe a bant ag e.

Wedes i ddim rhagor am y peth wrth y bois ar y ffordd gartre a nhwythe'n ffaelu deall beth odd y stiward yn ei feddwl wrth ddweud 'you don't look it'.

Ond ar y nos Sadwrn yn y Clwb Rygbi fe adroddes i'r stori'n llawn a gweud, "Na chi, 'na ddysgu chi i beidio â gweiddi pethe cas ar y reff byth 'to!'

Rodd pawb yn y clwb wrth eu bodde yn gwrando ar y stori wrth gwrs.

Yr hyn a'n synnodd i odd bod y cyfrynge wedi anwybyddu'r ffaith mod i wedi 'dod mas' tan ryw 15 mis wedi i hynny ddigwydd. Ro'n i wedi neud cyfweliad ar gyfer y rhaglen *Scrum Five* ar Radio Wales, cyn Cwpan y Byd yn 2007, ynglŷn â shwd brofiad odd bod yn hoyw yn y byd rygbi. Cyn hynny do'n i ddim wedi siarad yn gyhoeddus am y peth oherwydd rodd Robert Yeman yn awyddus i 'nghysgodi rhag unrhyw adroddiade negyddol yn y wasg, gan ei fod yn ofni y galle hynna ga'l effaith ar 'y mherfformiade i fel dyfarnwr. Achos yn y cyfnod yna ro'n i eisoes wedi ca'l gwbod y byddwn i'n dyfarnu'r gêm rhwng Seland Newydd ac Awstralia ar gyfer Cwpan Bledisloe ac y byddwn i hefyd ymhlith y dyfarnwyr fydde'n cymryd rhan yng Nghwpan y Byd.

Ar ôl i fi neud y cyfweliad fe redodd papur *Wales on Sunday* y stori, odd yn bositif iawn, whare teg. Fe honnon nhw eu bod nhw wedi siarad â fi am y peth, er dodd hynna ddim yn wir – ro'n nhw wedi codi'r stori gyfan o'r sgwrs radio. O'r stori honno wedyn fe gydiodd nifer o bapurau eraill yn yr hanes, yn amrywio o'r *Sun* i'r papure lleol fel y *Carmarthen Journal*, lle cafodd e sylw amlwg ar y dudalen flân. Yr hyn odd yn 'y ngofidio i fwya odd bod Mam a 'Nhad unwaith eto'n mynd i ddarllen rhai o'r straeon hyn ac y bydden nhw'n siŵr o ga'l eu hypseto. A ninne'n meddwl, fel teulu, 'yn bod ni wedi delio â'r mater, rodd e 'nôl 'to yn y newyddion. Bues i'n meddwl ac yn pendroni am oesoedd a o'n i'n mynd i sgrifennu'r gyfrol hon, *Hanner Amser*, ai peidio. Yn sicr do'n i ddim am achosi mwy o ofid i Mam a 'Nhad a do'n i ddim yn siŵr chwaith a o'n i am i bawb wybod am 'y mywyd preifet i. Ond do'n i ddim isie gweld pobol erill yn diodde'r un probleme ag a wnes i ac ro'n i'n gwbod y bydde 'mhrofiade i'n gallu bod o gymorth i rai fydde mewn sefyllfa debyg. Felly fe benderfynes i adrodd 'yn stori, gan sylweddoli hefyd bod rhaid bod yn gwbl onest wrth neud 'ny.

Fe dries i egluro wrth 'yn rhieni y bydden ni'n gorfod derbyn taw fel'na'n anffodus y bydde hi tra o'n i'n berson cyhoeddus a bod dim llawer y gallwn i neud amdano fe. Dwi ddim isie cwato y tu ôl i'r probleme rwy wedi'u ca'l. Rwy'n gobeithio y galla i ddefnyddio'r ffaith mod i'n berson adnabyddus er mwyn helpu'r sawl sy'n trio wynebu anawstere tebyg. Yn ddiweddar fe ges i e-bost oddi wrth grwtyn ifanc hoyw odd ddim yn gwbod shwd i ddweud wrth ei rieni. Ro'n nhw, yn y gorffennol, wedi tueddu wfftio at bobol hoyw ond trwy edrych ar raglenni *Noson Lawen* a *Jonathan* ro'n nhw wedi dod yn un o'n ffans i ac wedi dod i dderbyn nad odd bod yn hoyw yn rhywbeth i'w gondemnio. O ganlyniad cafodd y crwt yna hi'n haws dweud wrth ei rieni ei fod ynte'n hoyw, a'u ca'l nhwythe i dderbyn y ffaith honno. Rodd hi'n neis clywed mod i'n gallu bod o help. Fe fydda i bob amser yn ddigon parod i siarad yn gyhoeddus neu gydag unigolion os oes lle i gredu y galle'r hyn fydd 'da fi i'w weud fod yn gysur neu'n gymorth. Derbyniais wahoddiad yn ddiweddar i fod yn noddwr llinell gymorth Canolfan Rhagoriaeth Cymru ar gyfer hoywon, elusen sy wedi'i lleoli yn Abertawe. Rwy'n gobitho y daw cyfle trwy'r gwaith hwn i fi allu helpu pobol hoyw sy'n diodde mewn unrhyw ffordd.

Hefyd, tra o'n i'n dyfarnu yng Nghwpan y Byd, fe wnaeth papur newydd *The Times* redeg stori tudalen gyfan ar y bore cyn fy ngêm gynta i – erthygl ro'n i wedi cytuno iddi, odd yn bositif iawn am y ffaith taw fi odd yr unig berson hoyw i 'ddod mas' ym myd rygbi proffesiynol. Cwpwl o ddiwrnode ar ôl hynny fe ges i alwad ffôn gan Rob Hayward, cyn-Aelod Seneddol yn ardal Bryste, i ddweud mod i wedi ca'l fy enwebu ganddo fe ac eraill ar gyfer Gwobr Personoliaeth Chwaraeon Stonewall, a falle bydde gofyn i fi fynd i Lundain ar gyfer y noson wobrwyo. Sefydliad yw Stonewall sy'n gwneud llawer o waith da dros bobol hoyw, felly 'nes i dderbyn y gwahoddiad. Ar ôl dychwelyd o Gwpan y Byd, dyma fi'n mynd i Lundain.

Mae'n rhaid i fi gyfaddef, fe dda'th e'n dipyn o sioc clywed mai fi odd wedi ennill y wobr. Y rheswm ro'n i wedi ennill odd oherwydd mod i wedi 'dod mas' yn y byd rygbi *macho*, mod i'n browd iawn o'r person ro'n i, ac wedi dangos y ffordd ymlân i bobol debyg i fi ar y lefel ucha un yn y byd chwaraeon. Eto i gyd, dodd dim bwriad o gwbl 'da fi trwy 'ddod mas' i godi proffeil pobol hoyw nac i ymladd unrhyw achosion, er mor deilwng ydyn nhw. Ond rwy'n browd iawn o'r wobr a'r anrhydedd o'i hennill hi, a hefyd yn falch o dynnu sylw at rai o'r probleme ry'n ni fel hoywon yn gorfod eu hwynebu o ddydd i ddydd.

Dyw bod yn hoyw ddim heb ei brobleme. Wrth gwrs, rwy'n falch iawn mewn un ffordd mod i wedi cydnabod 'y ngwir deimlade, cyn i fi falle fynd i mewn i berthynas hetrorywiol nad o'n i'n gyfforddus â hi, a falle priodi a cha'l plant. Bydde hynna, o bosibl, maes o law wedi golygu troi cefen ar fywyd teuluol, fel sy wedi digwydd yn achos nifer o ddynion hoyw, wrth orfod derbyn taw dim ond gyda dyn fel partner y byddwn i'n hapus. Galle hynna arwain at achosi lo's i deimlade nifer o bobol. Eto mae'n bosib y bydde rhai plant yn well eu byd pe bydden nhw'n ca'l eu magu 'da rhieni hoyw sy'n eu caru nhw ac yn eu codi nhw ar aelwyd ddiogel a chefnogol yn hytrach na'u bod nhw 'da'u rhieni naturiol sy falle ddim yn ffit i ga'l plant.

Buodd y rhan fwya o'r bobol yn gefnogol iawn ac yn aros i ga'l sgwrs wrth i ni gwrdd ar y stryd ac maen nhw'n dal i neud. Y gwir yw do's dim wedi newid. Yr un Nigel Owens ydw i heddi ag sy wedi bod eriôd, heblaw am y ffaith bod pobol yn gwbod erbyn hyn mod i'n hoyw, wrth gwrs. Er rhaid cyfadde na fydd pawb yn aros am sgwrs ac rodd hyn ar y dechre yn peri lo's i fi, ond erbyn hyn dyn nhw'n golygu dim i fi ac mae'r ffrindie go iawn yn dal yn ffrindie. Ro'n i'n ymwybodol bod storie yn ca'l eu dweud amdana i, storie ac ynddyn nhw lawer mwy o ddychymyg nag o wirionedd. Gwell 'da fi berson sy'n fodlon dweud wrtha i'n blwmp ac yn blaen yn 'y ngwyneb.

Gan mod i'n credu'n ei bod hi'n hollbwysig bod plentyn yn ca'l ei fagu 'da dau riant, lle bo hynna'n bosibl, yna rwy'n gorfod derbyn na cha i ddim plant. Ma hynna'n achosi tipyn o ofid i fi achos 'swn i wrth 'y modd pe bydde plant 'da fi.

Fe fyddwn i wedyn yn ca'l rhannu 'mywyd â nhw a cha'l mwynhau'r profiad bod 'da fi deulu agos o hyd ar ôl dyddie Mam a 'Nhad. Wrth gwrs, mae 'da fi deulu clòs yn cynnwys nifer o gefndryd a chyfnitherod. Rwy hefyd yn dad bedydd i ddau blentyn bach, sef Dion, mab 'y nghefnder Wynn Robinson a'i wraig Kay, a hefyd Ffion Haf, merch i ffrind da i fi, Joni Clayton a'i wraig Elen. Do's dim syniad 'da neb pa mor falch ro'n i o dderbyn y dyletswydd a'r anrhydedd yna. Rwy'n folon cyfadde bod y ddau achlysur wedi dod ag ambell i ddeigryn o hapusrwydd gyda nhw. Ond fe fydde 'nheulu a'n ffrindie gyda'r cynta i gyfadde nad yw hynny 'run peth â cha'l 'y nheulu bach 'yn hunan.

Rwy'n byw bywyd prysur iawn ac yn tueddu llenwi'r diwrnode a'r nosweithie yn cadw'n heini, yn dyfarnu, yn ymgymryd â gweithgaredde yn ymwneud â rygbi, ac yn cadw cyhoeddiade fel siaradwr neu ddiddanwr. Un rheswm am hynna yw mod i hefyd, yn hollol groes i'r argraff rwy'n ei roi, ar y cae rygbi neu ar lwyfan y *Noson Lawen*, yn lico hala amser gartre ar 'y mhen 'yn hunan a cha'l llonydd i ymlacio'n dawel. Ond, yn anffodus, mae'r adege hynna hefyd yn gallu rhoi gormod o gyfle i fi weld isie ca'l 'y nheulu 'yn hunan. Dyna pam rwy'n gwerthfawrogi cwmni perthnase pan ddaw'r cyfle i'w gweld ac yn enwedig eu plant. Bydda i wrth 'y modd yn mynd â Cerys ac Elis, plant 'y nghefnder, Wayne Nicholas, a Julie, i ga'l bwyd yn McDonalds neu i barlwr hufen iâ Joe's. Withe fe fyddan nhw'n galw i ga'l te 'da fi ar eu ffordd tua thre o'r ysgol, a Dion a'i frawd Dylan hefyd. Rwy'n falch iawn o'u gweld nhw bob amser.

Er mod i'n berson llawer hapusach ers cyhoeddi mod i'n hoyw ac er mod i wedi hen droi cefen ar gymryd tabledi steroid, fe fues i'n brwydro gyda'r broblem arall, sef bwlimia, tan ddechre'r flwyddyn ddwetha 'ma. Rodd hi'n hawdd i fi guddio, pan o'n i mas gyda ffrindie, y ffaith mod i weithie'n diflannu ar ôl byta er mwyn neud 'yn hunan yn dost. Gallwn i iwso'r esgus bod y colitis yn neud i fi fynd i'r tŷ bach yn aml ac yn sydyn. Ond yn gynnar eleni fe ddigwyddodd rhywbeth nath 'y mwrw i'n ffradach. Fe geson ni'r newydd fod Mam yn diodde o gansyr. A'th hi i ga'l profion yn yr ysbyty gan feddwl taw *gall-stones* odd yn gyfrifol am y poene rodd hi wedi bod yn eu ca'l. Yna da'th cadarnhad o'r hyn odd yn ei phoeni mewn gwirionedd. Fe gafodd glywed, ar ôl y profion cynta, bod y cansyr yn y sgyfaint, y stumog a'r afu a taw dim ond rhyw naw neu ddeg mis odd gyda hi i fyw, hyd yn oed petase hi'n ca'l trinieth. Rhyw ddau ddiwrnod cyn i Mam roi'r newydd erchyll 'ma i 'Nhad a fi fe fuodd Wncwl Ken farw'n sydyn. Do'n ni fel teulu ddim wedi'i weld e ers diwrnod neu ddau, odd yn beth od iawn. Pan a'th Emrys, brawd 'Nhad a fi gyda help plismon i mewn i'r tŷ fe ffindon ni fe wedi cwmpo'n farw ar lawr y bathrwm. Rodd marwoleth Ken yn ergyd fawr, gan iddo fod yn un o'r dylanwade mawr ar 'y mywyd i ac yn rhywun ro'n i'n meddwl y byd ohono.

Tri diwrnod ar ôl 'ny ro'n i fod i ddyfarnu Munster yn erbyn Wasps yn y gêm odd yn penderfynu p'un ohonyn nhw fydde'n mynd drwyddo i rownd go-gynderfynol Cwpan Heineken. Dodd dim llawer o whant mynd i Limerick arna i ond fe berswadodd Mam a 'Nhad fi, gan 'yn argyhoeddi i taw dyna fydde dymuniad Ken. Fe wisges i freichled ddu am 'y mraich er cof amdano a chyda chefnogeth Nigel Whitehouse a Hugh Watkins, y ddau lumanwr, a Derek Bevan, y dyfarnwr fideo, fe a'th y gêm yn iawn ac fe ges i ganmoliaeth fawr gan yr aseswr, Joel Dume, o Ffrainc nad odd yn gwbod dim am yr holl bwyse ro'n i'n ei deimlo'r prynhawn 'ny.

Fe driodd Laurence Dallaglio, capten Wasps a'u hyfforddwr, Ian McGeechan, ddweud mewn cyfweliad ar ôl y gêm taw arna i odd y bai am y ffaith eu bod nhw wedi colli. Sgwn i a fydde nhw wedi dweud hynna tasen nhw'n gwbod beth o'n i wedi mynd drwyddo yn ystod y dyddie cyn y gêm? Er, mae'n rhaid cofio mod i yno i neud 'y ngwaith fel dyfarnwr proffesiynol, ta beth odd 'y mhrobleme personol i. Rodd disgwyl i fi neud 'y ngwaith yn iawn, gan nad o's 'no sentiment in sport'. Whare teg i Dewi Morris, odd yn sylwebu ar y gêm i gwmni Sky, fe ddwedodd e'n blwmp ac yn blaen taw chwilio am esgus odd y ddau o Wasps a mod i, yn ei farn e, wedi dyfarnu'n arbennig o dda – sylw odd yn gysur mawr i fi mewn cyfnod anodd iawn.

Ymhen wythnos neu ddwy wedyn ro'n i'n dyfarnu Wasps unwaith eto yn eu gêm yn erbyn Caerlŷr yn rownd gynderfynol yr EDF, ac fe dda'th Laurence ata i yn y stafell newid a dweud iddo edrych ar fideo'r gêm rhwng Munster a'r Wasps a'i fod wedi sylweddoli taw fi odd yn iawn yn y penderfyniade y gwnaeth e eu hamau'n wreiddiol ac iddo neud cam â fi wrth 'y meirniadu i'n gyhoeddus. Ro'n i'n barod i dderbyn yr ymddiheuriad, wrth gwrs, ond yn anffodus y fi'n unig wna'th glywed ei ymddiheuriad e! Rodd beirniadaeth Dallaglio wedi bod yn gyhoeddus iawn, eto do's dim llwyfan cyhoeddus gyda ni'r dyfarnwyr i gyfiawnhau'n penderfyniade nac i ddangos bod rhai beirniaid wedi bod yn annheg wrth 'yn condemnio ni.

Am y dyddie wedyn yn dilyn y gêm rhwng Wasps a Munster do'n i ddim yn gwbod beth i neud. Ro'n i'n teimlo mod i wedi rhedeg i mewn i wal, ond gyda help y teulu ry'n ni'n raddol wedi dod i dderbyn yr hyn sy o'n blaene ni. Eto fe fuodd hyn i gyd yn gyfrifol am newid 'yn agwedd i at fywyd yn llwyr. O feddwl beth odd Mam druan yn mynd drwyddo shwd allen i gyfiawnhau'r holl drafferth 'ma ro'n wedi bod yn ei greu i fi'n hunan ers blynyddoedd i neud yn siŵr mod i'n edrych yn iawn? Shwd allen i garia mlân i stwffo bwyd a neud 'yn hunan yn dost ar ôl 'ny, tra bo Mam, a nifer o rai tebyg iddi'n brwydro am eu bywyde oherwydd salwch na allen nhw neud dim byd yn ei gylch e? Yr adeg 'ny fe benderfynes na fydde bwlimia byth eto'n ca'l gafel arna i a dw i ddim wedi teimlo'r angen i 'whydu unrhyw fwyd rwy newydd ei fyta ers hynny. Wedi'r cyfan, ro'n i wedi bod yn neud hynna ers dros ddeng mlynedd ac ro'n i'n dal yn yr un sefyllfa drist.

O ran 'y mywyd personol i mae'r flwyddyn ddiwetha 'ma wedi bod yn ofnadw ond ar y llaw arall mae 'ngyrfa i fel dyfarnwr wedi mynd o nerth i nerth. Eto, yn ystod y cyfnod hwnnw fe newidodd 'yn agwedd i at ddyfarnu. Ma 'na lawer o ddyfarnwyr sy'n poeni tipyn am eu perfformiad ar y cae, yn enwedig os ydyn nhw'n colli rhyw gamsefyll, neu rywun yn bwrw'r bêl mlân. Ond ers ca'l y newydd am Mam rwy'n gweld pethe'n wahanol. Wrth gwrs, rwy'n gobitho nag wy'n colli dim sy'n digwydd ar y cae pan fydda i'n dyfarnu ond gan dderbyn, serch hynny, y bydda i'n siŵr o neud ar brydie. Eto, os gwna i golli ambell i beth, 'yn ymateb i nawr yw, bod 'na bethe pwysicach mewn bywyd, er mod i'n awyddus i roi o 'ngore fel dyfarnwr bob amser. Yn 'y marn i, mae ca'l agwedd fel 'na 'di helpu fi yn y cyfnod diweddar 'ma i roi perfformiade graenus ar y cae o dan amgylchiade anodd iawn.

Erbyn hyn rwy wedi dod i edrych ar salwch Mam mewn ffordd llawer mwy positif. Rwy'n 36 oed ac rwy wedi ca'l y fraint o ga'l ei chariad hi a'i chwmni hi am gyfnod hirach nag mae llawer o blant erill wedi'i ga'l. Yn wir, dyw rhai plant ddim yn ca'l profi'r pleser 'ny o gwbl. Hefyd 'ma 'na newydd ychydig bach mwy calonogol am y salwch. Nid yn y sgyfaint, mae'n debyg, dechreuodd y cansyr ac felly mae 'na obaith y gwnaiff e ymateb rywfaint i driniaeth. Os felly, falle y gallwn i feddwl yn nherme cadw Mam am ryw flwyddyn neu ddwy ychwanegol. Rhaid disgwyl i weld pa mor effeithiol fydd y driniaeth.

PENNOD 7

Camu 'Mlân

MAE DYNON YN TUEDDU meddwl, a finne bellach yn dyfarnu ar y lefel ucha, bod y gwaith yn anoddach. Mae'n wir bod y pwyse a'r tensiwn mawr sydd ynghlwm â gêm ryngwladol neu rownd derfynol cystadleuaeth fel y Cwpan Heineken fel rheol yn 'y ngadel i'n flinedig tu hwnt, yn feddyliol ac yn gorfforol. Ac mae'r pwysau mewn gêmau byw ar y teledu ac o flaen stadiwm orlawn yn enfawr. Fel dyfarnwr, bydda i'n gorfod neud penderfyniade pwysig alle fod yn dyngedfennol i ganlyniad gêm gan olygu colled neu elw o filoedd o bunnoedd i'r clwb am fod ennill neu golli bellach mor dyngedfennol. Dim ond unwaith rwy'n ca'l y cyfle fel dyfarnwr i weld beth sy'n digwydd ar y cae a dim ond yr eiliad lleiaf i neud penderfyniad hollbwysig. Nawr, gyda'r holl gamerâu o gwmpas y maes mae'r timau sylwebu, y gwylwyr gartre a'r hyfforddwyr sy'n edrych ar y monitors, yn medru gweld y digwyddiad sawl gwaith ac arafu'r lluniau er mwyn eu hastudio, cyn dod i benderfyniad. A dyw'r penderfyniade hynny ddim bob tro'n gywir, credwch chi fi.

Er mwyn trio gneud y penderfyniad iawn, mae'n rhaid bod yn y fan a'r lle ac felly mae'n rhaid i fi fod yn ffit yn gorfforol ac yn feddyliol. Nid dim ond cyrraedd y man ond gwbod beth i neud ar ôl cyrraedd yno hefyd.

Ma'r gêmau ar y lefelau uwch hefyd yn gyflymach o lawer. Ond mae gwaith dyfarnwr yn y gêmau rhanbarthol lleol ac yn adrannau is yr Undeb yn gallu bod yr un mor anodd ond mewn ffyrdd gwahanol. Bryd hynny, mae'r dyfarnwr ar ei ben ei hun, heb gymorth llumanwyr niwtral a heb unrhyw gymorth technegol, heblaw am wats a chwiban. Hefyd gall y ffaith nad oes gan ambell wharaewr agwedd iach at y gêm achosi probleme ychwanegol i ddyfarnwr. Gall hyn ddigwydd yn arbennig ar y lefelau is ac mewn rhai timau ieuenctid.

Yn hynna o beth rwy'n cofio dysgu gwers bwysig rhyw bum mlynedd yn ôl a finne erbyn hynny'n ddyfarnwr profiadol. Ro'n i'n dyfarnu gêm rhwng timau dan 16 oed Pontyberem a'r Betws ac mae'n rhaid i fi gyfadde mod i wedi colli rheolaeth ar y gêm i'r fath radde nes mod i wedi gorfod dod â'r gêm i ben rhyw ddeg muned yn gynnar. Erbyn hynna rodd pawb wrthi'n ymladd â'i gilydd – y wharaewyr, yr eilyddion a rhai o'r dorf.

Y camgymeriad 'nes i odd mynd i'r gêm gyda'r agwedd y dylen i adel iddi lifo gyment â phosib, gan taw gêm ieuenctid odd hi, ac anwybyddu ambell i drosedd y byddwn i wedi'i chosbi ar lefel uwch. Fe ddysges i ar ôl y diwrnod 'ny y dylwn i, fel dyfarnwr, drin pob gêm yn gwmws yr un peth. Ar ben hynna, mewn gêmau o'r math, mae 'na nifer o fois nad y'n nhw ddim isie bod ar y cae mewn gwirionedd. Maen nhw'n whare falle achos bod eu rhieni wedi rhoi pwyse arnyn nhw, achos bod eu ffrindie'n whare, neu achos eu bod nhw'n gweld yr achlysur fel cyfle rhwydd i gymdeithasu yn y clwb ar ôl y gêm. Canlyniad hyn i gyd yw nad oes gan fois fel 'na yr un parch at reole'r gêm, at y wharaewyr nac at y dyfarnwr ac oherwydd 'ny bod eu diffyg disgybleth ar y cae yn gallu mynd dros ben llestri.

Fel dyfarnwr, fuodd delio â diffyg disgybleth ddim yn broblem i fi. Mae canllawie'r Undeb yn dangos yn ddigon clir y trosedde sy'n haeddu carden goch ac erbyn hyn mae rhyw fath o larwm otomatig yn canu yn 'y mhen i pan fydd gofyn hala rhywun bant. Fel mae'n digwydd, 'dw i ddim wedi gorfod neud 'ny'n aml ond am ryw reswm, sy'n anodd i'w esbonio, fe fydd carden goch yn aml yn creu rhyw gwlwm rhwng y dyfarnwr a'r sawl gafodd ei hala bant. Yr enghraifft ore o hynna ges i odd ar ôl i fi ddangos carden goch am y tro cynta eriôd.

Ro'n i wedi bod yn ddyfarnwr yn Rhanbarth Llanelli am ryw dair blynedd pan ges i achos mewn gêm yn Ffwrnais i hala prop tîm Llandybïe, Duncan Price, oddi ar y cae. Rodd hi'n gêm llawn tensiwn achos rodd angen buddugoliaeth ar Landybïe i sicrhau dyrchafiad, a dyna ddigwyddodd. Ar ôl dod â'r gêm i ben fe aneles i ar unwaith am y stafell newid. Nawr yn Ffwrnais, er mwyn cyrradd stafell newid y dyfarnwr, rodd yn rhaid mynd trwy stafell newid y wharaewyr a phan gyrhaeddes i 'no, rodd Duncan wedi dechre ar y dathlu ac yn cofleidio potel o *champagne*. Dyma fe'n galw arna i i ddod i rannu'r botel gydag e a man'na buon ni'n cyfeillachu am sbel. Ry'n ni'n ffrindie ers hynny ac erbyn hyn mae Duncan yn ddyfarnwr ei hunan.

Anhawster arall sy'n wynebu dyfarnwr ar y lefele is yw na all e fod yn hollol sicr o'r gefnogaeth 'ma fe'n mynd i ga'l gan y llumanwyr. Fel arfer fe fyddan nhw'n gysylltiedig â'r time fydd yn whare ac weithie fe fydd eu teyrngarwch nhw at eu clwbe'n drech na'r angen i barchu rheole'r gêm. Rwy'n cofio, a finne wedi mynd i weld gêm rhwng ail dîm Pontyberem ac ail dîm Cydweli, asgellwr y Bont, Noel Bowen, yn derbyn y bêl mas yn llydan. Fe redodd e dros yr ystlys, tu cefen i'r llumanwr cartref, Peter 'Jeanie' Griffiths, a thirio'r bêl yn y gornel! Rodd y dyfarnwr druan ychydig bach yn rhy bell oddi wrth y bêl i sylwi beth ddigwyddodd a chafodd e ddim arwydd gan y llumanwr i ddangos bod unrhyw beth o'i le. Rodd cefnogwyr Cydweli yn benwan a buon nhw'n gweiddi'n groch am oesoedd ar y llumanwr a'r dyfarnwr gan drio eu darbwyllo nad odd e byth yn gais. Ateb Noel iddyn nhw odd, 'Darllenwch y *Carmarthen Journal*' rwthnos nesa, fe gewch chi weld a odd hi'n gais neu beido'.

Dw i ddim yn meddwl mod i wedi neud penderfyniad mor wael â 'ny erioed ond rwy wedi ca'l achos i amau gonestrwydd ambell i lumanwr. Rodd un, pan o'n i'n dyfarnu yn yr adranne is, mor unllygeidiog fel y bu'n rhaid i fi wrthod gadel iddo fe gario mlân yn yr ail hanner. Rwy hefyd wedi gorfod anwybyddu barn ambell i lumanwr diduedd, wrth benderfynu odd cic am y gôl wedi llwyddo ai peidio, a hynny am mod i'n meddwl i fi fod mewn gwell safle i weld nag e.

Er tegwch i lumanwyr sydd wedi'u hapwyntio gan yr Undeb, neu'n swyddogol gan y corff sy'n gyfrifol am y gêm neu'r bencampwriaeth, mae'n rhaid pwysleisio nad o's hawl gyda nhw i gamu i mewn i'r cae i ddynodi trosedd, ar wahân i gadw'r fflag yn syth allan i dynnu sylw'r dyfarnwr i stopio'r whare er mwyn rhoi gwybod iddo am whare brwnt rodd y dyfarnwr mwy na thebyg heb ei weld. Ond dodd dim hawl gan y llumanwr gamu mewn i'r cae i roi gwbod am bàs mlân, colli'r bêl mlân neu gamsefyll. Falle y dweden nhw air yng nghlust y dyfarnwr trwy gyfrwng y system gyfathrebu odd ar waith gyda sylwade fel, 'rodd y bàs 'na mlân' neu 'cadwa lygad ar rif 7, mae e'n torri'n gynnar o'r sgrym', ond dodd dim rheidrwydd ar y dyfarnwr i gymryd sylw. Fe fydde'n ofynnol ar y dyfarnwr, serch hynny, i dderbyn eu gair o ran trosedde fel camu dros yr ystlys, neu whare brwnt.

O dan y rheole newydd sy'n ca'l eu cyflwyno y tymor 'ma, ac yn ca'l eu galw yn ELV, mae statws y llumanwr yn ca'l ei godi'n swyddogol i fod yn ddyfarnwr cynorthwyol. Bellach, trwy'r system gyfathrebu dechnegol, mae'r hawl 'da'r dyfarnwr cynorthwyol i dynnu sylw'r dyfarnwr at unrhyw beth nad yw e wedi ei weld. Ond rhaid pwysleisio taw'r dyfarnwr sydd â'r gair ola, ac os nad yw e am dderbyn y cyngor, do's dim rhaid iddo fe.

Mae'n arferiad gan awdurdode'r byd rygbi i neud yn siŵr bod dyfarnwyr profiadol yn rhedeg y llinell pan fo'r dyfarnwr mewn gêm bwysig yn weddol ddibrofiad ar y lefel arbennig honno, ac rwy i'n hunan wedi elwa o'r polisi hwnnw. Rwy'n cofio mynd i ddyfarnu gêm yng nghystadleuaeth Tarian Ewrop rhwng Treviso a Connacht. Fe 'nes i gamgymeriad yn y munude cynta nath effeithio ar 'y mherfformiad i am weddill y gêm, achos fe fwrodd y digwyddiad 'yn hyder i'n rhacs. Un o'r llumanwyr odd y dyfarnwr profiadol o'r Dynfant, Robert Davies. Ar ôl y gêm fe gymrodd fi naill ochr a dweud iddo sylwi bod y camgymeriad cynnar 'na wedi bod ar 'yn feddwl i drw'r amser ac o ganlyniad mod i ddim wedi canolbwyntio ar y whare fel y dylwn i o hynna mlân. Fe bwysleisiodd bod yn rhaid i fi ddysgu anghofio am unrhyw gamgymeriad a chario mlân â'r gêm fel tase fe ddim wedi digwydd o gwbl, achos wedi'r cyfan mae pob dyfarnwr yn euog o neud camgymeriade. Rodd y cyngor hwnnw'n ddefnyddiol ac yn amserol iawn ac o'r diwrnod 'ny mlân rwy wedi 'nisgyblu'n hunan i drio dilyn ei gyngor.

Cymorth arall i ddyfarnwyr ifanc yng Nghymru, ac un rwy i wedi elwa'n fawr ohono yw'r drefn lle mae llond dwrn o 'hyfforddwyr dyfarnu' yn ca'l eu neilltuo i ofalu am nifer penodol o ddyfarnwyr ifanc yn Adrannau ucha'r Undeb. Swyddi di-dâl yw'r rheiny ac ewyllys da a chydweithrediad nifer o gyn-ddyfarnwyr sy'n gyfrifol am lwyddiant y cynllun. Ro'n i'n lwcus mod i wedi ca'l un o'r goreuon fel hyfforddwr i fi, sef Derek Bevan, ac fe fydde fe'n dod i 'ngweld i'n dyfarnu rhyw chwe gwaith y tymor. Rodd ei rôl e'n gwbl wahanol i un yr aseswr. Gwaith hwnnw yn y bôn odd tynnu sylw at yr hyn ro'n i wedi'i neud yn rong mewn gêm, tra bydde Derek Bevan yn ca'l sgwrs fach gyda fi ar ôl y gêm gan ganmol yr agwedde positif ar y perfformiad a hefyd awgrymu ambell i newid bach. Cawn gyngor ganddo i roi cynnig ar sefyll mewn safleoedd gwahanol ar gyfer sgrym 5 metr. Fe fu Derek yn neud hyn gyda fi tan ryw flwyddyn yn ôl ac yn y cyfnod 'ny fe ddysges i lawer iawn ganddo fe, nid yn unig am ddyfarnu ar y cae ond pwysigrwydd ymddygiad oddi ar y cae hefyd. Mae'n bwysig i ddyfarnwr ga'l ei barchu ar y cae ac oddi arno. Enghraifft o berson fel hyn odd yr unigryw Ray Gravell, a odd wastad yn codi'r ffôn i fy llongyfarch ar berfformiad da.

Ers cyrradd y brig fel dyfarnwr rwy hefyd yn gorfod neud

'yn siâr o redeg y llinell mewn rhai o'r gêmau mawr. Yn naturiol, mae'n well 'da fi ddyfarnu ond rwy'n sylweddoli bod gwaith y llumanwr yn rhywbeth mae'n rhaid i fi ei neud o bryd i'w gilydd. Ma'r canllawie ar gyfer y gwaith hwnnw'n wahanol wrth gwrs. Tra bo'r dyfarnwr yn gorfod canolbwyntio ar y whare sy'n digwydd yn ardal y bêl, a'i dilyn hi o gwmpas y cae fel rhyw fath o flaenasgellwr, dyletswydd y llumanwr yw cadw llygad ar yr hyn sy'n digwydd oddi ar y bêl, yn aml ar ôl i'r whare symud yn ei flân. Disgybleth arall mae'n rhaid i lumanwr ei meithrin, yn enwedig os yw e'n arfer dyfarnu ei hunan, yw osgoi'r demtasiwn o ddweud wrth y dyfarnwr beth ddyle fe fod yn ei neud. Hynny yw, ddyle fe ddim trio neud gwaith y dyfarnwr drosto fe. Gan gydnabod bod hynna weithe'n gallu digwydd heb yn wybod i rywun mae'n ffaith bod rhai dyfarnwyr, wrth redeg y llinell yn meddwl eu bod nhw'n well na'r boi yn y canol a taw y nhw ddyle fod yn dyfarnu'r gêm honno – gan greu diflastod mawr i'r dyfarnwr swyddogol druan! Ond mae Robert Yeman, trefnydd dyfarnwyr yr Undeb, yn trio sicrhau bob amser bod y swyddogion y bydd e'n eu rhoi i weithio 'da'i gilydd yn rhai mae e'n gwbod sy'n dod mlân yn dda 'da'i gilydd.

Fel llumanwr y ces i 'nghyflwyno i rygbi ar lefel uwch. Fe ges i redeg y llinell mewn gêm rhwng Pontypridd a'r Dynfant ar Heol Sardis, yng nghystadleuaeth yr hen Gwpan Heineken i dimau Cymru. Ro'n i'n ffaelu credu'r peth, y fi, crwt ifanc o Fynyddcerrig, yn mynd i mewn i stafell newid Pontypridd ac yn tsieco styds seren byd-enwog fel Neil Jenkins. Ond un anfantais sy gan lumanwr yw taw y fe, o raid, sy agosa at garfanau'r ddau dîm ac at y cefnogwyr. O ganlyniad y fe sy'n debyg o ddiodde fwya pan fo'r cefnogwyr hyn yn colli eu hamynedd pan nad yw'r gêm yn datblygu fel maen nhw eisie iddi. Gall hyn fod yn brofiad digon diflas.

Rwy'n cofio rhedeg y llinell rhyw bum mlynedd yn ôl yn Capetown, yn y gêm rhwng De Affrica ac Awstralia. Rodd dau o dîm hyfforddi Awstralia yn dilyn y gêm ar yr ystlys, y naill yn cario dŵr, a'r llall yn rhyw fath o ffisiotherapydd. Yn null arferol yr *Aussies* dodd dim stop ar eu conan nhw ac o ddechre'r gêm fe fuon nhw'n 'y nilyn i lan a lawr yr ystlys gan weiddi sylwadau fel, 'Watch the game, mate!' neu 'Why don't you tell the ref what's going on out there?' neu 'How come you didn't see that, then?' Yn y diwedd geso i lond bola a dyma fi'n troi at y boi dŵr a'i fygwth e yn Gymraeg, gan ddweud, 'Gwranda gw'boi, os na gaei di dy ben, fe stwffa i'r botel ddŵr 'na lan dy din di nes bo ti'n gweld sêr! Nawr bagla hi o 'ma'. Rodd yr olwg syn ar ei wyneb e'n werth ei gweld achos bod 'da fe ddim syniad pa iaith o'n i newydd ei thaflu ato. Ond fe ddeallodd y ddou ohonyn nhw'r neges yn iawn achos chlywes i ddim smic mas o'r naill na'r llall am weddill y gêm. Cofiwch, falle bod y boi dŵr, erbyn hyn, wedi dod i ddeall yn fras beth wedes i wrtho achos ei enw fe yw John Muggleton, hyfforddwr amddiffyn newydd y Sgarlets.

Ma'n rhaid i fi gyfadde mod i ar un achlysur yn gwbl ddigwilydd, wedi cymryd mantais o'r ffaith bod y llumanwr yn agos at ymyl y cae ac felly'n darged mwy hwylus na'r dyfarnwr i'r dorf. Ro'n i'n dyfarnu lan ym Mhontypridd ac yn ystod y gêm fe hwthes i lan am bàs mlân gan y tîm cartre. O edrych arni ar dâp wedyn dodd y bàs ddim mlân a dodd cefnogwyr Pontypridd ddim yn meddwl 'ny chwaith. Rodd 'na gythrel o le 'na, felly beth 'nes i, o ran diawlineb ac er mwyn achub 'y nghrôn yn hunan, odd edrych ar Colin Saunders, un o'r llumanwyr ac ynte'n ddyfarnwr profiadol ei hunan a gweiddi, 'Diolch yn fawr' a chodi 'mys bawd arno. Rodd y dorf bellach yn meddwl taw Colin odd wedi penderfynu bod y bàs mlân. Tynnodd hynny rywfaint o bwyse oddi arna i gan taw Colin odd gelyn penna'r dorf am weddill y gêm. Rodd e'n tampan am y digwyddiad pan gyrhaeddon ni 'nôl yn y stafell newid, ond ry'n ni'n dal yn ffrindie o hyd.

Rwy 'di ca'l ambell i brofiad cyffrous fel llumanwr ar y

lefel ucha, y rhan fwya ohonyn nhw oddi ar y cae. Rwy'n cofio mynd i Belfast ym mis Tachwedd 2007, yn un o dîm dyfarnu o bedwar, i redeg y llinell yng nghystadleuaeth Cwpan Heineken, yn y gêm rhwng Ulster a Chaerloyw. Nigel Whitehouse odd yn dyfarnu'r gêm ac rodd e'n Arolygwr gyda'r heddlu yn Abertawe – mae nodi'r gwahanol fathau o swyddi odd 'da'r tri arall yn bwysig i'r stori. Odd Barry Gregory, y dyfarnwr fideo ar gyfer y gêm, hefyd yn Brif Arolygwr gyda'r heddlu yng Nghaerdydd a Jonathan Mason, y llumanwr arall yn glerc y llys yn Llysoedd y Gyfraith yn Abertawe.

Yn ôl 'yn harfer fe ethon ni mas am bryd o fwyd gyda'n gilydd y nosweth cyn y gêm ac yna bythdi deg o'r gloch fe ethon ni 'nôl i Westy'r Hilton, lle ro'n ni'n aros, i ga'l un diod bach yn y bar cyn mynd i'r gwely. Rodd dau fachan mawr caled yr olwg, â'u penne wedi'u shafo'n eistedd wrth y bar ac ar ôl ychydig fe dda'th rhyw dri boi arall i mewn a dechre ymladd gyda nhw. A'th hi'n glatsio gwyllt ond pan ddechreuodd 'run mwya, y boi pen moel, gico un o'r lleill tra odd hwnnw'n gorwedd ar y llawr, fe benderfynodd 'cynrychiolwyr cyfraith a threfn' yn y cwmni y dylen nhw drio neud rhwbeth i stopo'r ffeit. Neidiodd Nigel a Barry i'w canol a chwifio'u cardiau warant swyddogol. Dyma'r boi pen moel yn craffu ar y cardiau, odd yn dynodi taw gyda'r heddlu yn Ne Cymru odd y ddau swyddog yn gweithio, a chyhoeddi, 'Those mean f*** are all over here!' ac ailddechre clatsio. Sdim dwywaith, rodd hi'n gas iawn ac ar un adeg rodd un o'r Gwyddelod yn bygwth dod â chadair lawr ar ben Nigel. Beth bynnag fe lwyddwyd i ga'l y criw i stopo ymladd ac i adel y gwesty. Bryd hynny fe benderfynes i ddod mas o'r tu ôl i'r bar, lle ro'n i wedi bod yn pipo ar yr hyn odd yn digwydd. Maes o law fe gyrhaeddodd yr heddlu a dyma Nigel yn disgrifio wrthyn nhw beth odd wedi digwydd. Fe gas e wybod yn y man bod y ddou foi penne moel wedi bod yn aelode blaenllaw o'r IRA.

Y bore wedyn dyma'r heddlu'n cysylltu unwaith eto i ddweud bod yr ymladd y noson gynt wedi parhau ar un o'r stade tai gerllaw a bod y boi pen moel mwya wedi ca'l ei drywanu'n ddrwg. Rodd dyn arall wedi ei gyhuddo o drio'i lofruddio ac o ganlyniad rodd yr heddlu yn awyddus i'r pedwar ohonon ni roi datganiad yn disgrifio beth odd wedi digwydd yn y bar y noson cynt. Fe gytunodd y tri arall ond fe benderfynes i beidio. Y rheswm do'n i ddim am roi datganiad odd y ffaith mod i'n lico ca'l awr neu ddwy o gwsg yn y pnawn, cyn y gêm gyda'r nos. Gan fod yr heddlu am ddod i'r gwesty yn y pnawn i ga'l datganiad fyddwn i ddim yn ca'l cyfle i ga'l cwsg, felly dyma fi'n mynd 'nôl i'r gwely, rhoi'r ffôn off yr *hook* a dodi'r garden 'Do Not Disturb' ar y drws. Rwy'n falch iawn i fi neud 'ny achos glywes i wedyn bod yr heddlu wedi dweud wrthyn nhw am beidio â becso, os bydde rhaid i'r tri ddod 'nôl i Belffast fel tystion, y bydden nhw'n ddigon bodlon rhoi *police protection* iddyn nhw!

Dro arall, ro'n i a Derek Bevan yn llumanwyr a Paul Adams yn ddyfarnwr mewn gêm rhwng Orrell a Toulon. Ro'n ni'n tri'n aros yn Widnes, a'r noswaith ar ôl y gêm ro'n ni'n digwydd bod mewn tafarn lle rodd 'na fynd mawr ar ganu *karaoke* a finne wrth 'y modd. Fe geson ni noswaith hwyliog iawn ac ar y ffordd 'nôl i'r gwesty ro'n i'n teimlo bo rhaid i fi ga'l rhywbeth i fyta. Dodd dim whant bwyd ar y ddou arall felly fe ethon nhw o 'mlân i, tra mod i'n whilo am le i ga'l kebab. Pan gyrhaeddes i 'nôl rodd drws ystafell Paul, odd gyferbyn â'n un i, ar agor a dyma fi'n mynd mewn i ga'l gair gydag e, ond erbyn hyn rodd e wedi cwmpo i gysgu. Ac erbyn hynny, ar ôl ca'l kebab eitha hallt rodd syched arna i, felly pan weles i bod glased o ddŵr potel wrth ochr gwely Paul fe lynces i fe'n glou cyn mynd i glwydo 'yn hunan. Pan alwes i arno fe'r bore wedyn rodd e ar ei bedwar yn whilo am ei contact lensys. 'Where did you put them last night then?' holes i. 'I left them in this glass of water,' medde fe. 'O God!' medde fe wedyn, 'I know what I must have done. I probably took a drink in the night from that glass and swallowed the lenses!' Wedes i ddim gair wrtho fe ar y pryd ond fe 'nes i gyfadde yn ystod anerchiad mewn cino rygbi rai blynyddodd wedyn taw y fi odd yn euog o lyncu ei lensys e. A cyn i chi ddechre neud rhyw sylwadau amharchus am ddyfarnwyr sy'n ffaelu gweld, fe ddylen i ddweud bod Paul wedi dyfarnu ei gêm nesaf yn gwisgo'i sbectol. A'r gêm nesaf i fi odd y gêm ore i fi ei dyfarnu eriôd achos ro'n i'n gallu gweld pethe o'r ddau ben! Nath un wharaewr ddweud wrtha i, 'Arglwydd, Nigel, o's llyged 'da ti yn twll dy din, achan?' Bach iawn odd e'n gwbod fod hynny'n eitha gwir yn y gêm arbennig 'na!

Rwy'n cofio 'nhaith dramor gynta fel aelod o dîm dyfarnu a'r rheswm am hynny yw taw dyna pryd y cawson ni'r croeso cynhesa rwy eriôd wedi'i ga'l ar 'y nheithie rygbi. Aeth Huw Watkins, Derek Bevan a fi i Rovigo yn yr Eidal i ofalu am y gêm rhwng y tîm cartre a Bedford yng nghystadleuaeth y Cwpan Heineken. Ches i ddim dechre rhy dda i'r daith. Fel y llumanwr dibrofiad, fi gas y gwaith o gario'r cas metel odd yn dala'r baneri a'r offer cyfathrebu electronig y bydden ni'r swyddogion yn eu defnyddio yn ystod y gêm. Wrth i fi gerdded mas o adeilad maes awyr y Rhws ar draws y tarmac at yr awyren, fe halodd Huw a Derek fi, o ran diawlineb, i'r cyfeiriad anghywir ac at ryw awyren arall odd yn sefyll 'na. Nawr mae'r cas ro'n i'n cyfeirio ato'n edrych yn debyg iawn i'r hyn mae lladdwrs proffesiynol yn ei ddefnyddio i gario dryll ac mae'n siŵr 'da fi mod i'n edrych yn debyg iawn i un ohonyn nhw'n cerdded ar draws y rynwe. Mewn dim o amser rodd dau foi diogelwch wedi gafel amdana i a mynd â fi naill ochor gan feddwl mod i'n rhyw fygythiad mawr. Fe lwyddes i'w perswado mod i'n ddigon diniwed ond nid cyn i fi ga'l darlith a hanner am fod mor ddiofal. Yn ystod hyn i gyd fe gafodd y cyfeillion Watkins a Bevan fodd i fyw.

O'r funed gyrhaeddon ni Rovigo fe wnaeth cynrychiolwyr y Clwb 'yn trin ni fel tywysogion. Halon nhw gar swyddogol i'n codi ni yn y maes awyr ar y nos Wener i fynd â ni gynta i'n gwesty ac yna i wledd anhygoel mewn tŷ bwyta lleol, ar gyfer swyddogion y ddau glwb a ninne'r tîm dyfarnu. Buon ni'n bwyta o tua 8.30 tan wedi deuddeg o'r gloch, rhyw ugain cwrs i gyd a'r prif gwrs yn rhywbeth na flases i cynt na wedyn, sef paun (*peacock*). Yna, cyn mynd gartre, fe gawson ni'n tywys i siop chwaethus i brynu anrhegion ar gyfer 'yn teuluoedd ni a fe ges i boteled o whisgi ffein i 'Nhad. Ond fe fynnodd swyddogion Rovigo unwaith eto taw y nhw odd yn talu am y cyfan. Yn y dyddiau 'ny rodd cymryd rhan mewn cystadleuaeth o safon yr Heineken yn brofiad newydd i glwb fel Rovigo, felly ro'n nhw siŵr o fod am neud argraff drwy 'yn trin ni'r swyddogion, y gwrthwynebwyr a'r tîm dyfarnu yn arbennig o dda. Eto mae'n rhaid dweud bod y croeso'n dal yn gynnes iawn o hyd pan fues i 'na rai blynyddoedd wedyn.

Ma'r cymdeithasu gydag aelodau erill o'r tîm dyfarnu pan fyddwn ni'n mynd bant o gartre yn rhywbeth dwi'n ei fwynhau'n fawr iawn. Y drefn fel arfer ar ddiwrnod y gêm yw ymlacio dros ddisgled o goffi yn y bore, neu dros ginio ysgafn os taw yn y nos y bydd hi'n ca'l ei whare. Ma hynna'n rhoi cyfle, os taw fi fydd y dyfarnwr, i ga'l rhyw sgwrs fach gyda'r ddau lumanwr ynglŷn â beth yn arbennig bydda i'n dishgwl iddyn nhw neud yn ystod y gêm. Ma pob dyfarnwr yn wahanol o ran y ffordd mae e am i'w lumanwyr redeg y llinell. Y math o beth y bydda i'n gofyn iddyn nhw 'neud yn benodol, yn enwedig pan fydd 'na dipyn o hanes rhwng y ddou dîm, yw cadw llygad ar beth sy'n digwydd y tu ôl i 'nghefen i, neu i gadw golwg ar y ddwy reng flân ar yr ochr dywyll i fi o'r sgrym. Fe fydda i'n eu sicrhau nhw wedyn y gwna i weithredu os gwnan nhw dynnu'n sylw at unrhyw weithred anghyfreithlon sy'n digwydd.

Pan fydda i'n dyfarnu gêmau lleol fe fydda i'n lico cyrradd y cae rhyw awr cyn y gic gynta. Ond ar gyfer y gêmau mawr fe fydda i'n neud yn siŵr mod i 'na rhyw awr a hanner cyn i'r gêm ddechre. Fe fydda i wedi ymlacio yn y gwesty cyn y gêm ac os na fydd hi'n dechre tan amser te fe fydda i'n lico ca'l rhyw awr o orffwys yn y prynhawn. Fe fydda i'n ca'l rhywbeth i'w fyta am y tro ola fel arfer rhyw dair awr cyn mynd i'r maes. Fe fydd hynna'n frecwast hwyr os yw'r gêm yn y prynhawn neu'n ginio ysgafn hwyr os taw gêm gyda'r nos yw hi. Ond, ble bynnag y bydda i'n aros a pha amser bynnag y bydd y gic gynta, 'y mhryd bwyd i ar ddiwrnod y gêm bob amser yw *sandwich* wy wedi'i ffrio. Fe ddechreuodd yr arfer 'ny pan o'n i'n byw gartre gyda Mam ac mae e wedi para hyd heddi.

Y drefen yn y stadiwm wedyn yw ca'l golwg ar y cae, tynnu'r togs a'r dillad mas o'r bag ac yna, yng nghwmni'r ddau lumanwr fel arfer, mynd i siarad â'r timau yn y stafelloedd newid. Fe fydda i hefyd yn amal yn neud pwynt o ga'l gair gyda'r ddwy reng flân ac yn eu hatgoffa nhw'n arbennig am y rheole yn y sgrym, rheole sy'n trio sicrhau eu diogelwch ac osgoi unrhyw ddamwain ddifrifol iddyn nhw. Bydda i'n esbonio'r drefen wedi eu ca'l nhw at ei gilydd, sef *Crouch, Touch, Pause, Engage*, a bod saib rhwng pob gair. Pan glywan nhw'r chwiban, rhaid stopio'r gwthio ar unwaith. Yn hynna o beth fe fydda i'n pwyso arnyn nhw i roi sylw i'r pedwar gorchymyn y bydda i'n eu rhoi cyn iddyn nhw ymrwymo yn y sgrym ac yn pwysleisio'n arbennig yr angen iddyn nhw hwpo sha mlân, yn hytrach na sha lawr neu sha lan ac i feindo'n gywir. A dweud y gwir, mae'n ofynnol arnon ni ddyfarnwyr i neud hyn o dan y drefen bresennol. Ond, gan mod i'n dyfarnu rhai timau rhyw beder neu bump gwaith y tymor, do's dim angen dweud hyn i gyd bob tro. Fe fydda i hefyd yn ca'l gair gyda'r ddau gapten ond rwy 'di ffindo taw gore po leia bydda i'n ei ddweud wrthyn nhw cyn y gêm ynglŷn â beth fydda i fel dyfarnwr yn mynd i'w neud, neu ddim yn mynd i'w neud. Achos mae'n eitha posib, ynghanol cyffro'r gêm, y gallwn i anghofio pa addewidion ro'n i wedi'u gneud yn y stafell newid. A'r peth diwetha rwy isie yw capten hollwybodus yn 'y nghyhuddo i yn ystod y whare o dorri 'ngair.

Ma rhai dyfarnwyr yn lico areithio'n hir gan annerch weithie yn eu tro y ddau dîm cyfan. Mae'r cymeriad hoffus Huw F. Lewis yn un sy'n lico neud hyn. Ond rwy'n cofio fe'n dod mas o'r stafell newid un tro, ar ôl araith o ddeng muned, gan achwyn wrtha i, a finne'n llumanwr y diwrnod 'ny, nad odd y tîm dan sylw wedi rhoi unrhyw sylw i beth odd e wedi'i ddweud. Fe wedes i wrtho fe nad odd dim rhyfedd bod hynna wedi digwydd achos taw Tîm Byddar Cymru a Thîm Byddar Seland Newydd odd y ddau dîm y diwrnod hwnnw! Ma Huw yn gymeriad annwyl sy wedi dod â gwên i'r wyneb sawl gwaith.

Ma 'na sôn amdano'n mynd i Ravenhill i ddyfarnu gêm rhwng Iwerddon a Ffrainc rhyw wythnos ar ôl Cytundeb Heddwch Dydd Gwener y Groglith. Rodd Ian Paisley, a hwnnw wrth gwrs yn ffyrnig yn erbyn y Cytundeb, wrthi'n ca'l pryd o fwyd yn y gwesty rodd Huw yn aros ynddo. Fe alwodd un o swyddogion dyfarnwyr Undeb Rygbi Iwerddon am Huw, er mwyn ei hebrwng i'r gêm. Dyma fe'n sylwi ar Ian Paisley ac yn cynnig cyflwyno Huw iddo, yn enwedig gan fod brawd y gwleidydd enwog wedi bod yn weinidog yng Nghymru. Ar ôl y cyflwyniad agoriadol rodd na gyfnod lletwith o dawelwch, felly dyma Huw, er mwyn torri ar y distawrwydd, yn dweud wrth Ian Paisley, 'You must be very pleased that you've reached agreement here in Northern Ireland'. Mae'n debyg ei fod e bron â bosto pan glywodd e eiriau Huw, gan weiddi, 'Pleased! Pleased! The matter hasn't finished yet by a long chalk!' Felly bant â Huw i'r gêm ar ôl ypseto'r cart a'r heddwch unwaith yn rhagor.

O ran yr hyn bydda i'n ei neud cyn gêm mae hawl gyda hyfforddwyr, neu unrhyw wharaewr, i ga'l gair 'da fi pan fydda i'n mynd i'r stafell newid, ond dim wedyn ar ôl yr ymweliad hwnnw. Wedyn, am ychydig ar ôl gadael stafelloedd newid y wharaewyr, fe fydda i'n lico gwrando'n dawel ar gerddoriaeth ar y teclyn iPod sy 'da fi, cyn mentro mas i ffau'r llewod.

Fe fydd rhai hyfforddwyr yn ceisio dod ata i ar hanner amser er mwyn ceisio dylanwadu arna i cyn yr ail hanner, ac fe fydd rhai jyst am ofyn oes rhywbeth y dyle fe ddweud wrth ei wharaewyr. Er mod i'n folon ̇gwrando ar gŵyn unrhyw hyfforddwr hanner amser, fyddwn i byth yn gadel iddyn nhw ddylanwadu arna i mewn unrhyw ffordd. Mae'n rhaid derbyn ambell bwynt ond bydda i'n mynd mas i ddyfarnu'r ail hanner heb i'r hyn gath ei ddweud yn ystod hanner amser liwio 'mhenderfyniade. Fel arfer fe fydd cynrychiolwyr y ddau dîm yn siŵr o drio tynnu'n sylw i at y ffordd y bydd eu gwrthwynebwyr yn torri'r rheole a thrio 'nhwyllo i fel dyfarnwr.

PENNOD 8

Ar y Brig

Y GÊM GYNTA GES i fel dyfarnwr proffesiynol odd yr un rhwng Abertawe a Chaerffili ar gae Sain Helen, ym mis Hydref 2001, yng Nghynghrair Cymru a'r Alban, a dyna'r tro cynta hefyd i fi ddyfarnu ar y lefel arbennig honno. Ro'n i ychydig bach yn nerfus, fel y bydda i bob tro rwy'n dyfarnu am y tro cynta ar ryw safon arbennig. Ac ro'n i'n falch y diwrnod hwnnw o ga'l dau lumanwr odd yn ffrindie da ac yn gefnogol iawn i fi, sef Nigel H Williams, dyfarnwr rhyngwladol o'r safon ucha ac sydd yn dal i gynnig gair o gyngor a chymorth hyd heddiw, a Mark Sayers, dyfarnwr profiadol o Lanelli. Falle bod y ffaith fod Clive Norling, rheolwr y dyfarnwyr ar y pryd, yn gwylio a Robert Yeman fel aseswr, wedi 'ngwneud i ychydig bach yn fwy nerfus nag arfer y diwrnod hwnnw. Rodd e'n ddiwrnod pwysig hefyd i Gavin Henson gan 'i fod e'n ymddangos yn nhîm Abertawe am y tro cynta. Fe gafwyd adroddiad yn un o'r papurau newydd y diwrnod wedyn gan George Williams, newyddiadurwr ar y *Western Mail* sydd yn ddyn hynaws ac yn newyddiadurwr teg yn fy marn i, yn cyhoeddi, gan gyfeirio at Henson, bod seren newydd wedi ymddangos ymhlith wharaewyr y gêm yng Nghymru. Ond yr hyn roiodd bleser arbennig i fi odd y frawddeg dda'th nesa'n dweud bod seren newydd wedi ymddangos ymhlith dyfarnwyr y gêm yn ogystal.

Ond fe alle honna'n hawdd fod wedi bod yn stori hollol wahanol. Yn ystod y gêm fe ddalodd asgellwr Abertawe, Mathew Robinson, gic uchel y tu ol i'w llinell gais ei hunan a galw am y marc, fel rodd pob hawl 'da fe i neud. Dyma fe'n cymryd cic fach fer, gyflym trwy'r marc, tirio'r bêl y tu ôl i'r llinell gais, rhedeg fel mellten am y llinell 22 metr, cymryd cic adlam lan y cae i ailddechre'r whare a chwrso ar ôl y bêl. Dodd dim un o wharaewyr Caerffili 'nôl yn amddiffyn a dodd neb i rwystro Robinson, petai e wedi ca'l cario mlân, rhag codi'r bêl a chroesi am gais. Ond cyn iddo fe fynd yn rhy bell fe hwthes i'r chwiban a'i alw fe 'nôl... ond ar y pryd dodd dim syniad 'da fi pam 'nes i 'ny, dim ond mod i'n teimlo nad odd rhywbeth yn iawn. Dyma gapten Abertawe, Scott Gibbs, a Robinson yn dod ata i a gofyn beth odd o'i le. Nawr, allen i ddim cyfadde mod i ddim yn gwbod, felly fe ddwedes i'n gloi mod i ddim wedi gweld yr asgellwr yn cico'r bêl trwy'r marc. Diolch byth, fe dderbynion nhw'r esboniad ac ar ôl mynd gartre a phori yn y llyfr rheole fe ffindes i mod i wedi gneud y penderfyniad iawn. Mae'n debyg bod y bêl yn farw ar ôl i Robinson alw am y marc ac os odd e'n ailddechre'r whare drwy gymryd y gic ac yna yn tirio'r bêl, ac ynte'n dal y tu ôl i linell gais ei dîm, sef Abertawe, yna dyle hi fod yn sgrym bum metr i Gaerffili. A dyna ddigwyddodd ar y pryd.

Ma'r teimlad o 'beth gythrel sy'n digwydd nawr?' wedi 'nharo i ambell waith ers 'ny hefyd. Fel arfer bydd e'n digwydd ar ôl toriad am gyfnod ar rediad y whare oherwydd anaf neu eilyddio ac am eiliad neu ddwy fe fydda i'n ei cha'l hi'n anodd cofio yn gwmws pam ro'n i wedi hwthu am sgrym jest cyn y toriad. Rwy'n cofio hynna'n digwydd unwaith, yn dilyn anaf, mewn gêm rhwng Caerlŷr a Dreigiau Gwent, yng nghystadleuaeth Cwpan yr EDF. Dodd dim syniad 'da fi pam ro'n i wedi hwthu am sgrym ychydig funude ynghynt ac rodd Austin Healy, mewnwr Caerlŷr, wedi synhwyro mod i mewn penbleth. 'Whose ball, ref?' medde fe gan feddwl ei fod e'n mynd i neud strocen fach drwy 'yn nala i mas. 'Ours,' medde fi, gan gyfeirio at dîm y Dreigie – gan wbod y bydde hynna'n ei gorddi fe ac yn ei fwrw fe oddi ar ei echel. Fel y bydde rhywun yn disgwyl, a'th Healy ar y teledu'r diwrnod wedyn, gan adrodd y stori honno fel enghraifft o'r ffaith nad odd 'y dyfarnwr o Gymru' wedi bod yn ddiduedd.

Fues i eriôd yn hoff iawn o'i agwedd e ar y cae gan ei fod e bob amser yn clebran yn ddi-baid ac yn trio ca'l y gore ar y dyfarnwr er mwyn dangos ei hun yn glefyr. Ma rhai erill yn enwog am glebran, fel Laurence Dallaglio ac Agustín Pichot, ond ro'n nhw'n fois teidi fel arall ac rodd parch 'da fi iddyn nhw. Wharaewr mae'n bleser 'i ddyfarnu wastad yw John Hayes, prop Munster ac Iwerddon. Fel aelod o'r rheng flân fe fydde fe'n ca'l ei gosbi'n aml ond, yn wahanol i'r mwyafrif llethol o'r frawdoliaeth honno, fydde fe byth yn achwyn, byth yn ateb 'nôl, na byth yn trio'r rhoi'r bai ar rywun arall. Dyw e ddim chwaith wedi ca'l y clod mae'n ei haeddu fel wharaewr, yn enwedig o ystyried rhai agwedde ar y gêm na fyddan nhw'n ca'l llawer o sylw gan y beirniaid. Y fe, i fi, yw un o'r 'codwrs' gore yn y llinell, sy bellach yn rhan mor bwysig o'r gêm fodern.

Rodd rhyw bresenoldeb 'da Laurence Dallaglio ac, fel George Gregan a Martin Johnson, rodd e'n arweinydd ardderchog. Rodd e wastad yn lico trio dylanwadu ar y dyfarnwr, yn enwedig un dibrofiad, ond rodd modd dod i nabod ei steil e. Bydde fe bob amser, ar ôl troseddu, yn ymddangos fel petai'n edifar iawn ganddo ac yn trio rhoi'r argraff nad odd e ddim wedi bwriadu troseddu. Rodd e'n gobitho y bydde hynna'n ca'l effaith ar y dyfarnwr ac yn wir, rwy'n ei gofio fe'n 'y nhwyllo i mewn gêm rhwng Wasps a Toulouse yn y Cwpan Heineken. Rodd y Ffrancod wedi bod yn pwyso ar linell gais y Wasps pan a'th Dallaglio i mewn o'r ochr a lladd y bêl. Finne'n hwthu am gic gosb i Toulouse ac ynte'n ymddiheuro'n syth, 'Sorry Ref, I thought the ball was out' gan neud i fi oedi digon rhag rhoi carden felen iddo, er ei fod yn haeddu un. Achos yr eiliad wedyn ro'n i'n gallu gweld wrth ei wyneb ei fod e'n gwbod yn iawn bod y bêl heb ddod mas. Rodd honno'n wers bwysig i fi achos o hynna mlân rwy wedi gweithredu ar y ddealltwriaeth nad oes dim llawer yn digwydd heb fod y wharaewyr, sdim ots pwy y'n nhw, yn gwbod yn gwmws beth maen nhw'n 'i neud pan fyddan nhw'n troseddu. Cofiwch, mae e, Dallaglio, wedi ca'l y garden felen gen i gwpwl o weithe wedi'r gêm 'ny, felly da'th e bant â hi allan yn Toulouse ond ddim wedyn. Pan 'nes i 'i ddyfarnu fe wedyn, rodd e'n gwbod yn iawn pwy odd *in charge*.

Rwy wedi cyfeirio eisoes at y ffaith bod y gêmau ro'n i'n eu dyfarnu fel dyfarnwr proffesiynol gymaint yn gyflymach a bod gofyn i fi fod yn ffitach ar eu cyfer nhw. Ma'r Undeb wedi gneud yn siŵr 'yn bod ni'n ddigon ffit hefyd, achos fe fyddwn ni, fel dyfarnwyr proffesiynol – fi a James Jones, ynghyd â Tim Hayes sydd ar banel rhyngwladol y llumanwyr ar hyn o bryd – yn ca'l prawf ffitrwydd bedair gwaith y flwyddyn. Fel yr unig ddyfarnwr o Gymru sy ar hyn o bryd ar banel rhyngwladol yr IRB, fe fydd Huw Wiltshire yn ystod y prawf yn mesur 'y mherfformiad i, gyda rhyw bedwar math gwahanol o brawf rhedeg, er mwyn sicrhau bod 'y nghyflymder i a 'nycnwch i o'r safon angenrheidiol. Rwy'n llwyddo'n eitha da bob tro ond rwy'n cyfadde nad ydw i cweit mor ffit ag ro'n i pan es i'n broffesiynol rhyw saith mlynedd yn ôl. Ma henaint yn dechre dangos ei ddannedd. Rodd mynd yn broffesiynol hefyd yn golygu bod y meddwl yn gorfod bod yn siarpach. Gan fod y whare'n gyflymach rodd llai o amser 'da'r dyfarnwr i feddwl cyn neud penderfyniad. Hefyd rodd hi'n bwysig nawr mod i nid yn unig yn gweld beth odd yn digwydd o 'mlân i ond mod i hefyd yn *rhagweld* beth odd yn debygol o ddigwydd a mod i yn y man iawn ar ei gyfer e. Ma'r ddawn 'ny 'da fi o hyd gobitho.

Trwy lwc, ychydig o gêmau rwy wedi gorfod eu colli oherwydd anafiade ers troi'n broffesiynol – rhyw un neu ddwy falle. Serch hynny, fe ddysges i rai blynyddoedd yn ôl ei bod hi'n well gwrthod dyfarnu gêm yn hytrach na gneud a finne heb fod yn holliach. Rwy'n cofio dyfarnu yn Connacht wedi i fi fod yn achwyn gyda cefen tost, problem sy'n gallu codi yn sgil yr holl ddreifo, hedfan, eistedd mewn meysydd awyr a chysgu mewn gwelyau dieithr ry'n ni ddyfarnwyr yn gorfod 'i neud o wythnos i wythnos. Yn ystod y gêm fe waethygodd y cefen yn ofnadw a finne yn ei cha'l hi'n anodd withe i gyrradd y whare'n ddigon clou. O ganlyniad, fe effeithiodd yr anaf ar 'y mherfformiad i ac fe ges farcie isel gan yr aseswr am y gêm honno. Fe ddysges bryd 'ny, mae'n well peidio dyfarnu gêm pan na fydda i'n holliach, achos dyw hi ddim yn bosib i fi neud cyfiawnder â fi'n hunan ac yn bwysicach byth cyfiawnder â'r wharaewyr a'r gêm.

Wrth gwrs, mae anafiadau ar y cae'n gallu bod yn hunlle, yn enwedig i ddyfarnwr sy heb fod o gwmpas ei bethe. Pryd bynnag mae damwain gas yn digwydd yn ystod gêm gall whare ar feddwl y dyfarnwr ac ynte, er na fydd falle ddim bai arno, yn holi ei hunan a fydde fe wedi gallu neud rhywbeth i arbed niwed i'r wharaewr druan. Ma gofyn i'r dyfarnwr ymateb ar unwaith pan fydd 'na ddamwain gas, gan neud yn siŵr yn gynta bod y bobol sy'n tendo'r sawl gafodd niwed yn gwbod yn gwmws beth maen nhw'n 'i neud. Yn aml iawn mae ymateb y wharaewyr eraill yn arwydd o ba mor ddifrifol yw'r anaf. Dro arall mae'r anaf mor erchyll fel nad o's dim rhaid i'r dyfarnwr betruso dim, fel yn achos y niwed gafodd blaenasgellwr y Gleision, Robin Sowden Taylor, y llynedd, mewn gêm yn erbyn y Gweilch, odd yn fyw ar S4C, a finne'n dyfarnu ar y pryd. Yn gynta, fe glywes i'r glec wrth i asgwrn ei bigwrn dorri ac yna fe weles i ar unwaith fod ei dro'd e'n wynebu'r ffordd anghywir – yn wynebu am yn ôl. Fe welodd cynhyrchwyr y rhaglen deledu'n dda, diolch byth, i beidio ag ailddangos y digwyddiad. Dyna un o'r anfiade gwaetha rwy wedi ei weld mewn gêm y bues i'n ei dyfarnu.

Eto, digwyddodd yr anaf a achosodd yr ofon mwya i fi flynyddoedd yn ôl a finne, yr adeg 'ny'n arfer dyfarnu llawer o gêmau rhanbarthol i ysgolion, fel cystadleuaeth Tarian Dewar i ddisgyblion o dan 15. Rwy'n mwynhau edrych yn ôl, hyd yn oed heddi, ar hen raglenni o'r cyfnod a sylwi pwy o blith y wharaewyr 'ny a'th mlân i whare rygbi dosbarth cynta, ac yn fwy diddorol falle, faint ohonyn nhw na chlywson ni sôn amdanyn nhw byth wedyn. Un diwrnod ro'n i'n dyfarnu gêm rhwng tîm Mynydd Mawr a Gogledd Cymru. Yn dilyn sgrym, sylwes i bod prop yr ymwelwyr yn nhîm Gogledd Cymru, crwt o Fachynlleth, yn gorwedd yn hollol lonydd ar y llawr. Ro'n i'n meddwl yn siŵr ei fod e wedi torri ei wddwg, felly dyma stopo'r gêm ar unwaith a cha'l ambiwlans ato yn weddol glou, a'i gludo i'r ysbyty. Ma gweld bachgen ifanc mewn shwd gyflwr yn rhoi tipyn o sgytwad i rywun. Fe sgrifennes i ato beth amser wedyn a holi shwd odd e'n dod mlân. Fe ges i ateb 'nôl ganddo yn diolch i fi am drafferthu i sgrifennu ac yn cyfleu'r newydd da nad odd yr anaf gynddrwg ag odd pobol wedi ei ofni ar y dechre. Yn wir, rodd e'n teimlo'n ddigon da i ddechre meddwl am whare rygbi unwaith eto.

Gyda wharaewyr ifanc y ces i rai o 'mhrofiade dyfarnu cynnar ar lefel ryngwladol. Rhyw flwyddyn cyn i fi droi'n broffesiynol fe fues i'n dyfarnu'r gêm derfynol yng Nghystadleuaeth Cwpan y Byd dan 19 oed, rhwng De Affrica a Seland Newydd, mas yn Treviso. Rodd hi'n gêm agored, gyda'r Crysau Duon yn ennill o 42-20, diolch yn rhannol i berfformiad gwych gan faswr o'r enw Luke McCallister, a dda'th yn ddraenen yn ystlys sawl tîm ar y lefel hŷn wedi hynny. Ro'n i'n teimlo mod i wedi ca'l gêm eitha da ac yn wir fe ges i farciau uchel gan yr aseswr. Rodd hynna, falle, yn un rheswm pam y ces i wahaoddiad y flwyddyn wedyn i ddyfarnu yng Nghystadleuaeth Cwpan y Byd dan 21 oed yn Johannesburg. Y fi odd y dyfarnwr yn y gêm gynderfynol rhwng De Affrica ac, unwaith eto, Seland Newydd ac mae'n rhaid cyfadde taw dyna un o'r gêmau mwya cyffrous a mwya caled y bues i'n ei dyfarnu erioed. Fe gafodd ei whare mewn stadiwm prifysgol ar bwys Johannesburg gyda thorf enfawr yn ei gwylio. Enillodd De Affica o 19 i 17 ac rodd pawb mas 'na'n canmol y gêm i'r cymyle, gan gynnwys y wasg y diwrnod wedyn, odd yn fawr eu canmoliaeth nid yn unig i safon y whare ond hefyd i berfformiad y dyfarnwr. Fe fydde hi'n stori wahanol tasen nhw wedi colli, rwy'n siŵr, achos dw i ddim yn meddwl, o ran y byd rygbi, fod pobol unrhyw wlad arall yn lico ennill cymaint ag maen nhw yn Ne Affrica.

Dyna'r tro cynta i fi fod yn Ne Affrica, ac rodd treulio tair wythnos yno'n dyfarnu yng Nghwpan y Byd dan 21 oed yn brofiad bythgofiadwy, ac yn brofiad nath fy rhoi ar stepen gynta'r ysgol ryngwladol. Er mor braf odd mynd i lefydd fel Sun City a mwynhau holl atyniade'r wlad unigryw honno, fel ymweld â bywyd gwyllt Parc Cenedlaethol Kruger, eto i gyd anghofia i byth y golygfeydd o'r *shanty towns* wrth deithio o faes awyr Johannesburg i'r gwesty. Gweld plant ifanc yn begera am fwyd, dillad neu arian ar ochr y stryd. Mae'r wlad wedi symud mlân cymaint ers cyfnod apartheid, ond sdim dowt bod lot o waith i'w neud o hyd i godi safonau byw y tlodion hyn. Arhosodd sawl golygfa yn 'y nghof i ers i fi dreulio amser yn Ne Affrica, ond yn ddi-ddadl yr hyn nath yr argraff fwya odd y *shanty towns* a'r bobol yn gorfod byw yno o dan y fath amode.

Fe ddychweles i yno ychydig fisoedd wedyn er mwyn rhedeg y llinell yn un o'r gêmau yng nghystadleuaeth y Tri Nations. Yn y cyfamser rodd rhyw gefnogwr dwl wedi rhedeg ar y cae yn ystod y gêm a gâi ei dyfarnu gan David McHugh gan ymosod arno. Y canlyniad odd bod pwyslais mawr ar ddiogelwch y swyddogion erbyn i ni gyrradd ar gyfer y Tri Nations. Do'n ni ddim yn ca'l mynd i unman, hyd yn oed o fewn y gwesty, heb fod swyddogion diogelwch anferth yn ein gwarchod. Rwy'n cofio mynd i neud ychydig o ymarferion ffitrwydd yn y *gym* rhyw fore ac, yn ôl y disgwyl, fe dda'th un o'r swyddogion diogelwch hefyd gyda fi ac ynte fel finne'n newid i wisgo dillad pwrpasol cyn gneud yr ymarferion. Ond beth halodd ofan arna i odd clywed rhyw sŵn trwm pan darodd ei got lawr wrth 'yn ochr i ar y fainc yn y stafell newid a ffindo bod 'da fe gythrel o ddryll mawr yn ei boced! Rwy'n cofio teimlo'n eitha digalon bryd 'ny o sylweddoli gymaint odd y byd dyfarnu wedi newid. Ond mae'n dda dweud bod pethe wedi tawelu mas 'na nawr a bod yr angen am ddryllie i warchod dyfarnwyr a llumanwyr wedi diflannu.

Rodd tipyn o waith dod i arfer â'r mathau gwahanol o offer odd ynghlwm â'r oes ddyfarnu broffesiynol, sef y dechnoleg gyfathrebu. Profiad newydd odd gallu clywed sylwadau a chyfarwyddiadau gan y llumanwyr yn 'y nghlust, a nhwythe'n gallu sirarad â fi'r dyfarnwr trwy gyfrwng teclyn ar y lluman ro'n nhw'n ei gario. Dodd y system ddim yn berffaith ac rodd hi'n torri lawr o bryd i'w gilydd. Rwy'n cofio hynna'n digwydd lan ym Mhontypŵl mewn gêm yn erbyn Bedwas. O ganlyniad fe ofynnes i i'r ddau lumanwr droi nôl at yr hen system o arwyddo gyda'u dwylo pan o'n nhw isie tynnu'n sylw i at rywbeth arbennig, ond gan eu siarso nhw i neud hynny'n dawel ac yn ddiffwdan. Ychydig cyn hanner amser fe groesodd Bedwas linell y tîm cartre ar ôl pas ola braidd yn fflat, odd serch hynny yn 'y marn i heb fod mlân. Felly dyma fi'n rhoi'r cais. Yn y cyfamser rodd un o'r llumanwyr, Phil Fear, yn dal i sefyll nôl ar linell dwy ar hugain Pontypŵl, ac wedi dechre neud arwyddion ffyrnig 'da'i freiche i ddangos bod y bas mlân. Ond do'n i ddim yn meddwl bod y bas mlân felly chymeres i ddim sylw ohono fe. Nawr fe welodd y cefnogwyr cartre arwyddion Phil ac rodd lle y cythrel 'da nhw am mod i wedi'i anwybyddu fe ac wedi caniatáu'r cais. Ro'n nhw am 'yn lladd i pan gerddes i oddi ar y cae ar hanner amser.

Erbyn hyn mae'r dechnoleg wedi gwella tu hwnt ac mae'r system gyfathrebu, gyda meicroffonau yn cysylltu'r dyfarnwr, y llumanwyr a'r dyfarnwr fideo, yn eitha soffistigedig. Ond, wrth gwrs, pan fydd gêm yn ca'l ei darlledu mae'r dyfarnwr yn gorfod gwisgo meicroffon ychwanegol sy'n galluogi pawb gartre i glywed beth mae e'n ei ddweud. Gall y drefn yna fod yn eitha danjeris, yn enwedig os yw'r dyfarnwr, fel fi, yn un fydd yn gollwng ambell i reg o bryd i'w gilydd.

Rwy'n cofio'n iawn y tro cynta ro'n i'n ddyfarnwr mewn gêm fyw ar y teledu, a hynny am y rhesyme anghywir. Rodd

Pontypridd yn whare Glasgow lan yn Heol Sardis ar nos Sadwrn, gydag S4C yn ei dangos hi. Rodd hi fod i ddechre am whech o'r gloch ond rodd y tywydd mor wael fe ges i alwad ffôn yn gofyn i fi fynd i ga'l golwg ar y cae am ddau o'r gloch. Bryd hynny rodd y cae, er bod tipyn o ddŵr ar yr wyneb, mewn cyflwr digon da i ganiatáu i'r gêm ga'l 'i whare ond, er mwyn bod yn saff, fe drefnes i ga'l golwg arall arno am bump o'r gloch. Do's dim un dyfarnwr yn hoff o ganslo gêm oherwydd y tywydd ond mae diogelwch y wharaewyr yn ystyriaeth hollbwysig, a phe bydde amheuaeth ynglŷn â hynny, yna bydde'n rhaid ei gohirio. Yn wir, os yw'r time'n amharod i whare, hyd yn oed pe bydde'r dyfarnwr yn meddwl y dyle'r gêm fynd yn ei blân, fe fydd yn rhaid iddo fe barchu eu dymuniad nhw, gan eu hatgoffa ar yr un pryd y bydde ei adroddiad i'r Undeb yn dweud ei fod e o'r farn y dyle'r gêm fod wedi ca'l ei whare.

Erbyn pump o'r gloch rodd y cynhyrchwyr teledu ar bigau'r drain, rhag ofn na fydde 'da nhw raglen i'w dangos ac rodd tîm Glasgow wedi cyrradd. Nawr er nad yw'r ffactorau hyn fod i ddylanwadu ar ddyfarnwr o ran penderfynu a ddyle'r gêm ga'l ei whare neu beidio, ro'n nhw'n sicr yn ychwanegu at y pwyse odd ar ysgwydde'r dyfarnwr cymharol ddibrofiad hwn. Ond pan es i mas i archwilio'r cae rodd y glaw wedi stopo, er bod y tir yn drwm iawn dan draed a dyma gyhoeddi bod y gêm mlân. Ac yn wir, rodd cyflwr y cae yn iawn am yr hanner cynta ond yn ystod yr egwyl fe dda'th cawod o gesair ofnadw o ffyrnig ac fe gododd gwynt dychrynllyd o gryf. Yn wir, fe godwyd to'r eisteddle'n llythrennol rai troedfeddi i'r awyr. Es i mas i'r cae cyn dechrau'r ail hanner a'r cyfan welen i odd llyn mawr. Dodd dim posib cario mlân, felly dyna ddiwedd ar 'y ngêm gynta i fel dyfarnwr ar y teledu.

Ma penderfynu, yn dilyn tywydd gwael, a yw'r cae'n ddigon ffit i gynnal gêm arno yn gallu bod yn gythrel o gyfrifoldeb ar ddyfarnwr withe. Rwy'n cofio hyn yn digwydd ar Barc y Strade ar ddydd San Steffan yn 2005 pan o'n i fod i ddyfarnu'r Sgarlets yn erbyn y Gweilch, a hynny am y tro cynta eriôd. Ro'n i'n edrych mlân at ddyfarnu gêm 'derby' fwya Cymru, os nad Ewrop. Rodd hi wedi bod yn rhewi'n galed ac er bod staff y Strade wedi trio gorchuddio'r cae, rodd na ran ohono o flân yr eisteddle'n dal i fod yn galed fel harn pan gyrhaeddes i 'na rhyw awr a hanner cyn y gic gynta.

Yn 'y marn i dodd dim pwynt hastu i ddod i benderfyniad ynghylch caniatáu cynnal y gêm ai peidio gan y bydde'r rhan fwya o'r rhai odd yn dod i'r Strade'r prynhawn 'ny eisoes ar eu ffordd. Bydde aros tan yn nes at amser y gic gynta, ar y llaw arall, yn rhoi mwy o gyfle falle i ga'l gwared ar y broblem. Ar ben hynna rodd Simon Easterby, capten y Sgarlets, yn awyddus i whare, felly rodd hi'n bwysig aros tan y bydde Duncan Jones, capten y Gweilch, yn cyrradd er mwyn ca'l ei farn e. Ond pan wna'th e fwrw golwg ar gyflwr y cae, ar ôl bod yn twymo lan, dodd e ddim yn hapus, ac rodd e a Lyn Jones, yr hyfforddwr, isie gohirio'r gêm. Erbyn hynny, dim ond ugain munud odd i fynd cyn y *kick-off*. Gan fod un tîm felly'n amharod i whare dodd dim dewis 'da fi ond gohirio. Dodd sefyll o flân torf o 12,000 yn gwneud datganiad i'r wasg a'r cyfrynge ddim yn brofiad byddwn i'n mo'yn neud 'to ar frys, alla i weud wrthoch chi.

Wrth ddod i benderfyniad fel 'na mae'n rhaid i ddyfarnwr roi blaenoriaeth i ddiogelwch y wharaewyr ac os odd Duncan a'i dîm yn meddwl y bydde'u diogelwch dan fygythiad pe bydde'r gêm yn ca'l ei whare yna rodd rhaid parchu eu dymuniad. Dodd dim ots bod y camerâu teledu 'na, na bod y dorf o filoedd odd 'na'n gweiddi'n groch ac isie i'r gêm ga'l ei whare. Fe ges i 'meirniadu'n hallt, a hynny am ddiwrnode wedyn, am wneud y penderfyniad nad odd modd cynnal y gêm. Ond dodd y rhai fuodd yn achwyn ddim yn sylweddoli nad y fi wna'th y penderfyniad hwnnw ar 'y mhen 'yn hunan, ond 'y mod i wedi gorfod gohirio'r gêm, nid yn unig oherwydd diogelwch, ond oherwydd nad odd tîm y Gweilch yn credu bod cyflwr y cae'n ddigon da. Rhaid cyfadde taw gohirio'r gêm odd y dewis iawn y diwrnod hwnnw.

Rhyw dair wythnos cyn y gêm yn y storom lan ym Mhontypridd ro'n i wedi cytuno i gymryd rhan mewn cyngerdd ym Mhontyberem odd yn ca'l ei drefnu gan y gantores Gwenda Owen i godi arian at ymchwil i gansyr, clefyd rodd hi wedi ca'l gwellhad ohono. Yna fe ges i glywed mod i fod dyfarnu'r gêm rhwng Pontypridd a Glasgow yr un nosweth â'r cyngerdd, felly rodd yn rhaid i fi ymddiheuro na allwn i fod yno. Ond, fel troiodd hi mas, gan fod y gêm wedi bennu'n gynnar achos y tywydd, ro'n i ar ga'l i fynd 'nôl i Bontyberem a chymryd rhan wedi'r cyfan yng nghyngerdd Gwenda. Rodd 'na dipyn o sbort pan wedes i wrth y gynulleidfa mod i wedi neud ymdrech sbesial i fod 'na – mod i hyd yn oed wedi galw'r gêm rygbi bwysig bant ar hanner amser, er mwyn neud yn siŵr y gallwn i gyrradd y cyngerdd mewn pryd.

Ond do's dim angen llawer o berswâd arna i i droi am Bontyberem bob cyfle rwy'n ei ga'l. Man'na mae 'nghartre i bellach ac yn y Clwb Rygbi rwy hapusa yn cymdeithasu. Yno, ar nos Sadwrn y bydda i'n joio cwmni hen ffrindie. Fe fues i'n ymarfer yn rheolaidd gyda thîm rygbi'r pentre un amser ond mae hynna wedi mynd yn ormod o straen ar y corff erbyn hyn, er y bydda i'n dal i ymuno â nhw pan fydda i'n trio cadw'n ffit yn ystod yr haf. Rwy hefyd yn teimlo'n browd iawn bod y Clwb wedi rhoi cas gwydr arbennig ar y wal i ddangos rhai o'r cryse y bues i'n eu gwisgo wrth ddyfarnu ambell i gêm bwysig.

Ond mae trio cadw cydbwysedd rhwng 'y nyletswydde dyfarnu i a'r dynfa 'nôl i Bontyberem yn gallu bod yn anodd a hyd yn oed yn gostus weithie. Ma whare gêmau rygbi ar nos Wener wedi bod yn fendith i fi achos mae hynny'n golygu y galla i withe weld Pontyberem yn whare ar brynhawn Sadwrn. Un tro ro'n i'n dyfarnu yn Iwerddon ar y nos Wener ac yn awyddus i gyrradd 'nôl i Bontyberem

erbyn y prynhawn wedyn i weld y 'local derby' yn erbyn
Tymbl. Yr unig faes awyr y gallen i hedfan iddo er mwyn
bod 'nôl mewn pryd odd Birmingham a hyd yn oed wedyn
rodd hi'n dipyn o ras. Roedd gofyn rhoi 'troed lawr', ac ar
heol Blaenau'r Cymoedd ro'n i'n neud 97 milltir yr awr, nes
i fi ga'l 'yn stopo gan yr heddlu. Gan mod i'n mynd mor
gyflym rodd yn rhaid i fi fynd i'r llys, ond oherwydd mod i
wedi gofyn am glywed yr achos yn y Gymraeg fe a'th bron
i flwyddyn heibo cyn bod modd trefnu 'ny. Ro'n i'n poeni
tipyn ar y pryd achos rodd 'da fi whech pwynt o gosb ar 'y
nhrwydded yrru'n barod ac fe fydde whech arall yn ddigon
i 'nghadw i oddi ar yr heol am sbel. Diolch byth, pan dda'th
yr achos o flân yr ynadon fe ges i bum pwynt o gosb a dirwy
o £120 – a'r cyfan achos bod hast arna i gyrradd 'nôl i weld
y Bont yn whare yn erbyn Tymbl.

A finne wedi troi'n broffesiynol, agwedd newydd arall ar y
gêm rodd yn rhaid i fi ddod i arfer ag e odd yr angen i fod yn
ddyfarnwr fideo o bryd i'w gilydd. Ma rhai'n casáu'r gwaith.
Ma Chris White yn casáu ymgymryd â'r ddyletswydd hon
gan ei bod hi'n ei neud e'n rhy nerfus o lawer. Mae'n rhaid
i fi gyfadde nad o's dim llawer o ots 'da fi ond bod llawer
mwy o *buzz* i ga'l mas ar y cae ei hunan, fel dyfarnwr neu
lumanwr. Fel arfer mae'r dyfarnwr fideo mewn rhyw gwtsh
bach yn uchel yn yr eisteddle, neu weithie yn un o fanie'r
cwmni teledu sy'n ffilmo'r gêm. Ar adege, fe fydd e ar ei ben
ei hunan, dro arall falle y bydd ambell i swyddog yn y stafell
gydag e, neu rai o staff y cwmni teledu. Do's dim dwywaith
taw fel dyfarnwr fideo y ces i'r panic mwya eriôd fel rhan
o dîm dyfarnu. Dair blynedd yn ôl ro'n i'n neud y gwaith
hwnnw mas yn Capetown pan odd De Affrica yn whare yn
erbyn y Crysau Duon. Ro'n i'n eistedd mewn stafell yn yr
eisteddle, gyda thri pherson arall: y sawl odd yn asesu'r
dyfarnwr, sef Giovanni Rommani o'r Eidal a odd yn casglu
ystadege ar gyfer yr aseswr James Small, a thechnegydd
odd yn gyfrifol am sicrhau bod y llun ar y set deledu o 'mlân

i a'r cysylltiad sain rhyngddo i a'r dyfarnwr, Andy Cole o Awstralia, o safon dechnegol addas.

Ro'n i'n edrych ar y gêm trwy'r ffenestr odd o 'mlân i, ond o'r lle ro'n i'n eistedd, dodd dim modd gweld yn iawn i'r gornel agosa yn y pen rodd y Crysau Duon yn ymosod tuag ato. Y canlyniad odd mod i'n gorfod codi a phwyso mlân bob tro rodd y whare'n cyrradd y rhan honno o'r cae. Dyna ddigwyddodd yn dilyn cic gan Daniel Carter, ac amddiffyn De Affrica'n hebrwng y bêl dros yr ystlys am dafliad i'r Crysau Duon rhyw bum metr o'r llinell gais. Dyma fi'n meddwl, "Ma hi nawr. Ma Seland Newydd yn mynd i ennill y llinell, yna hyrddio drosodd ac mae Andy Cole yn mynd i ofyn i fi benderfynu a gafodd y bêl ei thirio am gais.' Felly dyma fi'n ishte lawr yn glou i roi sylw i'r teledu o 'mlân i, ond, pan edryches i rodd y sgrin yn hollol dywyll heb unrhyw fath o lun arno! Rwy'n siŵr i 'nghalon i stopo am eiliad cyn i fi weiddi ar y technegydd i drio neud rhywbeth am y broblem. Meddylwch am y peth – y dyfarnwr yn gofyn i fi a odd hi'n gais neu beidio a finne'n gorfod ateb, 'Sorry Andy, I don't know, because I haven't got a picture!' Fe roiodd y technegydd wad i'r set cwpwl o withe, dim byd. Lawr â fe ar ei benneglinie gan dynnu ambell i gebl a stwffo ambell i un arall i soced gwahanol ond dodd dim byd yn gwitho, ro'n i heb unrhyw lun o gwbwl.

Trwy lwc rodd De Affrica wedi hen godi'r pwyse oddi ar eu llinell gais ac wedi drifo'r bêl lan y cae. Ond galle fod galw am gyfraniad oddi wrtha i unrhyw bryd, felly rodd hi'n bwysig ca'l y teledu i weithio gynted â phosibl. Tra odd y technegydd druan bach wrthi'n trio ffono cyfarwyddwr y darllediad i esbonio beth odd wedi digwydd, dyma Giovanni yn estyn am y botwm ar waelod y set deledu a'i bwyso, a dyma'r llun yn ailymddangos. Wrth i fi bwyso mlân i drio gweld y whare drwy'r ffenestr ro'n i wedi taro'r botwm ar ddamwain ac wedi diffodd y set deledu. Dyma fi'n gweiddi ar y technegydd i beidio â phoeni rhagor achos bod y llun wedi dod 'nôl ohono'i hunan, heb roi gair arall o esboniad iddo.

Mae rhai'n feirniadol o'r ffaith bod dyfarnwyr yn rhy barod i droi at y dyfarnwr fideo. O'n rhan i, os wy'n gallu gweld bod cais wedi'i sgorio wna i ddim gofyn am gymorth y sgrin deledu ond mae rhai dyfarnwyr yn licio ca'l y dyfarnwr fideo i gadarnhau yr hyn maen nhw'n meddwl ddigwyddodd. Ac mae'n rhaid dweud mod i wedi ca'l 'yn synnu weithie – wedi whare rhywbeth 'nôl ar y teledu a gweld hwnnw'n dangos bod yr hyn ro'n i'n credu i fi 'i weld gyda'n llyged 'yn hunan heb fod yn debyg i'r hyn a ddigwyddodd mewn gwirionedd. Ro'n i'n rhedeg y llinell unwaith mewn gêm rhwng yr Eidal ac Iwerddon pan sgorodd asgellwr y Gwyddelod yr hyn ro'n i, a'r dyfarnwr Dave Pearson, yn meddwl odd yn amlwg yn gais perffaith. Ond pan o'n i'n sefyll y tu ôl i'r pyst ar gyfer y trosiad dangosodd y llun ar y sgrin fawr bod Tommy Bowe wedi gollwng y bêl wrth drio'i thirio ac rodd y floedd a dda'th oddi wrth y dorf wrth iddyn nhw weld y digwyddiad ar y sgrin yn cadarnhau hynny. Nawr, tase Dave Pearson wedi gofyn am gymorth y dyfarnwr fideo cyn rhoi'r cais yna fe fydde pobol yn meddwl bod rhywbeth yn bod arno fe.

Mae'n bwysig hefyd gofyn y cwestiwn iawn. Rwy'n cofio dyfarnu gêm rownd gynderfynol Cwpan EDF dri thymor yn ôl yn Stadiwm y Mileniwm. Caerlŷr yn erbyn Wasps odd hi, a dyma Caerlŷr yn creu sgarmes a mynd dros y llinell gais. Nawr, ro'n i'n credu'u bod nhw wedi ca'l y bêl lawr ond rodd yn well neud yn siŵr, a hon yn gêm mor bwysig. Felly, dyma fi'n gofyn i Derek Bevan, y dyfarnwr fideo, 'Derek, I'm happy with the grounding of the ball. Is there any reason why I can't award the try?' Er mawr sioc i fi, a phawb odd yn gwrando, dyma Derek yn dod 'nôl, gan beswch (wedyn ro'n i'n gwbod bod rhywbeth yn bod), 'Nigel, you can't award the try because the ball was not grounded!' Felly ers y diwrnod 'ny, y cwestiwn syml rwy'n ei ofyn yw, 'Is it a try – yes or no?' Fe gaethon ni dipyn o dynnu co's am 'ny yn y wasg ar ôl y gêm. Ond, ar ddiwedd y dydd, beth odd yn bwysig odd ein bod ni 'di dod i'r penderfyniad iawn.

Ar hyn o bryd, mae gan ddyfarnwr yr hawl i ofyn am gymorth y fideo pan fo wharaewr yn ymgymryd â'r weithred o dirio yn ardal y llinell gais, a hynny'n unig. Fe fydde rhai'n lico estyn y ddarpariaeth i ganiatáu galw am gymorth y dyfarnwr fideo o fewn, dyweder, pum metr i'r llinell gais neu ar gyfer trosedd wahanol o gwmpas y cae. Ond yn 'y marn i, mae'r rheol yn iawn fel mae hi achos fel arall bydde hi'n anodd gwbod ble'n gwmws i dynnu'r llinell. Yr unig newid posibl y byddwn i'n ei ystyried falle, bydde ca'l gofyn am gymorth y dyfarnwr fideo mewn achos o whare brwnt.

PENNOD 9

Sioe Jonathan a'r Cyfrynge

DO'S DIM DWYWAITH TAW'R rhaglen *Jonathan* sy wedi rhoi'r proffil mwya i fi oddi ar y cae rygbi. A dweud y gwir, yn ystod y cyfnod pan ddechreuodd y gyfres ro'n i'n llawer mwy adnabyddus fel un o gyflwynwyr y rhaglen nag o'n i fel dyfarnwr, ac yn ystod y blynyddoedd buodd y rhaglen ar y teledu rodd gyda hi apêl eang ymhlith nifer sylweddol o wylwyr S4C. Fe dda'th y syniad yn wreiddiol o Seland Newydd lle rodd 'na raglen boblogaidd iawn yn ca'l ei darlledu'r noson cyn rhai o gêmau pwysig y Crysau Duon. Jonathan ei hunan odd wedi awgrymu 'yn enw i Emyr Afan o gwmni Avanti gan ei fod e'n meddwl y gallen i gyflwyno rhyw elfen o ddigrifwch, o wbod yr hyn ro'n i'n ei neud ar y *Noson Lawen* ac ar lwyfannau lleol, yn ogystal ag elfen o drio cadw trefn ar sail 'y ngwaith fel dyfarnwr. Rodd e hefyd yn gyfarwydd â doniolwch Rowland Phillips o'i ddyddie gyda thîm rygbi Castell Nedd, er nad o'n i eriôd wedi sylweddoli, cyn i fi fod yn rhan o'r rhaglen *Jonathan*, gyment o gymeriad yw Rowland. Rodd Eleri wedyn yn dod â chyfraniad y darlledwr proffesiynol yn ogystal â thipyn o 'glam' a sbarc iddi. O'r dechre fe wna'th y pedwar ohonon ni gyd-dynnu'n dda iawn, ac mae hynny'n un rheswm falle pam ein bod ni i gyd yn ca'l cyment o sbort wrth baratoi'r rhaglen.

Ar wahân i'r gyfres olaf un a gafodd ei sgriptio ar y cyd gan Kevin Davies a Gary Slaymaker, y ddau odd yn bennaf

Anfon un o chwaraewyr Bourgoin i'r cell cosb mewn gêm Gwpan Heineken yng Nghaerfaddon. Dodd dim cliw 'da'r un ohonyn nhw be o'n i'n ddweud, ond deallon nhw'r garden.

Diwrnod prowd iawn a llun sydd yn cael ei ddangos gyda balchder ac anrhydedd ar yr aelwyd ym Mhontyberem a Mynyddcerrig. I Mam a Dad ma'r diolch am bopeth rwy wedi ei gyflawni hyd yn hyn. Allen i ddim bod wedi ca'l eu gwell nhw na cha'l magwreth o'r safon a ges i.

Anfon y cawr Fabien Pelous i'r gell cosb yn rownd derfynol Cwpan Heineken yn Stadiwm y Mileniwm, 2008.

Cwrdd â Prins William cyn gêm Cymru ac Iwerddon yn 2007 – y llun ohona i gyda'n 'sboner' newydd yn ôl cyflwynwyr y rhaglen *Jonathan*!

Y deuddeg disgybl – dim ond y deuddeg dyfarnwr gore yn y byd gafodd ddyfarnu yng Nghwpan y Byd 2007.

Isod ar y chwith: fi a Hugh Watkins, yr unig ddau Gymro ymhlith dyfarnwyr a llumanwyr Cwpan y Byd Ffrainc 2007.

Ocsiwn ar gyfer codi arian at gronfa Ray Gravell yn Bronwydd ar ôl gêm griced y sêr.

Fi yn dangos fy nghap yn 2007 ar ôl i'r Undeb benderfynu roi cap i ddyfarnwyr rhyngwladol am y tro cyntaf.

Stuart Dickenson, fi a Wayne Barnes cyn un o'r gêmau Cwpan y Byd. Roedd rhaid i ni wisgo ein siwt swyddogol cyn ac ar ôl y gêm.

Hugh Watkins, Wayne Barnes, fi a Tim Hayes cyn gêm
Ffrainc v Iwerddon ym mhencampwriaeth y Chwe Gwlad
2008. Roedd hyn ychydig wythnosau ar ôl cael gwbod bod
Mam yn dioddef o gancr. Sut des i drwy'r gêm gyda chlod
dwi ddim yn gwybod.

Joio yng nghwmni gwragedd rhai o ddyfarnwyr a swyddogion
Cwpan y Byd.

Yn Amgueddfa Fictoria, Llundain, gyda Dan a Rob Hayward pan gafodd gwobr Sports Person of the Year Stonewall ei chyflwyno i mi.

Tara a Mali, y ddwy ast sydd yn ffyddlon iawn ac yn gwmni mawr.

Cinio i'r swyddogion a'u partneriaid yn y gwesty wnaeth edrych ar ein hôl mor dda yn ystod wythnos Cwpan y Byd. Noson i'w chofio gyda phawb yn mwynhau ac yn canu.

Cael fy nghap cynta, gyda Hugh Watkins a Nigel Whitehouse yn llumanwr i mi allan yn Japan, 2005.

Un o'r teithiau tramor cynta yn dyfarnu Llanelli ar eu taith yn Hwngari ddiwedd yr haf. Yng nghwmni criw Jac y Do oedd allan yno'n perfformio ar yr un pryd – trip i'w gofio gyda'r cymeriade hyn!

Yn fodel er mwyn codi arian at achosion da yn yr Hilton, Caerdydd. Dwi ddim yn credu mod i wedi 'ngeni i'r *catwalk* ond fe wna i unrhyw beth o fewn rheswm os bydd at achosion da.

Fi a Tony Spreadbury yn ystod Cwpan y Byd. Rodd Spreaders wir yn un o'r cymeriade unigryw hynny, yn hael iawn ei gymorth bob amser.

Teimlo'n falch iawn yng nghapel Caersalem yn ystod bedydd
Ffion Haf, fy merch bedydd.

Mynd o gwmpas Paris
gyda theulu Chris
White – Lynn, a'r plant,
Rhiannon, Deri a Sian.

Allan yn Buenos Aires gyda'r ddau lumanwr ac yn dal
Cwpan Webb Ellis ar ôl gêm Ariannin v Urguay.

Yr ystafell newid yn Ariannin cyn gêm Ariannin v Samoa.
Hon odd y gêm a'r perfformiad dda'th â fi 'nôl i ddringo'r
ysgol rhyngwladol. Yr ystafell newid waetha eriôd – mewn
portakabin bach o dan y stand.

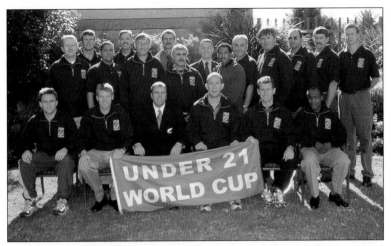

Swyddogion Cwpan y Byd o dan 21oed yn Ne Affrica. Amser bythgofiadwy mewn gwlad unigryw.

Tra aeth y swyddogion eraill i chware golff, es i, Matt Goddard o Awstralia a Greg Davies o'r Alban i farchogaeth allan yn yr anialdir. Fi gafodd y ceffyl mwya gwyllt o'r cwbwl – 'na pam gwmpes i bant ddwywaith!

Fi a'r gitâr, na alla i ei chware, mewn cyngerdd codi arian i Air Ambulance Wales lawr yn Cei Bach ger Cei Newydd.

Dangos y garden goch i'r dyrfa am eu bod nhw'n chwibanu ar y reff!

Criw Jonathan ar ôl y rhaglen olaf. Jonathan, fi, Eleri Sion, Rowland ac Emyr Afan y cynhyrchydd.

Modelu cit
newydd
Underarmour
gyda Ryan
Jones, capten
Cymru, 2008.

Gyda'r bòs, Robert Yeman: fi, Tim Hayes, Hugh Watkins, a
James Jones.

Fi a Simon Mcdowell. Y ddau ohonon ni'n dathlu ein pen-
blwydd ar yr un ddiwrnod allan yn Ne Affrica yn Cwpan
y Byd o dan 21. Dim ond unwaith yn yr wyth mlynedd
diwetha rwy wedi bod gatre ar 'y mhen-blwydd.

Gorfod rhoi capten Lloegr, Steve Borthwick, yn ei le yn
y gêm brawf allan yn Auckland, haf 2008 – gêm anodd
iawn i'w dyfarnu.

Gay whistle-blower quick with a quip

Welsh referee an original who moonlights as a stand-up comedian and singer

BY STUART DYE

THE man in the middle faces his toughest test at Eden Park tonight as he enters the cauldron of an All Blacks vs Wallabies match.

Welshman Nigel Owens is relatively inexperienced, having held the whistle for only five internationals, including Japan against Ireland and England versus Italy in the Six Nations.

But those matches are unlikely to compare with the atmosphere of tonight's crucial Bedisloe Cup and Tri-Nations decider.

The 35-year-old declined an interview as he was unable to clear it with his International Rugby Board bosses yesterday. "I don't want it to be my first and last [Tri-Nations]," he said. But there is every chance his col-

ourful and unconventional background will stand him in good stead for a match sure to be awash with controversy.

In his spare time, Owens — a professional referee for five years — is a stand-up comedian and singer. He is a regular on television in Wales too. He is also the game's only openly gay professional referee.

Owens told a Welsh newspaper earlier this year he had contemplated suicide while struggling with his sexuality.

But the support of his family — and his sense of humour — got him through. "I might get someone shout something about me being a 'bent ref' but they usually realise what they've said and go 'Oh sorry Nige, didn't mean it like that'," he said.

He also spoke of the difficulty of being homosexual in a sport with such macho traditions. "It's such a big taboo to be gay in my line of work I

> **This is what it's all about, I'm going to enjoy every moment.**
> NIGEL OWENS

had to think hard about it [coming out] because I didn't want to jeopardise my career."

It seems that decision has done nothing to hinder his career with Owens selected as the only Welsh referee for the World Cup in France in

September.

But before that he faces his biggest challenge so far in his refereeing life tonight. In an interview with Super14.com, he said he was relishing the thought. "There will be pressure to perform and I'll be thinking about the anthems This is what it's all about, I'm going to enjoy every moment."

The experience in stand-up comedy could come in useful in a fixture where tempers are bound to flare up. Refereeing at the Hong Kong Sevens in 2005, Owens told an argumentative Argentinian player: "You have two ears and one mouth — use them in proportion."

And if the occasion threatens to overwhelm him tonight, the Herald has some advice — watch for Aussie backs offside.

HUMOUR: Nigel Owens knows how to laugh. PICTURE / GETTY IMAGES

Penawde tudalen ôl un o bapure dyddiol Seland Newydd, y bore cyn y gêm fawr rhwng Seland Newydd ac Awstralia – yr enillwyr fydde'n ennill Cwpan Bedisloe ac yn dod yn Bencampwyr y Tair Gwlad.

Llun arall o'r un gêm. Roedd pwyse enfawr arna i yn y gêm hon.

Allan yn Pretoria cyn y gêm De Affrica v Awstralia a
nhwythe'n whare am Gwpan Nelson Mandela. Yn y gêm
hon ysgydwes i law ag un o ddynion enwoca'r byd – y
cawr Nelson Mandela.

Cyflwynwyr *Bwrw'r Bar*:
Rowland Phillips, fi,
Jonathan Davies, ac Eleri
Siôn.

gyfrifol am sgriptie'r rhaglen odd y brodyr Daniel a Matthew Glyn. Mae'n syndod ar un ystyr eu bod nhw wedi ca'l cystal hwyl arni, yn enwedig ar y dechre achos yn y dyddie cynnar dodd dim cliw 'da nhw am rygbi na llawer o ddiddordeb mewn chwaraeon. Rwy'n cofio un tro fe awgrymwyd enw Gareth Edwards fel gwestai posib ar gyfer y rhaglen ond dodd dim clem 'da Matthew pwy odd e. Fe gawson ni'r un ymateb rhyw gyfres neu ddwy'n ddiweddarach pan godwyd enw Shane Williams.

Fel arfer fe fydden ni i gyd yn cwrdd ar ddydd Llun i drafod a darllen drwy sgript y rhaglen er mwyn neud unrhyw newidiadau cyn recordio ar y nos Fawrth. Er y bydde'r sgript yn rhoi fframwaith angenrheidiol i'r rhaglen rodd 'na dipyn o ryddid i ni grwydro oddi arni ac i ddod i mewn ag unrhyw sylw bachog fydde'n ein taro ni ar y pryd. Galle rhai ohonyn nhw fod braidd yn goch falle ond o gofio pa mor hwyr rodd y rhaglen yn mynd mas, 'y nghyngor i i unrhyw un fydde'n cwyno odd i beidio â gwylio'r rhaglen os odd e, neu hi'n debyg o ga'l ei ypseto. Beth bynnag, dw i ddim yn deall y bobol 'ma sy'n gwylio rhaglen dydyn nhw ddim yn ei hoffi, neu yn gwylio er mwyn ffindo rhywbeth i gwyno amdano. Mae 'na gannoedd o sianeli erill ar y teledu heddi, ac os nad ydyn nhw'n hoff o ryw raglen, yna gallan nhw wastad droi at sianel arall. Wedi'r cyfan, rodd degau o filoedd o wylwyr yn ei mwynhau hi'n fawr iawn.

Er hynny, rodd rhai pethe'n ca'l eu torri mas cyn i'r rhaglen ymddangos ar y sgrin. Yn hynna o beth fe fydde'n deg dweud falle bod nifer fawr o'r eiteme mwya doniol yn y cyfresi *Jonathan* wedi mynd i'r bin yn y stafell olygu. Falle y bydde hi'n werth llunio casgliad ohonyn nhw rywdro a'u rhoi nhw ar DVD arbennig! Eto, ychydig iawn iawn o gwynion a gafwyd oherwydd cynnwys 'amheus' y rhaglen a chawson ni'r cyflwynwyr chwaith ddim achos i achwyn bod y deunydd rodd disgwyl i ni'i gyflwyno'n rhy goch. Ond erbyn diwedd y gyfres fe fydde ambell i beth yn ca'l ei awgrymu odd falle'n mynd dros ben llestri a ninne'n meddwl taw gwell fydde peidio â'i neud e. Rwy'n cofio rhyw sôn am 'y ngha'l i i wisgo dillad lledr ar gyfer un sgets a finne'n anghytuno. Wedi'r cyfan, ro'n i erbyn hynny'n dyfarnu gêmau rygbi ar lefel eitha uchel ac fe fydde'n anodd iawn ca'l wharaewyr i 'nghymeryd i o ddifri ar y cae ar brynhawn Sadwrn a finne wedi bod yn bihafio'n hurt ar raglen *Jonathan* y nosweth cynt! Er, cofiwch chi, rodd nifer o wharaewyr yn hoff iawn o wylio'r rhaglen, llawer ohonyn nhw ddim yn deall Cymraeg chwaith a rhai'n dod o wledydd erill.

Fe fydden ni'r cyflwynwyr yn amau withe a fydde ambell i eitem yn cyrradd y sgrin deledu. Rwy'n cofio pan dda'th Alex Jones, un o gyflwynwyr Planed Plant, yn westai ar y rhaglen fe benderfynwyd cynnwys sgets am y pwped Sbwnc. Nawr rodd hynna'n gadel y drws led y pen ar agor ar gyfer ambell i gyfeiriad amheus ac awgrymog ac oherwydd 'ny ro'n ni'r cyflwynwyr yn meddwl na fydde'r sgets yn ca'l ei darlledu o gwbl. Ond yn wir, ar ôl tipyn o waith yn y stafell olygu, mae'n amlwg, fe gafodd ei chynnwys yn y rhaglen a fel mae'n digwydd pan fydde pobol yn sôn wrtha i am yr eitem ro'n nhw wedi ei lico ore ar *Jonathan*, honna'n aml iawn fydde ar ben y rhester.

Wrth gwrs, unwaith ro'n i wedi penderfynu 'dod mas' yn gyhoeddus – a digwyddodd hynny ar ôl y gyfres gynta o *Jonathan* a chyn darlledu rhaglen arbennig ar gyfer Nos Galan – ro'n i'n agored i bob math o sylwade am y ffaith mod i'n hoyw. Am y blynyddoedd nesa ro'n i'n darged cyson i 'nghyd-gyflwynwyr ar y rhaglen ond mae'n rhaid i fi gyfadde nad odd llawer o ots 'da fi bo nhw'n tynnu arna i, ac yn amal pan fydde hynna'n digwydd, ro'n i'n barod i ymuno yn yr hwyl. Yr unig beth odd yn 'y mhoeni erbyn y diwedd odd bod y gwylwyr wedi ca'l digon ar yr holl fater. Petai 'na gyfres arall o *Jonathan* wedi ca'l ei darlledu wy'n credu y bydden ni fel criw o gyflwynwyr wedi gorfod cytuno i roi'r gore i odro'r ffaith bod un ohonon ni'n hoyw.

Yn y rhaglen Nos Galan honno y soniwyd am y tro cynta mod i wedi dod mas. Fe agorodd y sioe hebddo i, gyda'r cyflwynwyr erill yn holi, 'Ble ma fe, Nigel, 'de?' Yna dyma Eleri'n dweud, 'Rhyfedd nag yw e 'ma, achos fe wedodd e bod e'n dod mas heno!' Gyda hynna fe agorodd drws y 'closet' ar y set a finne'n camu mas ohono i sŵn y gân, 'I Am What I Am'. Er hynna i gyd mae'n syndod faint o bobol odd yn meddwl, a hynna am flynyddodd wedyn, taw jôc odd y busnes 'ma o awgrymu mod i'n hoyw. Rodd y rhaglen honno, wrth gwrs, wedi ca'l ei recordio rhyw nosweth neu ddwy cyn Nos Galan a 'mhroblem i odd trio cadw'r holl sylw am y ffaith mod i wedi 'dod mas' oddi wrth Mam a 'Nhad. Wedi'r cyfan, dim ond ychydig fisoedd ynghynt ro'n nhw wedi gorfod delio yn eu ffyrdd eu hunain â'r sioc fawr o ga'l clywed mod i'n hoyw. Ro'n i am drio'u cadw nhw rhag ca'l rhagor o lo's wrth iddyn nhw weld sioe Nos Galan a sylweddoli mod i nawr yn gadel i'r genedl wybod, fel petai.

Felly fe roies i gynllun bach ar waith. Ers blynyddoedd lawer fe fu'n arferiad 'da'r tri ohonon ni, a'r rhan fwya o bobol y pentre, i fynd draw i Glwb Mynyddcerrig ar Nos Galan. Yn wir bob blwyddyn ers troad y mileniwm fe fues i'n neud 'spot' fel digrifwr yno ar y nosweth arbennig 'ny, ar wahân i'r flwyddyn dan sylw a'r flwyddyn gynt. Gan mod i'n dyfarnu ar y Dydd Calan ar yr adege 'ny, penderfynes i aros gartre yn y Bont. Ond wrth gwrs dodd 'yn rhieni i ddim am golli rhaglen *Jonathan* tra bo nhw lan yn y Clwb, felly trefnon nhw bod y peiriant fideo'n mynd i ddod mlân yn otomatig mewn pryd i recordo'r rhaglen. Felly, tra bo nhw yn y Clwb fe es i lan i'r tŷ yn Mynyddcerrig a thynnu plwg y peiriant fideo mas o'r wal er mwyn drysu'r cynllun amseru otomatig a thrwy hynna rhwystro'n rhieni rhag gweld y rhaglen. Wel, dyna odd i fod i ddigwydd. Ond oherwydd nad odd dim cerddoriaeth fyw yn y Clwb y nosweth arbennig 'ny a'th criw mawr ohonyn nhw i mewn i'r ystafell deledu 'no i wylio *Jonathan*. Yn eu plith rodd Mam a 'Nhad, felly fe gawson nhw weld y rhaglen wedi'r cyfan ond nethon nhw eriôd sôn amdani wrtha i wedyn. Tra o'n i gartre y nosweth 'ny fe ges i sawl neges destun oddi wrth ambell i gefnder a chyfnither yn dweud bod y cyfeiriade ar y rhaglen ata i'n 'dod mas' yn ddoniol iawn, felly rodd hynna'n rhyw gysur.

Rhan bwysig o lwyddiant y rhaglen odd cyfraniad y gynulleidfa. Fe fydde rhai'n dod i'r recordiad yn rheolaidd bob wythnos a dodd byth prinder o glybie na chymdeithase odd yn awyddus i fod yn rhan o'r sbort. Rwy'n cofio un tro pan a'th yr awydd i fod yn rhan o gynulleidfa hwyliog yn drech nag un ferch ifanc. Yn anffodus fe halodd hi ormod o amser yn y bar cyn inni ddechre recordio. Rodd hi'n eistedd yn y rhes flaen ac yn sydyn dyma hi'n 'hwdu ar hyd y lle i gyd a dros 'yn sgidie a 'nhrowsus i. Fe fu'n rhaid mynd â hi o'na, wrth gwrs, ond rodd hynna'n golygu bod gan y tîm cynhyrchu o hynny mlân broblem fawr o ran *continuity* y rhaglen. Nid dyna'r unig dro i fi ffindo 'nillad wedi eu trochi wrth recordio eiteme ar gyfer y rhaglen. Fe fu rhaid i fi ddarllen y tywydd ar y rhaglen unwaith oherwydd rodd Siân Lloyd yn un o'r gwesteion. Ac wrth gwrs, tra o'n i'n sôn am law, dyma Rowland yn taflu dŵr dros 'y mhen i, ac wrth broffwydo gwynt a glaw dyma ffan enfawr yn chwythu dŵr drosta i. I gwpla'r eitem rodd rhaid i fi weud, 'Wel, wthnos nesa, mae'r tywydd, a gweud y gwir, yn mynd i fod yn gachu'. Gallwch chi ddychmygu beth ddigwyddodd wedyn. Wel, dim cweit, ond siocled a'th dros 'y mhen a 'nillad i i gyd.

Ond un o'r eitemau roddodd fwya o bleser i fi wrth ei recordio, a rhoi llawer o bleser i'r gwylwyr adre hefyd mae'n debyg, odd pan es i a Rowland i ddala moch a'u rasio nhw ar ffermdy yng ngorllewin Cymru. Er i fi lando ynghanol y pwdel moch wrth drial dal un bach, rodd e'n waith caled hefyd. Ond fydde fe ddim wedi bod yn lot o sbort pe bydde'r hwch wedi'n dala ni. Fe a'th hi'n wallgo wrth geisio dod mas o'i thwlc pan glywodd hi'r moch bach yn gwichian, fel maen nhw'n neud. Ond, mae'n dda 'da fi i weud, cha'th y moch bach, na Rowland, na finne, ddim unrhyw niwed.

Pan dda'th cyfres *Jonathan* i ben yn gynharach leni rwy'n credu 'yn bod ni'r cyflwynwyr yn derbyn ei bod hi wedi rhedeg ei chwrs neu o leia bod angen rhoi'r gore iddi am sbel. O'n rhan i, rwy bellach yn dyfarnu ddwywaith yr wythnos ambell waith ac yn amal yn gorfod teithio tipyn er mwyn neud 'ny, felly fe fydde ymrwymo i raglen fel *Jonathan* gyment yn fwy anodd erbyn hyn. Eto dw i ddim yn ame na fydda i a'r gwylwyr falle, pan ddaw'r tymor rhyngwladol heibo unwaith eto'n gweld isie'r *buzz* arbennig rodd y rhaglen yn ei gynnig.

Erbyn hyn cafodd rhaglen arall ei pharatoi i gymryd lle'r rhaglen *Jonathan*. Rhaglen sy'n dilyn fformat cwis ysgafn yw hi a'i henw yw *Bwrw'r Bar*. Bydd Rowland yn gapten ar un tîm a finne'n gapten ar y tîm arall gyda Jonathan ac Eleri Siôn yn gwisfeistri. Yn y stiwdio hefyd bydd gwesteion ac aelode o ddau glwb yn creu timau. Nod y rhaglen fydd codi sbort a chreu hwyl fel y gwnaethon ni ar raglen *Jonathan*. Rwy'n gobeitho'r mawredd na fydd yn rhaid i fi ga'l 'y nghlymu tu fewn i bêl enfawr a cha'l yn rhowlio i lawr rhyw gae a finne'r tu fewn iddi ar y rhaglen newydd fel y buodd yn rhaid i fi neud ar raglen *Jonathan*. Dyna odd y peth gwaetha 'nes i, ar wahân i fwyta sandwij bwyd ci gyda chriw gwallgo *Dirty Sanchez*, ac fe fues i yn 'y ngwely'n sâl am ddau ddiwrnod. Byth 'to!

At ei gilydd ro'n i'n synnu cyment o ymateb ro'n i'n arfer ei ga'l gan bobol, yn amlwg wrth eu bodd â'r rhaglen. Rodd Cymry di-Gymraeg hyd yn oed yn dweud eu bod nhw yn ei gwylio. Ond yr hyn fydde'n rhoi tamed bach o fraw i fi bob amser fydde ca'l plant tuag wyth neu naw mlwydd oed yn dod lan ata i ac yn dweud gymaint ro'n nhw'n joio rhaglen *Jonathan*, rhaglen odd wedi'i hanelu at oedolion ac a fydde'n ca'l ei darlledu'n hwyr yn y nos fel na fydde plant yn ei gwylio. Rwy'n nabod un crwt 10 mlwydd oed o Bontyberem, odd yn neud yn siŵr ei fod e'n mynd i aros gyda'i fam-gu bob nos Wener rodd *Jonathan* mlân, oherwydd dodd ei dad ddim yn gadel iddo fe aros lan achos bod e ddim yn ddigon hen i wylio'r rhaglen. Mae'n debyg nage fe odd yr unig un!

Yn sicr, fe ddes i'n wyneb cyfarwydd yn sgil y rhaglen ond nid pawb odd yn 'y nabod i. Rwy'n cofio mynd ar *blind date* gyda bachan yng Nghaerdydd. Rodd e'n amlwg yn meddwl ei fod e wedi 'ngweld i'n rhywle o'r blân ond roies i mo'n enw iawn iddo fe wrth i ni gyflwyno'n gilydd. Y diwrnod wedyn, mae'n debyg, rodd e'n digwydd siarad â ffrind i fi, a dwedodd wrth hwnnw, 'You'll never guess who I had a date with last night. It was Jonathan Davies!' Fues i ddim yn hir cyn dweud wrth y ffrind 'ny i hastu pwysleisio wrth y *date* taw y fi odd gyda fe, nage Jonathan. Pan ddwedes i'r stori wrth Jonathan ei hunan dodd e ddim yn rhyw hapus iawn!

Mewn gwirionedd mae mwy nag un person yn gweld tebygrwydd rhwngon ni'n dau, rhai'n meddwl bo ni'n frodyr hyd yn oed, sy'n hurt a dweud y gwir achos ma 'nhreiglade i lot yn well na'i rai e! Mae'n debyg y bydd Sean Fitzpatrick, cyn-fachwr y Crysau Duon, fydd yn sylwebu'n rheolaidd ar deledu Sky, yn hala neges destun i Jonathan cyn ambell i gêm y bydda i'n digwydd ei dyfarnu gan ddweud, 'Your brother is the referee again today!'

Ma'n syndod faint o bobol fydd yn dod lan ata i pan fydda i mas yn joio. Weithe mae hynna'n gallu bod yn niwsans ond at ei gilydd mae ca'l pobol yn dweud wrtho i faint maen nhw'n gwerthfawrogi beth ydw i'n ei neud yn deimlad braf iawn. Bydd rhai'n gofyn am lofnod ac eraill, yn enwedig merched ifainc, yn awyddus i ga'l tynnu eu llun gyda fi. Ma hynna'n hala bois Pontyberem yn benwan pan fydda i mas gyda nhw, sef bod bachan hoyw fel fi, yn hytrach na nhw, yn gallu denu'r merched smart. Ond mae'n rhaid dweud nad yw'r ffaith mod i'n adnabyddus y tu fas i'r pentre yn mennu dim ar y bois. Cofiwch, fe wnân nhw'n siŵr bod 'y nhrâd i'n aros ar y ddaear ac os na fydda i ar 'y ngore wrth ddyfarnu ambell i gêm, y nhw fydd y cynta i ddweud wrtha i.

Fe fyddan nhw'n neud yn siŵr hefyd nad o's neb yn debyg

o achosi unrhyw drafferth i fi pan fyddwn ni mas gyda'n gilydd – weithie heb fod isie iddyn nhw neud. Rwy'n cofio un tro, pan o'n ni i gyd mewn tafarn yn Abertawe, rhyw ddau neu dri o fois mewn criw arall ym mhen draw'r bar yn pwyntio ata i ac yn ymddangos fel pe baen nhw'n siarad amdana i. Yna, fe gerddon nhw'n sydyn tuag ata i, ond cyn iddyn nhw 'nghyrradd i dyma gwpwl o fois y Bont, sef Darren Goddard, Willis, Justin Lloyd, Baglin a Baker, yn sefyll o'u blaene nhw, er mwyn eu rhwystro rhag dod yn agos ata i. 'What's the problem? What's going on 'ere?' gofynnon nhw gan ddisgwl trafferth o ryw fath, siŵr o fod. Ond fe a'th yr esboniad â'r gwynt o'u hwylie nhw. Mae'n debyg mod i wedi cymryd y bois ar gwrs dyfarnu ac ro'n nhw wedi bod yn trafod ymhlith ei gilydd a fydde ots 'da fi tasen nhw dod draw i ga'l gair gyda fi. Ond mae'n dda gwbod bod ffrindie mor driw gyda fi.

Mae 'na sawl cyfle i neud ychydig o waith darlledu wedi dod i'n rhan i yn y blynyddoedd diwetha ac mae'n rhaid i fi ddweud mod i wedi mwynhau pob un. Bues i'n ymddangos yn gyson am gyfnod ar y rhaglen i blant, *Rygbi 100%*, rhaglen lle'r odd Sarra Elgan yn cyflwyno a Dwayne Peel yn hyfforddi gwahanol sgilie'r gêm i'r plant a finne'n cynnig esboniad ar rai o'r rheolau. Fel gwyliwr, mae rhaglenni teledu o bob math yn apelio ata i, heblaw am y 'reality TV' – rhaglenni fel *Big Brother* yn enwedig. Eto ar ôl dweud 'ny, fe fyddwn i'n gwylio'r gyfres yn gyson pan odd Glyn Wise ac Imogen Thomas ar y rhaglen. Ro'n i mor falch bod y ddau'n rhoi shwd broffil i'r iaith Gymraeg ar wasanaeth odd mor Seisnig ei naws. Fe nath cyfraniad y ddau, yn hynna o beth, lawer mwy o ddaioni nag y mae ambell i gorff cenedlaethol wedi llwyddo i neud dros gyfnod llawer hirach.

Ond mae'n rhaid i fi ddweud mod i wedi ca'l yr un pleser wrth gyflwyno ar y radio ag ar y teledu, yn enwedig radio byw. Fe ges i 'mhrofiad cynta o'r cyfrwng 'ny fel cyflwynydd yn y gyfres *Out in Wales* i Radio Wales ychydig yn ôl, gan roi cyfle i fi grwydro o fan i fan a recordo ambell i sgwrs ar hyd a lled y wlad. Yna, yn ystod yr haf diwetha, fe ges i sgwrs gyda golygydd Radio Cymru, Sian Gwynedd, yn y BBC yng Nghaerdydd. Gofynnwyd i fi a fyddwn i'n lico neud rhywfaint o waith radio a finne'n ateb y byddwn i wrth 'y modd ond y bydde 'ngalwade rygbi i ar hyn o bryd yn 'yn rhwystro i, mae'n siŵr, rhag neud unrhyw ymrwymiad rheolaidd.

Yn ystod mis Awst fe ges i gynnig cyflwyno rhaglen fyw ar Radio Cymru bob bore am wythnos, yn lle Mark Griffiths, odd ar ei wyliau, sef hen slot Grav slawer dydd. Rodd e'n brofiad ardderchog ac yn un 'nes i 'i fwynhau yn fawr, diolch i'r cymorth gwerthfawr ges i gan siort Tomos Morse, Bethan Jenkins a Keith Davies yn y BBC. Yr hyn ro'n i'n lico'n arbennig am waith radio byw odd i mi deimlo mod i i mewn yn y gegin gyda'r gwrandawyr a mod i'n siarad â nhw. Pan o'n i'n darllen ambell i linc, withe hyd yn oed ro'n i'n dishgwl i rywun 'yn ateb i nôl. Rodd y ffaith fod pobol wedi troi'r radio mlân er mwyn grondo arna i, ie fi, Nigel Owens, y crwt o Fynyddcerrig, yn rhoi pleser mawr i fi. Fe ges i sawl galwad ffôn wrth bobol yn gweud eu bod nhw wedi mwynhau'r rhaglenni'n fawr iawn ac yn canmol y fath amrywieth o ganeuon ro'n i wedi eu dewis ar eu cyfer. Pwy a ŵyr, falle ar ôl gorffen yr holl deithio 'ma i ddyfarnu dros y byd i gyd, fe fydd 'na gyfle i neud rhagor o waith radio byw. Gobeithio wir.

Pan o'n i'n fach, er mod i'n hoff o berfformo, dodd hi eriôd yn fwriad nac yn ddymuniad 'da fi i fod ar y cyfrynge ac mae hynna wedi dod fel rhyw fath o fonws. Eto mae'n rhaid i fi gyfadde taw fy hoff gyfrwng i ohonyn nhw i gyd yw'r llwyfan. 'Swn i wedi bod yn ddigon hapus petai 'ngyrfa fel digrifwr wedi ca'l 'i chyfyngu i lwyfanne lleol ac fe fydde'n whith iawn 'da fi tase'r ochr 'ny i 'mywyd cyhoeddus i'n dod i ben. Ond rwy'n sylweddoli taw'r profiad a'r pleser rwy wedi 'i ga'l ar y llwyfanne 'ny sy wedi agor y dryse i fi ga'l mwynhau gwahanol fathe o greu diddanwch a bod yr hyder a ges i o'r profiade ar lwyfanne lleol falle wedi rhoi'r hwb i fi gamu'n weddol rhwydd i fyd mor gyhoeddus â dyfarnu rhyngwladol.

PENNOD 10

Y Byd Rhyngwladol

FE FYDD Y BWRDD Rygbi Rhyngwladol yn trio paratoi dyfarnwyr addawol ar gyfer y lefel ucha un, sef y rhai fydd yn dyfarnu gêmau rhyngwladol ar hyd a lled y byd, trwy eu ca'l nhw, i ddechre, i ofalu am gêmau yng Nghystadlaethau Cwpan y Byd dan 19 a dan 21 oed a gornestau 7 Bob Ochr Cwpan y Byd. Rwy'n ddiolchgar iawn am gymorth ac arweiniad Steve Griffiths, oedd yn gyfrifol am ddyfarnwyr IRB ar y pryd. Yn ystod y cyfnod hynny, 2001-2005, bues i trwy'r ysgol brofiad honno, gan orffen gyda'r Gystadleuaeth 7 Bob Ochr Cwpan y Byd yn Hong Kong, lle 'nes i ddyfarnu'r gêm gyffrous a bythgofiadwy honno rhwng Fiji a Lloegr yn y rownd gynderfynol gyda Fiji'n ennill. Roedd cystadlaethau saith bob ochr hefyd yn caniatáu i fi weld tipyn ar y byd. Bues i'n dyfarnu mewn 13 o'r cystadlaethau hynny, gan gynnwys 8 rownd derfynol, ac er bod y gêm arbennig honno'n gofyn bod y dyfarnwyr, yn ogystal â'r whchaewyr, yn eithriadol o ffit rodd ca'l treulio amser yn ymlacio mewn llefydd egsotig fel Dubai a Hong Kong yn brofiad pleserus iawn. Ond mae gêmau saith bob ochr o'r math yma'n bwysig am sawl rheswm. Ar wahân i'r ffaith eu bod nhw'n amal yn cynnig gwledd o rygbi agored mae'n gyfle i ddyfarnwyr a wharaewyr o dan amgylchiadau mwy hamddenol, i roi sylw i agwedde allweddol ar y gêm yn gyffredinol.

Un o'r elfennau pwysica yn y gêm fodern yw ardal y dacl ac yn y gêm i bymtheg yn enwedig, os yw dyfarnwr yn feistr ar yr agwedd honno, yna mae'r gêm yn mynd i lifo'n rhwyddach. Rhaid i ddyfarnwr hefyd neud yn siŵr bod ei feddwl ar ei waith yn llwyr mewn gêm saith bob ochr, achos o'i chymharu â'r gêm i bymtheg, bydd camgymeriad a wnaiff dyfarnwr yn aml yn arwain at y cymal nesa o whare ac o bosib at gais. Ma neud un camgymeriad yn y gêm saith bob ochr fel arfer yn dyngedfennol.

Mae'n debyg bod 'y mherfformiade personol yn ystod y cyfnod hwn wedi bod yn eitha da achos fe ges i wedyn gyfle i ddyfarnu gêmau rhyngwladol ar y lefel hŷn. Y tro cynta odd lan yn Aberdeen, yn Pittodrie – stadiwm pêl-droed y dre – ym mis Mai 2005, a'r Alban yn whare yn erbyn y Barbariaid. Yna fe fues i'n gofalu am y gêm rhwng Siapan a'r Iwerddon yn Osaka ym mis Mehefin. Yn anffodus, dodd dim llawer o hwyl arna i'n mynd i'r ddwy gêm yna. Yr adeg honno ro'n i'n ymladd gyda phob math o brobleme emosiynol. Ro'n i'n gwbod mod i'n hoyw ac yn gorfod cuddio hynny drwy'r amser, bron. Hefyd ro'n i'n trio dod dros y ffaith bod y berthynas y bues i ynddi newydd ddod i ben. Mewn geirie erill dodd 'yn agwedd meddwl i ddim yn iawn ar y pryd ar gyfer dyfarnu gêmau rygbi rhyngwladol. Byddwn i hyd yn oed yn holi'n hunan a o'n i isie bod yno mewn gwirionedd. Fel mae'n digwydd, hefyd, dyna'r unig ddwy gêm eriôd y galla i ddweud mod i'n ymwybodol o deimlo'n nerfus ynddyn nhw, a becso a o'n i'n mynd i neud jobyn da neu beidio. Fe fydde'r cyn-ddyfarnwr Derek Bevan bob amser yn dweud, 'A good referee is a happy referee'. Fe wireddwyd ei eirie fe bryd hynny gan na lwyddes i ddyfarnu'n arbennig o dda yn y naill gêm ryngwladol na'r llall oherwydd yn benna am na allwn i ganolbwyntio ar y whare. Rodd Huw Watkins a Nigel Whitehouse, y ddau lumanwr yn Osaka, yn sylweddoli hynny'n iawn a chan eu bod nhw'n gwbod am rai o 'mhrobleme i, fel y ffaith mod i newydd 'ddod mas' a mod i ar y pryd ddim yn hoff o deithio o gwbl, buon nhw'n gefen mawr i fi.

Do'n i ddim wedi mwynhau'r ymweliad â Siapan gyment

ag y dylwn i oherwydd mod i'n teimlo mor fflat. Ond fe nath tri pheth argraff arbennig iawn arna i. Yn gynta, rodd y bobol 'no mor groesawgar a ffein nes i fi ei cha'l hi'n anodd credu i'r genedl hon fod yn gyfrifol am shwd erchyllterau yn ystod yr Ail Ryfel Byd. (Yn yr un modd, fydde rhywun byth yn meddwl bod yr Ariannin wedi ymladd yn erbyn Prydain rhyw ugain mlynedd cyn hynny o brofi'r croeso gwych y ces i yno.) Yn ail, rodd pob man mor lân ac yn drydydd rodd y gwasanaethau yno, fel y rheilffordd genedlaethol, mor effeithiol ac yn brydlon i'r eiliad.

Ym mis Medi 2005 rodd Panel Dyfarnwyr y Bwrdd Rygbi Rhyngwladol yn cwrdd i ddewis pwy fydde'n dyfarnu gêmau rhyngwladol yr hydref. Yn dilyn y cyfarfod fe ges i alwad ffôn gan Paddy O'Brien, sy'n gofalu am 16 dyfarnwr rhyngwladol yr IRB, yn dweud taw y fi o'r holl ddyfarnwyr gafodd y marcie isa yn ystod y tymor 'ny – sef y ddwy gêm yn yr Alban a Siapan – ac o ganlyniad fyddwn i ddim yn dyfarnu unrhyw un o'r 16 gêm ryngwladol gâi eu whare yn yr hydref. Fe benderfynes i bryd 'ny bod rhaid i fi ddod at 'y nghoed a pheidio â gadel i bethe whare ar 'yn meddwl i na phoeni am yr hyn rodd pobol yn mynd i feddwl ohono i.

Yna, ymhen ychydig wythnose fe ges i alwad arall oddi wrth Paddy O'Brien yn gofyn i fi ddyfarnu gêm odd wedi'i threfnu ar rybudd gweddol fyr rhwng Yr Ariannin a Gorllewin Samoa yn Buenos Aires ym mis Rhagfyr, gyda Huw Watkins a Rob Dixon o'r Alban yn rhedeg y llinell, a'r aseswr Dougie Kerr, hefyd o'r Alban – rhoddodd e farcie da i fi am ddyfarnu'r gêm. Ro'n i wrth 'y modd achos mod i nawr yn barod amdani ac yn benderfynol y tro hwn o neud 'yn marc. A dyna 'nes i. Sdim dowt mai hon odd y gêm nath newid 'yn agwedd i a rhoi'r cyfle i fi ddringo'r ysgol ryngwladol i ddyfarnwyr unwaith eto.

Fel 'na buodd hi ac fe dda'th sawl cyfle arall yn 2006. Yn ystod yr haf fe ges i fynd i Ganada i ddyfarnu rownd derfynol Cwpan Churchill. Gornest odd hi'r flwyddyn honno rhwng Maoriaid Seland Newydd, Canada, yr Unol Daleithiau a thimau A yr Alban, Lloegr ac Iwerddon. Paul Tito, sy nawr yn whare i'r Gleision yng Nghaerdydd, gododd y Cwpan i'r Maoriaid, wedi iddyn nhw wharae rygbi cyffrous iawn i faeddu'r Alban yn y rownd derfynol. Beth nath yr achlysur yn un arbennig i fi odd bod nifer o ddyfarnwyr eraill wedi bod wrthi yn y rowndiau rhagbrofol ond mod i wedi ca'l gwahoddiad i fynd mas yn un swydd i Edmonton i ofalu am y ffeinal. Yna, bues i 'nôl i'r Ariannin i ddyfarnu gêm ragbrofol yng Nghwpan y Byd rhwng y wlad honno ac Uruguay. Fe ges i farcie da iawn ond beth rwy'n ei gofio fwya am yr achlysur odd y tywydd ofnadw o stormus yn Buenos Aires – rodd hi mor wael fel y penderfynwyd peidio canu'r anthemau cyn y gic gynta.

Ym mis Hydref 2006 fe ges i ddyfarnu'r gêm fawr gynta yng Nghwpan Heineken rhwng Caerlŷr a Munster, ac un o gêmau rhyngwladol yr hydref rhwng yr Eidal ac Awstralia. Yn y gêm hon ces fy asesu gan un o ddewiswyr yr IRB, sef Bob Francis o Seland Newydd ac fe roddodd glod i fi am 'y nyfarnu a chyngor gwerthawr hefyd. Yna'n gynnar yn 2007 fe brofes i uchafbwynt 'y ngyrfa hyd hynny, sef dyfarnu un o'r gêmau ym Mhencampwriaeth y Chwe Gwlad, Lloegr yn erbyn yr Eidal yn Twickenham. O ran 'y mherfformiad i aeth hi'n dda iawn, gyda Lloegr yn ennill, yn benna trwy gicio Johnny Wilkinson, o 20 i 7. Ond falle taw atgof personol am ddigwyddiad oddi ar y cae sy fwya cofiadwy i fi ar y diwrnod gan iddo fod yn achlysur teuluol arbennig i ni. Rodd Mam a 'Nhad wedi dod 'da fi i Lundain ac yn aros gyda 'nghyfnither, Louise. Da'th 'Nhad, gyda Paul, sboner Louise a'i thad, Keith i weld y gêm tra a'th Mam a'r menywod i siopa. Dyw Mam eriôd wedi bod i 'ngweld i'n dyfarnu a dim ond weithie y gwnaiff hi eistedd i edrych ar y teledu pan fydda i wrthi, gan ei bod hi'n mynd i deimlo'n rhy nerfus drosta i. Dyw hi ddim yn hoff o glywed cefnogwyr yn gweiddi pethe cas, ac ambell sylwebydd, neu *pundit*, yn ca'l go arna i am 'y mherfformiad mewn gêm. Wedi'r cyfan, 'gwyn y gwêl y frân ei chyw', wa'th pa mor ofnadw yw'r perfformiad!

Pan fydda i angen tocynnau i aelodau o'r teulu neu ffrindie yn H.Q. mae 'na ferch o'r enw Kate Sadler yn Swyddfa'r Dyfarnwyr yno'n gofalu'n arbennig o dda amdanon ni, fel y gwnaeth hi ar y diwrnod arbennig hwn. Bydd Marcie a Stacey yn rhoi 'run gwasanaeth i ni ddyfarnwyr yng Nghymru. Pan edryches i lan i'r prif eisteddle yn ystod yr anthemau rodd 'Nhad a'r ddau arall wedi ca'l seti reit uwchben y twnnel a phwy odd yn eistedd bedair sêt oddi wrtho ond Rob Andrew a'r Tywysog Harry. Sioc arall odd y ffaith bod 'Nhad yn morio canu anthem Lloegr, rhywbeth nad o'n i wedi dychmygu y base fe'n ei neud byth. Rodd yr achlysur fel petai wedi mynd yn drech na fe. Eto rwy'n cofio meddwl ar y pryd, 'Rwy'n bolon beto nag o's dim cliw 'da fe bod aelod o'r teulu brenhinol sy'n drydydd yn llinach Gorsedd Prydain yn eistedd bedair sêt oddi wrtho fe.'

Ar ôl y gêm es i lan i'r bar at y tri a gofyn i 'Nhad,

'Oe't ti'n gwbod pwy odd yn eistedd ar dy bwys di?'

'Oe'n, oe'n,' medde fe. 'Ro'n i wedi'i nabod e.'

'Pwy odd e, 'de?' gofynnes i.

'Wel Rob Andrew, hen *outside half* Lloegr, a'i fab.'

Rodd ei wyneb e'n bictiwr pan wedes i wrtho fe pwy odd 'y mab'. Ro'n i'n falch iawn bo 'Nhad wedi gallu bod 'na achos rodd y profiad yn golygu tipyn iddo.

O ran y dyfarnu, rodd gwell i ddod. Fe ges i 'newis i ddyfarnu gêm derfynol cyfres y Tair Gwlad yn Auckland, rhwng Seland Newydd ac Awstralia, ym mis Gorffennaf. Bydde'r tîm buddugol y diwrnod hwnnw'n cipio Cwpan Pencampwriaeth y Tair Gwlad ac yn hawlio Cwpan Bledisloe. Ar wahân i ddyfarnu gêm rhwng Cymru a Lloegr (achlysur na faswn i, wrth gwrs, yn ca'l bod yn rhan ohono) dodd 'na'r un gêm arall y byddwn i wedi dymuno ei dyfarnu, y tu fas i Gwpan y Byd, yn fwy na'r gêm honno yn Auckland. Fel petai i ychwanegu rhywbeth ecstra at yr achlysur hwnnw, honno hefyd odd y gêm olaf y bydde'r naill dîm a'r llall yn ei whare cyn bwrw i mewn i grochan Cwpan y Byd – o fewn rhyw ddau ddiwrnod rodd disgwyl i'r ddwy wlad gyhoeddi enwau'r wharaewyr fydde yn eu carfanau nhw i fynd i Ffrainc.

Rodd y tensiwn a'r awyrgylch yn anhygoel yn ystod y cyfnod cyn y gêm, a hynna'n ca'l ei adlewyrchu yn y wasg yn arbennig. Fe fydda i ar achlysuron fel'na'n lico darllen y papure newydd er mwyn blasu a mwynhau pwysigrwydd y digwyddiad rwy'n mynd i fod yn rhan ganolog ohono. Ond, wrth gwrs, mae'n rhaid bod yn ddigon proffesiynol i beidio â gadael i unrhyw beth sy'n ymddangos yn y wasg ddylanwadu ar y ffordd y bydda i'n dyfarnu'r gêm. Ond fydda i ddim yn troi at y papure gyda'r un awch ar ôl y gêm, serch hynny. Rwy'n ymwybodol 'yn hunan os nad 'wy wedi ca'l gêm arbennig o dda a do's dim angen gohebydd papur newydd arna i i ga'l gwbod 'ny. Yn yr un modd rwy i'n gwbod pan fydda i wedi ca'l gêm dda, a bydd ymateb ffafriol y wharaewyr hefyd yn llinyn mesur effeithiol. Beth bynnag, rwy wedi ffindo erbyn hyn taw dim ond pan fydd dyfarnwr wedi ca'l gêm siomedig y bydd y wasg yn sgrifennu amdano fe – os caiff e gêm dda do's dim sôn am y dyfarnwr fel arfer yn y papure. Yn wir, os bydd canmol mawr yn y wasg yn dilyn gêm agored, a falle sawl cais, anaml y bydd 'na sylw i'r ffaith taw yn sgil dyfarnu da, yn fwy na thebyg, y cafwyd shwd gêm gyffrous.

Tan y flwyddyn ddiwetha, ar adeg y gêmau mawr, fe fydde'n arferiad i gynrychiolaeth o swyddogion y ddau dîm gwrdd â'r dyfarnwr y diwrnod cynt er mwyn iddyn nhw ga'l ei holi am y ffordd y bydd e'n dehongli hyn a'r llall. Felly, ar y dydd Gwener cyn y gêm rhwng Seland Newydd ac Awstralia fe ofynnodd y ddau dîm a allen nhw ddod i ga'l sgwrs 'da fi. Fe ges i gythrel o sioc i weld faint a phwy o swyddogion y Crysau Duon dda'th i 'ngweld i, sef Graham Henry, Steve Hansen, Mike Cronn (eu harbenigwr ar y whare tyn), Wayne Smith (hyfforddwr yr olwyr) a Richie McCaw, y capten. Rhyw gyfarfod bach anffurfiol, fel petai!

Yn y bôn, pwrpas y cyfarfod iddyn nhw odd trio dweud wrtha i shwd y dylen i ddyfarnu ardal y dacl. Ro'n nhw'n poeni bod De Affrica ac Awstralia wedi bod yn achwyn yn y wasg nad odd Richie McCaw yn ca'l ei gosbi yn ddigon amal am ladd y bêl ar y llawr ac y byddwn i, o ganlyniad, yn neud yn siŵr ei fod e'n ca'l ei gosbi'n rheolaidd. Ro'n nhw hefyd isie gwbod beth fyddwn i'n whilo amdano yn y sgrym. Yn yr un modd fe ges i sesiwn gyda John Connolly, hyfforddwr Awstralia. Ei ofid e, yn wyneb yr holl sôn odd wedi bod yn y wasg am wendide sgrymio Awstralia, odd y byddwn i'n rhy barod i gosbi ei dîm bob tro y bydde'r sgrym yn disgyn.

Y cyfan wnes i, yn y naill achos a'r llall, odd egluro na fyddwn i byth yn mynd i mewn i gêm gyda barn bendant ynglŷn â beth na phryd ro'n i'n mynd i gosbi. Fe bwysleisiais i na fydde 'mhenderfyniade i byth yn ca'l eu llywio gan yr hyn ro'n i, falle, wedi'i ddarllen yn y papure neu wedi'i glywed a'i weld ar y cyfrynge. 'Y mholisi i bob amser odd dyfarnu yn unig yr hyn ro'n i'n ei weld o 'mlân i. Rodd y ddwy garfan yn ymddangos yn ddigon hapus wrth ffarwelio. Rwy inne erbyn hyn yn falch bod y sesiyne trafod, y diwrnod cyn y gêm, wedi ca'l eu diddymu, er, mae'n ymddangos eu bod ar fin ca'l eu cynnal unwaith eto.

Fe ddysges i'n gyflym iawn nad odd y rhan fwya o'r hyfforddwyr yn becso dim am y dyfarnwr fel person. Nod y rhan fwya yn y cyfarfodydd hyn odd trio ca'l y dyfarnwr ar eu hochor nhw neu i ffindo gwendidau ynddo fel person ac fel dyfarnwr. Pe baen nhw'n ennill, yna fe fydde'r dyfarnwr gore yn y byd, ond pan gollan nhw, fe yw'r dyfarnwr gwaetha eriôd. Fydde'r rhan fwyaf o'r hyfforddwyr na'r capteniaid ddim yn meddwl ddwywaith cyn lambastio'r dyfarnwr yn y wasg a'r cyfrynge er mwyn osgoi cymryd y bai eu hunen am golli'r gêm. Enghraifft dda o hyn odd John Connolly, hyfforddwr odd 'da fi barch mawr iddo fe. Rwy'n cofio ei ganmoliaeth yn y wasg i fi fel dyfarnwr wedi i fi ddyfarnu gêm y Gweilch yn erbyn Caerfaddon, a nhw'n maeddu'r Gweilch mewn gêm Cwpan yr EDF yn Stadiwm Liberty. Ond stori arall odd hi pan wnaethon nhw golli yn erbyn Seland Newydd. Fe aeth e'n syth at y wasg i ddweud taw 'mai i odd hi eu bod nhw wedi colli. Ond fe ges i adroddiad arbennig o dda gan yr aseswr ar y gêm honno ac yntau'n ddyn o Awstralia. Ro'n i'n ddigon ples â 'mherfformiad, ta p'un.

Rwy wedi ca'l siom dros y blynydde gan agwedd rhai hyfforddwyr ac ambell wharaewr ro'n i'n eu cyfri nhw'n ffrindie, ond stori arall yw honno – a gaiff ei hadrodd mae'n siŵr ar ôl i'r chwiban ola ga'l ei chwythu ar ddiwedd 'y ngyrfa. Eto i gyd, rhaid pwysleisio fod gen i barch mawr i lawer o hyfforddwyr, yn enwedig y rhai hynny sy'n fodlon derbyn pernderfyniade cywir y dyfarnwr, waeth colli neu ennill.

O achos bod y ddau dîm wedi bod yn achwyn cyment am ei gilydd rodd y papure wedi bod yn awyddus iawn ar hyd yr wthnos cyn y gêm i neud cyfweliad 'da fi er mwyn gweld shwd o'n i mynd i handlo'r broblem ar y cae. Ond ro'n i wedi gwrthod, achos do'n i ddim isie trafod beth *alle* ddigwydd. 'Y ngwaith i odd dyfarnu'n gwmws beth ro'n i'n ei weld yn digwydd o 'mlân i yn ystod yr wyth deg muned. Felly ges i damed bach o sgytwad ar fore'r gêm pan agores i'r papur newydd lleol a gweld y pennawd 'Gay Ref to Blow Whistle On Bledisloe Decider'. Dodd dim byd cas yn yr erthygl ond rodd hi'n wherthinllyd braidd bod y pennawd 'ny'n awgrymu taw'r ffaith mod i'n hoyw odd un o'r pethe pwysica am y gêm.

Y nosweth gynt fe weles i raglen ar y teledu yn y gwesty am Jack Nicklaus. Fe soniodd amdano fe'n whare am y tro ola yn yr Open ar gwrs St. Andrews, yn gweld y torfeydd yn yr eisteddleoedd ar y tylle ola ac yn meddwl wrtho fe'i hunan, 'Dyma pam rwy wedi dewis whare golff yn broffesiynol, a rwy'n mynd i neud yn siŵr mod i'n mynd i fwynhau pob muned o'r profiad abennig yma'. Pan gerddes i mas ar gyfer y gêm honna yn Eden Park a gweld yr eisteddleoedd llawn a'r cefnogwyr eiddgar o 'ngwmpas i fe gofies i am eirie Jack Nicklaus y nosweth gynt a dweud wrth 'yn hunan mod i hefyd yn mynd i fwynhau'r profiad i'r eitha. A dyna wnes i, a dyna rwy wedi trio'i neud bob tro rwy'n mynd i ddyfarnu, yn enwedig yn y gêmau mawr.

Fe ges i gêm dda er na ches i ddim pob penderfyniad yn gywir, fel y digwyddodd hi. Ar un cyfnod rodd Seland Newydd yn ymosod yn fygythiol ac yn edrych yn debyg o sgorio cais. Ond fe a'th y bêl yn rhydd a finne'n eu cosbi nhw am ei tharo hi mlân. Dyma Richie McCaw'n protestio taw un o wharaewyr Awstralia fwrodd y bêl nôl a finne'n ateb trwy ddweud, 'I'm sorry, from where I was standing it looked as if one of your side knocked the ball forward. If I'm wrong I apologise.' 'O.K.,' medde McCaw, gan dderbyn yr esboniad heb achwyn, ac mae'n rhaid i fi ddweud bod wharaewyr o 'mhrofiad i'n gwerthfawrogi pan fydd dyfarnwr yn onest. Fel rodd hi'n digwydd pan edryches i ar dâp fideo o'r gêm wedyn rodd McCaw yn iawn, ond, gan fod y Crysau Duon wedi ennill yn weddol rwydd, chlywes i ddim am y digwyddiad arbennig 'ny wedyn. Cofiwch, falle y bydde hi wedi bod yn stori wahanol tase Seland Newydd wedi colli ar y diwrnod arbennig 'ny. Fel popeth yn y byd, mae isie bach o lwc arnon ni ddyfarnwyr ambell waith, 'fyd.

Er bod tymor 2006/07 wedi bod yn un llwyddiannus i fi 'do'n i ddim yn meddwl y byddwn i'n ca'l 'y newis i fod yn ddyfarnwr yng Nghwpan y Byd ar gyfer mis Medi. Ro'n i falle wedi dringo ysgol y dyfarnwyr i safle odd yn ddiogel o fewn yr 18 ucha ond dim ond 12 dyfarnwr fydde'n ca'l eu dewis ar gyfer y gystadleuaeth fawr. Yn wir, dodd dim sicrwydd y byddwn i'n ca'l mynd fel llumanwr hyd yn oed. Ond pan dda'th y cyhoeddiad ro'n i ar y rhestr fel dyfarnwr ac rodd 'y ngobeithion i'n uchel. Y fi odd yr unig ddyfarnwr o Gymru gafodd ei ddewis gan sicrhau bod y traddodiad o ga'l o leia un dyfarnwr o Gymro ymhob Cwpan y Byd ers y cynta'n parhau. Fe fues i'n gofalu am dair gêm i gyd, sef Georgia yn erbyn yr Ariannin yn Lyon, yr Alban yn erbyn Romania yn Murrayfield, a Fiji ac Awstralia yn Montpellier.

A dweud y gwir ro'n i'n siomedig na ches i'r cyfle i ddyfarnu ambell i gêm rhwng rhai o'r gwledydd cryfa, na'r un o'r gêmau yn rownd yr wyth ola. Eto, o gofio beth odd 'yn sefyllfa i ryw bymtheg mis cyn hynny ro'n i'n ddiolchgar iawn mod i wedi ca'l dyfarnu o gwbl yng Nghwpan y Byd. Ar ben hynna ro'n i'n ddigon ples â 'mherfformiad i yn y tair gêm yn y rowndiau rhagbrofol ac fe ges i farciau da, yn wir y marc ges i am ddyfarnu Georgia yn erbyn yr Ariannin odd y marc ucha gafodd unrhyw ddyfarnwr yn yr holl gystadleuaeth. Do's dim dwywaith bod hyn wedi codi'n safle i eto yn nhabl y dyfarnwyr achos fe ges i ddyfarnu dwy gêm yng Nghystadleuaeth y Chwe Gwlad y tymor wedyn, sef Ffrainc yn erbyn Iwerddon a'r Eidal yn erbyn yr Alban, a derbyn gwahoddiad i ddyfarnu Seland Newydd yn erbyn Lloegr yn Haf 2008.

Yn ystod Cwpan y Byd fe fues i'n cyflawni dyletswydde erill hefyd, fel llumanwr, pedwerydd swyddog a dyfarnwr fideo. Fe fu'r swydd ola 'na'n gyfrifol am yr embaras mwya ges i yn ystod Cwpan y Byd. Alan Lewis odd y dyfarnwr yn y gêm rhwng De Affrica a Fiji ym Marseille yn rownd yr wyth ola. Ar un adeg yn ystod y gêm rodd De Affrica wedi croesi llinell gais eu gwrthwynebwyr ond rodd Alan isie cadarnhad gan y dyfarnwr fideo, sef y fi, bod cais wedi ca'l ei sgorio. O'i weld e'n araf ar y fideo rodd hi'n gwbl amlwg ar yr olwg gynta ei fod e'n gais ond a'th y sgwrs rhywbeth yn debyg i hyn.

'Nigel, can I award a try?' gofynnodd Alan.

Dyma fi'n ateb, heb oedi llawer, 'Alan, you can award a try.'

Fe ofynnodd Alan y cwestiwn eto a cha'l yr un ateb 'da fi.

'Nigel, are you there, can you hear me?' medde fe 'to.

Erbyn hyn ro'n i'n sylweddoli nad odd Alan yn 'y nghlywed i o gwbl. Fe edryches i lawr a neidiodd 'y nghalon i pan weles i nad o'n i wedi bwrw'r swits lawr ar y meic odd yn caniatáu i Alan, a'r gwylwyr teledu, 'y nghlywed i. Felly, i'r 80,000 a welodd y symudiad yn ca'l ei ailddangos yn ara deg ar y sgrin fawr yn y cae, ac i'r miliynau o bobol odd yn gwylio ar y sgrin fach gartre, rodd hi'n hollol amlwg o'r eiliade cynta bod De Affrica wedi sgori cais. Eto ro'n nhw i gyd yn meddwl bod y dyfarnwr fideo profiadol 'ma'n ca'l trafferth i ddod i benderfyniad ar rywbeth mor elfennol. Fe ymddiheures i wedyn gan ddweud bod nam ar y sain a'i fod wedi amharu ar y cyfathrebu rhwng Alan a finne.

Ym Mharis rodd 'yn pencadlys ni'r dyfarnwyr yn ystod Cwpan y Byd (ar wahân i'r adege pan fydden ni ar ddyletswydd mewn gêmau odd yn ca'l eu whare ymhell oddi yno) ac fe gawson ni amser arbennig o dda wrth gymdeithasu 'da'n gilydd. Rodd sawl un ohonon ni'n hen ffrindie gan 'yn bod ni wedi dringo'r ysgol brofiad gyda'n gilydd gan ddyfarnu ar hyd a lled y byd mewn cystadlaethau saith bob ochr ac yng Nghwpan y Byd dan 19 a dan 21 oed. Rodd Chris White, Tony Spreadbury, Alan Lewis, Wayne Barnes, Dave Pearson, Bryce Lawrence (o Seland Newydd), Stuart Dickinson (o Awstralia), Craig Joubert (o Dde Africa), Alain Rolland a Simon McDowell yn ffrindie da ac wrth gwrs rwy wedi bod yn agos erioed at Huw Watkins, yr unig Gymro arall odd ar ddyletswydd mas 'na. Yn wir, fe fydda i'n cadw cysylltiad eitha agos o hyd gyda Chris, Tony, Wayne, Bryce, Dave ac Alan. Fe gawson ni i gyd sawl cino cofiadwy gyda'n gilydd ym Mharis ac erbyn hyn mae hi wedi dod yn arferiad i'n llusgo i ar 'y nhraed i roi cân. Mewn un cino, mewn tŷ bwyta ar lan y Seine, ar gyfer y dyfarnwyr, y llumanwyr, eu gwragedd ac aelodau o'r panel dewis dyfarnwyr, fe ganes i 'Myfanwy' ac rodd hyd yn oed Paddy O'Brien yn colli dagrau. Ond falle taw'r ddefod gymdeithasol bwysica ym Mharis odd bod criw ohonon ni'n cwrdda yn stafell Tony Spreadbury bob nos cyn mynd i'r gwely am gwpaned o siocled twym.

Fe ddechreuodd y traddodiad 'ma o 'ngha'l i i ganu flynyddoedd yn ôl mas yng Nghystadleuaeth Saith Bob Ochr Hong Kong. Mewn cino yn y fan'na ar gyfer y wharaewyr, y swyddogion a'r wasg fe fu'n rhaid i rywun o bob gwlad fynd ar y llwyfan i roi cân, a finne'n gorfod cynrychioli'r dyfarnwyr. Ma'n rhaid i fi gyfadde na fues i eriôd mor nerfus, ro'n i'n llythrennol yn shiglo. Ro'n i'n gwbod bod 'na un ne ddau o wharaewyr yn y gynulleidfa, a finne falle wedi bod yn llym arnyn nhw ar y cae yn y gorffennol, bron â marw isie 'ngweld i'n neud ffŵl o'n hunan. O'dd dim syniad 'da fi beth ddylen i ganu ond fe ddechreues i daro 'Mi glywaf dyner lais'. Ar ôl ychydig o eiliade dyma 'na lais arall yn ymuno â fi o gefn y neuadd – Wyn Gruffydd, y darlledwr odd yn un o griw S4C mas 'na. Fe geson ni ymateb rhyfeddol gyda phawb ar eu traed yn cymeradwyo.

Yn ystod yr amser rhydd rhwng gêmau, yn enwedig ar ôl i gêmau'r rownd gyntaf ddod i ben, cawson ni gyfle i fynd adre am ychydig ddiwrnode, fel y gwnes i unwaith am dri diwrnod er mwyn gweld Mam a Dad, ac i ffilmio rhaglen *Jonathan*. Rodd 'na gyfle hefyd i deuluoedd y dyfarnwyr a'r llumanwyr ddod draw i Baris i aros am beth amser.

Un o'r teuluoedd dda'th draw, a fe ges i amser hwyliog iawn yn eu cwmni nhw, odd teulu Chris White, sef ei wraig Lynne sy'n dod o Garndiffaith a'r plant, Deri, y mab, a'r ddwy ferch Rhiannon a Siân – enwau Cymraeg bob un. Nawr, ro'n i a Siân yn dipyn o ffrindie, er taw dim ond 9 oed odd hi. Rodd hi'n dipyn o gymeriad ac yn eitha drygionus a gweud y gwir, fel finne pan o'n i ei hoedran hi. Pan ofynnodd

Chris iddi ar ôl Cwpan y Byd beth odd y peth gore am Baris, medde hi, heb flewyn ar dafod, 'Nigel Owens, Dadi'. Tra o'n i'n ymweld â rhai o atyniadau enwog Paris, fel Tŵr Eiffel ac eglwys Notre Dame gyda theulu'r Whites, rodd 'na le yn yr eglwys odidog honno i roi rhodd o 2 euro a chael cannwyll i weddïo. Felly dyma fi'n rhoi arian i Siân er mwyn iddi ga'l neud hynny. Pan dda'th hi 'nôl, â gwên lydan ar ei hwyneb, gofynnais iddi beth rodd hi wedi gofyn amdano yn ei gweddi. A medde hi, yn swil i gyd, am i Loegr ennill Cwpan y Byd. Beth, medde fi, do's bosib mod i 'di rhoi arian er mwyn i hynny ddigwydd? Ond erbyn hynny, rodd Cymru mas o'r gystadleuaeth, felly dodd dim ots 'da fi, a gweud y gwir, pwy odd yn mynd i ennill. Falle taw dyma'r prif reswm 'y mod i'n ddyfarnwr rhyngwladol, sef am 'y mod i'n hollol ddiduedd. Pan nad yw Cymru'n whare, wrth gwrs!

Helbul a Her

Y FI FYDDE'R CYNTA i gyfadde bod gyrfa fel dyfarnwr proffesiynol rhyngwladol yn un rwy'n ei mwynhau'n fawr iawn. Ond fel pob gyrfa arall am wn i, dyw hi ddim yn fêl i gyd a'r ochr ddiflasa ohoni'n sicr yw'r teithio tramor sy weithie'n troi'n hunlle. Ym mis Chwefror 2002 a'th Nigel Whitehouse, odd yn dyfarnu, a Hugh Watkins a fi i Moscow i ofalu am gêm ragbrofol yng Nghwpan y Byd rhwng Rwsia a Sbaen. Ro'n i fod hedfan o Heathrow am 1.30 ar y prynhawn dydd Gwener er mwyn cyrradd Moscow mewn digon o bryd y nosweth 'ny ar gyfer y gêm ar y prynhawn Sadwrn. Rodd angen ca'l *visas* pwrpasol cyn dechre ar y daith, felly a'th Huw a fi lan i Lundain ar y nos Iau fel y gallen ni fod yn llysgenhadaeth Rwsia erbyn iddi agor ar y bore Gwener, er mwyn codi'r *visas*. Y neges gynta gawson ni gan yr awdurdode yno odd na fydde'r dogfenne'n barod tan ddiwedd y prynhawn. Panic. Rodd y *check in* ar gyfer y ffleit ro'n ni arni yn cau am 12.30 y prynhawn a ninne fod i gwrdd â Nigel yn y maes awyr am 12.00. Dyma ni'n ffono Clive Norling, gan taw fe odd yn gyfrifol am y trefniade ar ran Undeb Rygbi Cymru, i weld odd modd gneud rhywbeth i'n helpu ni. 'Tell them who you are,' odd unig gyngor Clive. Yn y diwedd rodd merched y swyddfa wedi perswado cwmni BA i gadw'r ddesg ar agor i ni tan 12.45 ac fe lwyddon ni i ga'l y *visas* erbyn 12.00 p.m. Siwrne gwbl wyllt mewn tacsi ar draws Llunden wedyn, gyda'r gyrrwr, whare teg iddo, yn mynd â ni drwy sawl arwydd 'dim mynediad', ar draws sawl pafin a thrwy ambell i ole coch er mwyn 'yn ca'l ni i'r maes awyr mewn pryd.

Ro'n ni wedi bod ar yr awyren am hanner awr ac yn barod i hedfan pan dda'th cyhoeddiad ei bod hi'n bwrw eira'n drwm ym Moscow a chan fod diffyg ar weipar ffenest flaen yr awyren fe fydde'n rhaid ei riparo fe cyn y gallen ni gychwyn. Buon ni'n dishgwl am awr a hanner i'r gwaith 'ny ga'l ei neud, ond yn ofer. Fe ddwedwyd wrthon ni gynta bod y cwmni'n mynd i hedfan awyren arall i mewn i fynd â ni, ond cyn bo hir daeth cyhoeddiad arall wedyn, yn dweud bod y ffleit wedi ca'l ei chanslo. A ninne wedi bod yn eistedd ar yr awyren am ddwy awr fe fu'n rhaid i ni fynd 'nôl i lolfa'r maes awyr. A man 'na y buon ni am weddill y diwrnod hwnnw, nes bo ni'n ca'l lle ar ffleit arall odd yn gadel am 1 o'r gloch ar fore dydd Sadwrn.

Pan landon ni dyma ryw foi odd yn eistedd o flân Huw yn codi i agor y gist uwch ei ben. Wrth iddo neud dyma focs mawr yn cwmpo mas a disgyn ar ben Huw nes ei fod e'n gweld sêr. Pan neidodd e ar ei dra'd i roi llond pen i'r boi fe sylwodd fod hwnnw tua whech troedfedd wyth modfedd o daldra, felly fe steddodd lawr yn glou. O'r maes awyr fe gawson ni'n cludo am ryw awr, mewn fan transit digon anghyfforddus trwy'r eira i'r gwesty ynghanol Moscow. Yna, ar ôl rhyw dair awr o gwsg fe gawson ni'n codi am ddeg o'r gloch ar fore Sadwrn i fynd i'r gêm ac fe gymrodd hynny awr a hanner. Ro'n ni newydd wisgo'n dillad dyfarnu pan dda'th hi'n eira mawr a dodd dim gobaith o gwbl cynnal gêm o rygbi mewn shwd dywydd. Felly fe gafodd ei chanslo.

Draw â ni wedyn i ryw adeilad gerllaw, lle y cynhaliwyd y derbyniad odd i fod ca'l ei gynnal y nosweth 'ny yn dilyn y gêm, er taw dim ond rhyw ddau o'r gloch y prynhawn odd hi. Yn anffodus dim ond un math o ddiod odd ar ga'l 'na, sef fodca a hwnna'n law tyrfe go iawn! Ar ôl un ne' ddau lased fe gododd yr hwyl a dechreuon ni'r Cymry daro cân fach.

Cyn bo hir rodd y wharaewyr i gyd wedi ymuno â ni a hefyd y Comisiynydd odd wedi'i benodi ar gyfer y gêm, sef John Ryan, cyn-hyfforddwr tîm Cymru (a odd, yn ffodus iddo fe, wedi hedfan draw gyda chwmni gwahanol i ni).

Ar ôl ca'l sbel fach yn y gwesty fe benderfynodd Nigel, Huw a fi gerdded i mewn i'r dre'r nosweth 'ny er mwyn i ni ga'l gweld rhai o olygfeydd enwog y Sgwâr Coch. Do'n ni ddim wedi mynd ymhell iawn pan lithrodd Nigel ar yr eira a thorri ei goes. Fe fu'n rhaid i fi ei gario fe 'nôl i'r gwesty ar 'y nghefen ac yna trio'i berswado fe i fynd i'r ysbyty, a buodd hynny'n jobyn anodd iawn. Ymhen amser fe gyrhaeddodd ambiwlans, nad odd yn annhebyg i fan fach gwerthu pysgod, i fynd â ni'n dau ar daith ar draws gwlad am ryw ddwy awr i'r ysbyty odd, ar yr olwg gynta'n edrych fel Alcatraz – erbyn hynny rodd Huw wedi danto ac wedi mynd i'r gwely. Ar y ffordd i mewn ro'n ni'n gallu gweld pobol yn gorwedd ar welyau yn y coridorau ac ym mhobman – mae hynny'n olygfa digon cyfarwydd mewn rhai ysbytai yng Nghymru erbyn hyn. Yn wir, fe bason ni un bachan yn griddfan tipyn wrth i ni fynd i mewn, ond erbyn i ni ddod mas rodd e wedi marw. Er mwyn cadarnhau bod coes Nigel wedi'i thorri fe gafodd Xray drwy roi ei goes o dan ryw beiriant tebyg iawn i lun-gopïwr ac yna cafodd ei dodi mewn plastar. Fe gyrhaeddon ni 'nôl yn y gwesty am chwech o'r gloch ar fore Sul a ninne wedyn yn gorfod gadel am 10 er mwyn hedfan gartre gyda chwmni B.A..

Ond dodd dim pall ar y newyddion drwg y penwythnos 'ny, tan i ni adel Rwsia. Oherwydd bod Nigel wedi ca'l y ddamwain yn gynnar y bore 'ny fe ddwedodd y fenyw ar ddyletswydd ar ddesg B.A. na chele fe hedfan am 48 awr arall. Ond diolch byth fe dda'th achubiaeth, a hynna, rwy'n meddwl, gan fod Nigel wedi defnyddio ei holl sgilie fel uwch-swyddog gyda'r heddlu i ga'l B.A. i newid eu meddwl. Ar y bore Llun fe a'th e i'r ysbyty lleol er mwyn ca'l cadarnhad bod y goes yn iawn ond fe fu'n rhaid tynnu plastar Moscow, odd ddim, mae'n debyg, yn taro o gwbl ar gyfer y math o anaf gawsai Nigel. Felly fe gafodd e blastar newydd a buodd e yn hwnnw am whech wthnos arall. Fe aildrefnwyd y gêm rhwng Rwsia a Sbaen ymhen ychydig o fisoedd ond wnaeth y drindod o Gymru ddim gwirfoddoli!

Eto, nid honna yw'r daith dramor waetha rwy wedi bod arni. Ma'r wobr honno'n mynd i'r siwrne ges i i Santiago yn 2006 i fod yn llumanwr yn y gêm rhwng Chile a'r Ariannin. Rodd y tocyn awyren yn dweud y byddwn i'n hedfan ar y nos Fercher o Heathrow i Sao Paolo, yn Brasil, i ga'l mwy o danwydd, a mlân o fan'na ar ôl awr o stop i Santiago. Wedi i ni gyrraedd Sao Paolo, ar y rynwe yno fe geson ni neges ar yr awyren bod 'na broblem dechnegol ac er na fydde'n drafferth yn y byd i riparo'r nam, eto i gyd bydde'n rhaid dishgwl am awr arall er mwyn dod â pheiriant arbennig yno i neud yn siŵr bod yr awyren yn saff i hedfan. Ar ôl awr arall, da'th cyhoeddiad arall taw dim ond yn Heathrow rodd y peiriant 'ny ar ga'l a gan na fydde'n bosibl dod â hwnnw draw, rodd y ffleit honno i Santiago bellach wedi ca'l ei chanslo. Fe gawson ni'n hebrwng oddi ar yr awyren a'n rhoi mewn gwesty gerllaw'r maes awyr.

Erbyn hyn rodd hi'n fore dydd Iau ac fe ddwedwyd wrthon ni am ymgynnull yn y gwesty am naw o'r gloch y noswaith 'ny gan fod trefniade wedi'u gneud inni hedfan i Buenos Aires yn ystod orie mân ddydd Gwener, ac ymla'n o fan'na i Santiago. Dim ond hanner awr ro'n i wedi bod yn 'y ngwely yn y gwesty pan ganodd y ffôn. Ro'n i, a rhyw ddau arall o'r grŵp, bellach yn mynd i ga'l hedfan i Buenos Aires yn gynnar y noswaith 'ny. Pan gyrhaeddes i'r ddesg briodol yn y maes awyr fe ges i wybod bod y trefniade wedi newid unwaith yn rhagor. Ro'n i nawr yn mynd i ga'l hedfan yn streit i Santiago y bore wedyn. 'Nôl i'r gwesty â fi unwaith 'to i ga'l rhyw awr neu ddwy o gwsg cyn codi am 4 ar fore dydd

Gwener er mwyn hedfan am 6 o Sao Paolo i Santiago.

Llwyddes i i ga'l neges i Undeb Rygbi Cymru yn gofyn iddyn nhw drio cysylltu â'r awdurdode yn Chile i ddweud beth odd wedi digwydd, achos erbyn hyn fe ddylen i fod wedi cyrradd y wlad honno ers orie. Ond rodd gwaeth i ddod. Tra o'n i'n eistedd yn y lolfa yn y maes awyr am 5.30 y bore yn disgwyl galwad i fynd ar yr awyren dyma neges yn dod dros y tanoi, 'Due to adverse weather conditions this airport is now closed'. Ac felly y buodd hi tan bedwar y prynhawn hwnnw. O'r diwedd dyma fi'n cyrradd maes awyr Santiago am saith nos Wener, lle rodd car yn 'yn nisgwl i fynd â fi i'r gwesty. Dyma'r gyrrwr yn trio dechre'r car, dim ond i glywed y sŵn 'clic, clic' erchyll yna sy'n dangos bod y batri'n hollol fflat. Bues i'n aros yn y maes awyr am dair awr cyn bo rhywun yn cyrradd i newid y batri ac rodd hi tua 10.30 ar y nos Wener pan gyrhaeddes i'r gwesty – ar ôl taith o ryw 52 awr o Heathrow.

Rodd y gêm rhwng Chile a'r Ariannin yn ca'l ei whare'r prynhawn wedyn ond lwcus taw dim ond llumanwr o'n i, achos fyse ddim siâp arna i fel dyfarnwr, rwy'n siŵr o hynna. Ychydig cyn i fi ddechre ar y daith honno digwyddes i siarad â Robert Warner, dyn dymunol iawn, a Llywydd yr R.F.U. pan enillodd Lloegr Gwpan y Byd yn 2003. Bydden ni'n dau mae'n debyg yn cychwyn am Santiago o Heathrow tua'r un pryd, ond ei fod e'n mynd gyda chwmni gwahanol odd yn hedfan trwy Baris. Fe gyrhaeddodd e Santiago ddiwrnod a hanner o 'mlân i!

O Santiago ro'n i'n teithio i Buenos Aires i ddyfarnu'r gêm rhwng yr Ariannin ac Uruguay. Rodd y tywydd yn ystod y gêm honno'n ofnadwy, yn wir rodd hi'n bwrw glaw mor drwm nes y penderfynwyd na fydde'r timau'n canu'r anthemau cyn y gic gynta ond, yn hytrach, yn dechre whare ar unwaith. Er gwaetha'r tywydd ro'n i'n meddwl mod i wedi ca'l gêm dda iawn ac rodd y marc ges i gan yr aseswr

swyddogol, Carlos Molanari, yn cadarnhau hynny. Gwnaeth
'y mherfformiad i yn y gêm honno, do's dim dwywaith,
godi 'mhroffil i fel dyfarnwr yn sylweddol. O fod yn gofalu
am gêmau rhyngwladol rhwng y gwledydd lleia fe ges i
ddyrchafiad ar ôl y gêm 'na ym Muenos Aires i rengoedd
dyfarnwyr Pencampwriaeth y Chwe Gwlad.

I ategu at y ffaith nad yw teithio dramor i ddyfarnu mor
rhamantus ag mae llawer o bobol yn ei ddychmygu fe ddylen
i ddweud taw yn y dosbarth economi y byddwn ni'n eistedd
fel arfer. Yr unig bryd byddwn ni fel dyfarnwyr rhyngwladol
yn ca'l teithio yn seddi moethus y *Business Class* yw pan fo'r
amser hedfan dros bedair awr. Diolch byth am 'ny oherwydd
bydde teithio chwech awr ar hugen i rywle fel Seland Newydd
yn hunlle llwyr. Eto fe fyddwn i weithie yn dod ar draws
enwogion o'r byd wharaeon sy'n teithio mewn tipyn mwy o
steil na ni. Rwy'n cofio un tro pan o'n i a Richard Hughes o
Landysul yn llumanwyr i David R Davies, mewn gêm rhwng
Agen a Pont de Vannes yng Nghystadleuaeth Tarian Ewrop,
ac yn hedfan o Heathrow i Dde Ffrainc. Rodd David yn
hen ddyfarnwr profiadol a Richard yn un o gymeriade cefn
gwlad ardal Llandysul odd â diddordeb mawr mewn rygbi,
yn naturiol, ond heb lawer o ddiléit mewn wharaeon erill.
Rodd 'yn seti ni yn rhes flaen y dosbarth economi ac rodd
hi'n amlwg, o'r holl ffŷs a ffwdan odd gan staff yr awyren,
bod rhywun pwysig yn mynd i ddod i'r rhes o'n blaene ni,
sef rhes ôl y dosbarth busnes. Dyma fe'n cyrradd, sef Sven
Goran Eriksson gyda'i bartner, Nancy ac yntau newydd ga'l
dechre addawol i'w yrfa fel rheolwr tîm pêl-droed Lloegr.
Cyn hir fe gychwynnodd rhyw sgwrs fach rhwngon ni'n dau
ac ynte, gan iddo sylwi ar ddillad swyddogol yr Undeb ro'n
ni'n eu gwisgo, yn ein holi ni pam ro'n ni'n mynd i Ffrainc.
Ar y pryd ro'n i'n darllen llyfr jôcs er mwyn ca'l deunydd
ar gyfer y rhaglen *Noson Lawen* y byddwn i'n 'i recordo'r
wythnos wedyn a whare teg i Sven, dyma fe'n llofnodi'r llyfr
i fi. Ymhen ychydig dyma Richard yn gofyn i fi,

'Pwy yw'r boi 'na o't ti'n siarad ag e?'

'Smot ti'n 'i nabod e, wyt ti?' meddwn i.

'Wel, ma 'i wyneb e'n gyfarwydd,' odd ateb Richard.

'Sven Goran Eriksson yw hwnna, bachan.' O weld yr olwg bell braidd ar wyneb Richard dyma fi'n ychwanegu, 'S'mot ti'n gwbod pwy yw e, wyt ti?'

'Wrth gwrs mod i,' odd ateb Richard. 'Fe yw'r bachan sy'n hysbysebu ffôns symudol Eriksson ar y teledu. Rwy'n mynd i ga'l gair 'da fe. Mae'n hen bryd iddo fe godi mast arall yn Llandysul, achos *reception* gwael uffernol sy i'w ga'l 'na ar hyn o bryd!'

Dim ond llwyddo mewn pryd 'nes i i'w gadw fe rhag rhoi pryd o dafod i Sven!

Rodd y daith honno'n gofiadwy am reswm arall hefyd. Ar ôl cyrradd Ffrainc fe ffindon ni fod Air France wedi colli bagie'r tri ohonon ni gan 'yn gadel ni heb ddillad ond y rhai ro'n ni'n eu gwisgo ar y pryd. Fe fu'n rhaid inni brynu dillad newydd a cha'l benthyg 'kit' rygbi gan dîm Agen ar gyfer y gêm ei hunan. Fe gafwyd hyd i'n bagie ni yn y diwedd – dau ddiwrnod ar ôl i ni gyrradd gartre. Byth ers 'ny rwy'n ceisio osgoi hedfan gyda Air France ac osgoi gorfod ca'l *connecting flight* ym Maes Awyr Charles de Gaulle.

Ma teithio dramor ar yr heol yn gallu bod yn broblem withe hefyd. Wrth i Robert Davies, Hugh David a fi fynd mewn tacsi i'r maes awyr yn Rhufain, ar ôl bod yn gofalu am y gêm rhwng Roma a Connacht, a'th y dreifwr mas o'i ffordd rywfaint, whare teg iddo, er mwyn dangos hyn a'r llall i ni gan gyfeirio at y system reilffordd odd wedi ca'l ei hadeiladu gan Mussolini. Gofynnes i, yn ddigon diniwed, a odd 'na gofgolofnau wedi eu codi yn y ddinas i goffáu cyfraniad Mussolini. Gyda 'ny dyma'r gyrrwr, odd, mae'n debyg, yn casáu'r dyn â chas perffaith, yn breco'n sydyn a'n taflu ni'n tri mas o'r tacsi! Tra o'n ni'n sefyll ar ochr y ffordd, yn trio ca'l gafel ar dacsi arall, dyma Robert yn troi ata i a dweud, 'If we manage to get hold of another taxi, for God's sake don't mention Mussolini, or we'll never get home!'

Nid dim ond teithio i gêmau y byddwn ni fel dyfarnwyr proffesiynol. Tua diwedd mis Hydref bob blwyddyn yn Lednesbury fe fydd un ar bymtheg ohonon ni'n cwrdd â Paddy O'Brien a'r pedwar sy'n gyfrifol am ddethol dyfarnwyr ar gyfer y gwahanol gêmau, i drafod unrhyw brobleme sydd wedi codi yn ystod y flwyddyn flaenorol ac unrhyw reole newydd sydd yn dod i rym. Fel arfer bydd awgrymiade ar gyfer newidiade yn ca'l eu cyflwyno i'r Bwrdd Rygbi Rhyngwladol gan Is-Bwyllgor Rheolau'r gwahanol Undebau. Yng Nghymru mae'r corff hwnnw'n cynnwys Gerald Davies yn Gadeirydd, y fi, Robert Yeman, Gwyn Jones, Geoff Evans, Clayton Thomas a Mark Taylor. Fyddwn ni ddim yn cwrdd yn aml gan mai dim ond bob rhyw beder blynedd y cyflwynir newidiade erbyn hyn, ond fe fydde hynna'n digwydd yn flynyddol bron ar un adeg.

Bob mis Medi fe fydd holl ddyfarnwyr Cwpan Heineken yn cwrdd yn Nulyn er mwyn sicrhau cysondeb yn benna ymhlith y dyfarnwyr ar rai agwedde penodol o'r gêm – shwd y dylen ni gosbi tacl bicell neu am faint o amser y dylen ni ganiatáu'r rheol fantais. Fe fydd 'na gyfarfodydd tebyg yn ca'l eu cynnal hefyd cyn y gêmau rhyngwladol ac ar lefel leol a rhanbarthol. Fe fydd dyfarnwyr y naw rhanbarth yng Nghymru yn cynnal cyfarfodydd rhyw unwaith y mis ac ar ryw dri achlysur mewn tymor fe fyddwn ni, y ddau ddyfarnwr proffesiynol sef fi a James Jones, dyfarnwr ifanc ac addawol, ynghyd â'r cyn-ddyfarnwr David R Davis, sydd bellach yn gyfrifol am ddyfarnu ar y lefel gymunedol, yn ymuno â rhai o'r cyfarfodydd hyn er mwyn cynnig esboniad ar wahanol agwedde ar reolau'r gêm sy'n achosi probleme ac yn arbennig yn ardal y dacl.

Ond wrth gwrs, mae eleni'n wahanol gan fod nifer o reolau newydd wedi ca'l eu cyflwyno ers Awst y 1af. Da'th y rhain i fod yn dilyn argymhellion gan Gomisiwn arbennig a sefydlwyd gan y Bwrdd Rygbi Rhyngwladol, gyda'r bwriad o wella'r gêm. Rhoddodd 'yn is-bwyllgor ni yng Nghymru ystyriaeth i'r newidiade a awgrymwyd ac fel y rhan fwya o wledydd hemisffer y gogledd fe nethon ni ymateb yn bositif i'r rhan fwya o'r argymhellion. Er 'yn bod ni o'r farn nad odd dim llawer o'i le ar y gêm fel ag rodd hi, ry'n ni'n derbyn y bydde rhai o'r argymhellion yn siŵr o wella pethe.

Un o'r newidiade a achosodd dipyn o wrthwynebiad yw'r ffaith y bydde nifer o drosedde yn ardal y dacl bellach yn ca'l eu cosbi trwy roi cic rydd, yn hytrach na chic gosb. Fe fu'r rheol 'ma ar waith yng nghystadleuaeth y Tri Nations, rhwng Seland Newydd, De Affrica ac Awstralia, yn ystod yr haf ac rodd hi'n amlwg ei bod hi'n achosi nifer o brobleme. Dyw'r rheol hon, diolch byth, ddim ymhlith y rhai newydd a gyflwynwyd ar Awst y 1af er bod ambell i wlad fel Awstralia yn gryf o'i phlaid hi gan eu bod nhw o'r farn bod rhoi cicie rhydd yn lle cicie cosb yn cyflymu'r gêm ac yn ei neud hi'n fwy deniadol. Gyda'r un bwriad fe gyflwynwyd rheol sy'n gorfodi olwyr i sefyll o leia bum llath y tu ôl i'r droed ôl mewn sgrym. Ond yn ddiddorol iawn fe ddangosodd ystadege o'r gêmau cynnar a gafodd eu whare o dan y rheole newydd hyn na fu'r rheole'n gyfrifol am fwy o geisie, na mwy o fylchu glân nag a gafwyd cyn iddyn nhw ga'l eu cyflwyno. Er bod rhai o'r gême yn ystod dechre'r tymor hwn i'w gweld yn fwy deniadol o dan y rheole newydd, mae'n amlwg bod llawer gormod o gicio'r bêl yn uchel heb fawr o reswm yn dal i fod yn nodwedd amlwg mewn gêmau rygbi.

Newid arall a achosodd dipyn o drafod odd yr un sy'n caniatáu tynnu sgarmes i lawr. Rodd y rhai odd o blaid y newid yn dadlau bod angen rhoi stop ar y defnydd parhaus a diflas y bydde rhai timau yn ei neud o'r sgarmes symudol. Mae gan wharaewyr bellach yr hawl i dynnu sgarmes i lawr trwy afael mewn sgarmeswr rhwng ei ganol a'i ysgwydde (sydd wrth gwrs yn gwahardd unrhyw un rhag defnyddio'r dacteg beryglus iawn o fynd i berfedd sgarmes a thrio gafel mewn traed a choese). A bod yn onest dw i ddim yn gweld y newid 'ma'n ca'l rhyw effaith fawr. Fe fydd y timau sy wedi arfer dibynnu ar y sgarmes fel arf pwysig yn sicr o ddod o hyd i ffyrdd o ddiogelu'r dacteg 'ma, er gwaetha ymdrechion y gwrthwynebwyr i ddymchwel sgarmesi.

Yn bersonol dw i ddim yn gweld pam bod angen trio gwanhau effaith y sgarmes. Pe bydde Cymru yn maeddu Lloegr yn Twickenham o 6 – 5 ac yn selio'r fuddugoliaeth gyda chyfres ddi-ben-draw o sgarmesi, sgwn i faint ohonon ni fydde'n achwyn wedyn ei bod hi'n dacteg ddiflas? Mae 'na un ystyriaeth bwysig arall. Ma rygbi yn gêm i bawb o bob maint a phob siâp. Wrth newid y rheole falle na fydd cymaint o alw am gyfraniad y bachan 20 stôn i whare yn y tîm lleol. Yr hyn sy'n rhaid ei gofio yw bod y rheole'n bod i bawb ar bob lefel o rygbi, a thra bod y wharaewyr proffesiynol yn gallu newid siâp a chyflwr eu cyrff i fod yn gryfach neu'n gyflymach yn aml i ateb newidiade yn y rheole, dyw'r bois sy'n whare i dîm y pentre ddim yn gallu neud 'ny.

O ran y dyfarnwr mae ambell i reol newydd yn neud pethe'n anoddach. Gyda'r rheole newydd bydd rhaid sicrhau bod yr olwyr yn sefyll bum llath 'nôl o'r sgrym a thrio cadw llygad ar yr un pryd ar beth sy'n digwydd yn y rheng flân. Ar y llaw arall mae'r newid sy'n caniatáu rhoi faint fynnir o wharaewyr yn y llinell nawr yn arbed y drafferth i'r dyfarnwr o orfod cownto cyrff bob tro. Ond wrth gwrs, mae 'da fi lumanwyr bob amser i'n helpu fi tra bod y dyfarnwr ar y lefele isa'n mynd i orfod ymdopi ar ei ben ei hunan. Fe ges i flas o hynna reit ar ddechre'r tymor, er taw dim ond yn Nhwrnament Saith Bob Ochr Cwmtawe, ym Mhontardawe, odd hynna ond rodd e'n waith caled serch hynny. Yn ddiddorol, rwy'n meddwl falle taw dyna'r tro cynta i'r rheole newydd diweddara ga'l eu defnyddio yn Ewrop.

Rodd hi'n bwysig cyn dechre'r tymor bod cystadlaethau fel hyn yn ca'l eu cynnal a bod nifer o gêmau cyfeillgar yn ca'l eu whare, er mwyn i'r dyfarnwyr a'r wharaewyr ddod i arfer â'r drefn newydd. Ar ben hynna fe fues i'n annerch ac yn trafod tipyn gyda hyfforddwyr a wharaewyr ac yn ymweld yn achlysurol â chlybie fel Cwins Caefyrddin, Cydweli a Phontyberem, yn ogystal â cha'l cyfarfodydd gyda rhai o'r clybie rhanbarthol. Rodd yr ymateb yn bositif iawn a'r gobaith yw y bydd y tymor newydd 'ma'n dod â hyd yn oed mwy o bleser i wharaewyr a chefnogwyr, ac wrth gwrs i ddyfarnwyr.

Rwy'n gobeithio y bydd y tymor newydd hefyd yn gyfle i fi sefydlu'n hunan ar y lefel ucha un fel dyfarnwr a falle i gyrradd y brig eitha yng Nghwpan y Byd 2011. Y nod i bob dyfarnwr yn 'yn sefyllfa i fydde ca'l dyfarnu'r rownd derfynol ond os na ddaw hynna i fod 'swn i'n lico meddwl bod gobeth 'da fi o ga'l 'y newis ar gyfer un o'r rowndie cynderfynol.

Yn ystod y tair blynedd diwetha mae 'na sawl uchafbwynt wedi bod yn 'y ngyrfa i. Rwy wedi ca'l dyfarnu'r gêm rhwng Seland Newydd ac Awstralia yn y Tri Nations y llynedd, ffeinal Cwpan Heineken eleni rhwng Toulouse a Munster yn Stadiwm y Mileniwm a thair gêm ym Mhencampwriaeth y Chwe Gwlad. Rwy'n mawr obeithio y galla i barhau i ga'l gêmau o bwys fel y rhain a hefyd i gyflawni ambell i uchelgais arall fel dyfarnwr. Byddwn i wrth 'y modd yn ca'l gwahoddiad i ddyfarnu mas yn Awstralia, gwlad nad ydw i eriôd wedi bod iddi. Dw i chwaith ddim wedi dyfarnu gêmau rhwng Seland Newydd a De Affrica; Ffrainc yn erbyn Lloegr; Iwerddon yn erbyn Lloegr; na'r Alban yn erbyn Lloegr am Gwpan Calcutta. Os ca' i fynd i Gwpan y Byd yn 2011 rwy'n gobeitho nad hwnna fydd y tro ola y bydda i'n rhan o'r gystadleuaeth 'ny achos mae rhyw awydd ynddo i i drio cyrradd Cwpan y Byd yn 2015. A finne'n 44 oed pryd hynny, fe fydd hi'n amser i fi wedyn roi'r tŵls ar y bar.

Dwi ddim yn siŵr beth licen i neud ar ôl hynny. Falle ca'l gwaith ar y cyfrynge, falle mwy o annerch cymdeithase a chiniawe. Fe fydde'n braf meddwl hefyd y gallen i fynd 'nôl i ganu caneuon Cymraeg 'traddodiadol' ar lwyfan gyda'r gitâr, er y bydde gofyn i fi wella tipyn ar safon 'yn whare i neud hynna. Ma un peth yn sicr, rwy 'di dysgu bod rhaid trio mwynhau pob eiliad bosib yng nghwmni'r bobol sy'n bwysig i fi – yn arbennig ffrindie a theulu. Yn y pen draw mae mwy o werth i hynna nag i unrhyw gêm rygbi. 'Swn i'n ca'l dewis rhwng ca'l dyfarnu yng Nghwpan y Byd a bod gartre gyda Mam a hithe'n iach, rwy'n gwbod ble byddwn i.

ATODIAD

Llefydd a Lleoliadau

Un o fanteision bod yn ddyfarnwr rygbi proffesiynol yw mod i'n ca'l cyfle ac amser i ymweld â llefydd ar hyd a lled y byd drwy'r flwyddyn. Ar wahân i ambell brofiad diflas, rwy wedi mwynhau teithio fan hyn a fan draw yn fawr iawn ac rwy'n llawn sylweddoli pa mor lwcus ydw i mod i'n ca'l gweld y byd a gneud swydd sy'n rhoi cyment o bleser i fi. Wrth gwrs, mae ymweld â gwahanol lefydd yn gadael argraffiadau amrywiol ar wahanol bobol. Felly, gyda 'nhafod yn 'y moch yn amal, dyma shwd rwy wedi dyfarnu'r llefydd yr a'th rygbi â fi iddyn nhw, gan gynnwys rhai profiade a dda'th yn sgil yr ymweliade 'ny.

Amsterdam

Cystadleuaeth Saith Bob Ochr y ddinas a'th â fi yno. Lle rhyfedd iawn gyda rhywbeth ar ga'l 'na at ddant pawb. Weles i ddim tiwlip tra o'n i yno ond fe ddes i ar draws sawl blodyn yn eistedd mewn ffenest ac yn cynnig ei hunan am bris.

Auckland

Dyna ble 'nes i ddyfarnu 'ngêm Tri Nations gynta rhwng Seland Newydd ac Awstralia yn 2007. Digon i neud yno ond un peth a'n synnodd i odd nad odd y ddinas, yn y dyddie cyn y gêm fawr, mor ferw o rygbi ag ro'n i wedi'i ddisgwyl. Llawer iawn yn dod yma bellach o Asia i ga'l eu haddysg.

Belfast

Rwy wastad yn joio dyfarnu yn Ravenhill, cartre tîm Ulster, achos bod 'na awyrgylch arbennig 'no. Ma'r ddinas ei hunan yn groesawgar iawn gyda hanes ei gorffennol gwael i'w weld yno o hyd ac er mor drist yw hynny mae'n ddiddorol dros ben. Fel mae'r profiad yn yr Hilton yn ei ddangos (y cyfeiries i ato yn y gyfrol), mae'n bosib i chi ffindo trwbwl wrth ddigwydd bod yn y lle anghywir ar yr adeg anghywir. Mae hen glwyfau yn dal ar agor o hyd mewn rhai llefydd yno.

Biarritz

Hwn yw un o fy hoff lefydd yn Ffrainc. Mae'n braf iawn yno'n ystod y rhan fwya o'r flwyddyn ac mae ei leoliad ar lan y môr yn ychwanegu at yr awyrgylch hamddenol sydd i'w deimlo yn Biarritz bob amser.

Bloemfontein

Unwaith rwy wedi bod yno, ac rodd hynny'n ormod!

Buenos Aires

Un o'r dinasoedd mwya croesawgar a mwya bishi, gyda'r traffig yn wyllt ym mhobman. Y bwyd yn rhagorol a phrisie'n rhesymol dros ben ond fe synnes i o weld cyment o bobol llwm yno. Y tu fas i'r ddinas ei hunan mae rhai o'r golygfeydd perta yn y byd. Fe elen i 'nôl 'na unrhyw bryd.

Caerdydd

Mae pob dyfarnwr drwy'r byd i gyd wrth eu bodd yn dyfarnu yn Stadiwm y Mileniwm oherwydd yr awyrgylch unigryw sydd yno a'r ffaith fod ei leoliad mor ganolog. Fe allwn ni fod yn browd iawn o'n prifddinas.

Caeredin

Dinas hyfryd a chymeriad arbennig iddi gyda'r castell ar ben y bryn yn creu golygfa drawiadol. Eto, dyw'r haul byth yn gwenu pan fydda i yno. Fe ges i Nos Galan fythgofiadwy yno yng nghwmni bois Pontyberem, odd yn neud lan am y prynhawn ofnadw o ddiflas ges i'n dyfarnu Borders a Glasgow yn Galashields.

Caerfaddon

Un o'r trefi neisa yn Lloegr. Rwy'n joio dyfarnu yno achos bod y 'Rec' mor llawn ac yn creu awyrgylch arbennig.

Caerloyw

Ma hi'n dre 'rygbi' go iawn ac mae'r dorf yn y 'Shed' enwog gyda'r mwya swnllyd ac unochrog. Pan fydda i'n dyfarnu yno fe fydda i'n aros yn Cheltenham, sy'n dre llawer neisach.

Caerlŷr

Yn Stadiwm Heol Welford mae'r awyrgylch a'r rygbi gore i'w ga'l yn Lloegr ond do's 'da fi ddim i'w ddweud wrth y ddinas ei hunan.

Capetown

Un o'n hoff lefydd i yn y byd i gyd, a'r ddinas fwya diogel yn Ne Affrica. Rodd gweld y morfilod oddi ar Cape Point ac ymweld ag Ynys Ellis, o dan gysgod Table Mountain, lle cafodd Nelson Mandela ei garcharu, yn brofiad bythgofiadwy.

Christchurch (Seland Newydd)

Dyma gartre rhai o sêr y Crysau Duon ar hyn o bryd, wharaewyr fel Richie McCaw a Daniel Carter. Lle digon oer a diflas yn 'y mhrofiad i ac unwaith eto, dodd rygbi ddim yn ca'l cyment o sylw yma ag ro'n i wedi'i ddisgwyl.

Coventry

Ar ôl ymweld â'r ddinas ro'n i'n gallu deall yn iawn pam mae'r Saeson yn defnyddio'r ymadrodd 'send to Coventry' am rywun nad y'n nhw isie neud dim byd ag e.

Connecticut

Bues i yma am bum niwrnod a 'swn i ddim wedi gallu diodde llawer rhagor. Smo i wedi dod ar draws pobol mor anghwrtais ac annymunol yn 'y myw. I gyrradd yma rodd rhaid glanio ym maes awyr Los Angeles lle mae'r staff yr un mor ddigywilydd. Rwy 'di gorfod glanio 'ma hefyd ar y ffordd i Seland Newydd, profiad ro'n i'n ei gasáu.

Dubai

Y gystadleuaeth Saith Bob Ochr enwog dda'th â fi fan hyn. Ma'r tywydd yn fendigedig, y bobol yn gwrtais dros ben a'r strydoedd yn ddiogel. Do's dim hawl yfed alcohol ar y stryd na mewn mannau cyhoeddus ond mae digon o westai a bars i'w ca'l 'no. Ma unrhyw un sydd yn creu trwbwl fan hyn yn debyg o ffindo'i hunan yn y carchar dros ei ben a'i glustie!

Dulyn

Ro'n i'n siomedig pan es i yno gynta. Ro'n i'n edrych mlân at brofi'r *craic* a mwynhau cwmni'r cymeriade Gwyddelig ond mae'r rheiny wedi mynd yn bethe llawer prinnach. Ma'r ddinas yn anferth erbyn hyn gyda nifer fawr o bobol wedi ymgartrefu yma o ddwyrain Ewrop. Ma mynd mawr ar lefydd bwyd cyflym a bellach mae nifer o dai bwyta'r ddinas yn cyhoeddi eu bwydlenni hyd yn oed yn yr iaith Bwyleg.

Edmonton

Y ddinas ei hunan yn rhyw fath o jwngl concrit ond rodd y daith oddi yno lan i'r Rockies yn anfarwol. Rodd cyn-lywydd yr RFU, Robert Warner, yn rhan o'r cwmni pan 'nes i'r siwrne a phan ofynnwyd i ni beth fydde'n ymateb ni pe bydden ni'n dod wyneb yn wyneb ag arth fe nath ei ateb e neud i ni wherthin am ddiwrnode. Yn ei acen Saesneg ddofn fe ddwedodd taw yr hyn fydde fe'n ei neud yn y fath sefyllfa fydde ei gyfarch, 'Hellow Bear'!

Galway

Dyma fy hoff dref yn Iwerddon, tref fach a chartrefol tu hwnt. Mae'n debyg iawn i Gaerfyrddin. Cartref tîm Connacht yw Galway ac ar ôl i'r gêm rygbi orffen, fe fydd y milgwns yn rasio. 'Nes i ddodi bet unwaith ar filgi o'r enw Red Rum, ond enillodd e ddim.

George

Cartre cystadleuaeth Saith Bob Ochr yr IRB yn Ne Affrica. Pentre bendigedig ar lan y môr hanner ffordd rhwng Capetown a Port Elizabeth. Mae gan Ernie Els dŷ ar y traeth sy'n dweud llawer am apêl y lle. Fe hales i sawl wythnos 'ma'n mwynhau'r tywydd, y traeth a'r môr, odd yn brofiad ffantastig.

Glasgow

Dinas ddymunol sy'n ganolfan siopa ardderchog. Tra o'n i yno un tro fe benderfynes i fynd draw i weld stadiwm Celtic. Neidies i mewn i dacsi a gofyn, 'Can you take me to Parkhead Stadium, please?' Dyma'r dreifwr yn stopo'r tacsi gan ddweud, 'No f...ing chance. Get out and walk! I'm a Rangers supporter'.

High Wycombe

Dyma ble mae Parc Adams, cartre Wasps. Fel arfer mae'r rygbi o'r safon ucha ond do's dim byd yn ddeniadaol am y lle. Pan fydda i'n dyfarnu yno fe fydda i'n aros yn Richmond.

Hong Kong

Gormod o bobol, gormod o draffig ac o smòg, ond awyrgylch gwych yn y Stadiwm ar gyfer cystadleuaeth Saith Bob Ochr yr IRB. Yno mae'r lleoliad gore o'r holl lefydd sy'n cynnal y gystadleuaeth honno. Yno hefyd y cynhaliwyd un o'r gêmau sy wedi rhoi mwya o bleser i fi fel dyfarnwr, sef rownd derfynol y gystadleuaeth Saith Bob Ochr rhwng Seland Newydd a Lloegr.

Johannesburg

Dim ond i chi ga'l lle i aros mewn ardal fel Sandton City, sy'n rhan ddiogel o'r ddinas, fe wnewch chi fwynhau'r lle. Prisiau rhesymol yn y siope a'r bwyd yn fendigedig, er bod gofyn bod yn garcus mewn ardaloedd erill. Fe fydde'n gyffredin i weld gyrwyr yn dewis peidio stopo wrth oleuadau traffig pan fydden nhw ar goch rhag ofn iddyn nhw ga'l eu mygio yn y car. Fe weles i berson yn ca'l ei saethu ar y stryd wrth i rywun drio dwyn ei mobeil. Ma'n drist meddwl bod bywyd mor rhad â hynny.

Limerick

Mae llwyddiant Munster wedi rhoi'r ddinas ar y map ac mae'r stadiwm lle maen nhw'n whare, Parc Thomond, wedi dod yn rhyw fath o gaer sy'n anodd iawn i'w goresgyn. Rwy'n mwynhau dyfarnu yno ac rwy'n ca'l croeso cynnes bob amser. Ond dwi ddim wedi dyfarnu yno pan fo Munster wedi colli. Yn anffodus mae hi'n ca'l ei nabod yn Iwerddon bellach fel y 'Stab City'.

Llundain

Ma hi'n llawer rhy fawr i fi. Eto mae 'na ddigon i neud 'na bob amser, sbo.

Marseille

Bob tro rwy wedi bod ym Marseille, yn y ddinas lle mae pêl-droed yn ca'l mwy o sylw na rygbi, mae'r awyrgylch yn y stadiwm wedi bod yn anhygoel, a'r tywydd bob tro'n braf. Fe 'nes i, Alan Lewis a Malcolm Changlang hala bron i ddiwrnod cyfan ar y traeth ac yn y môr un diwrnod cyn gêm rygbi ryngwladol yno.

Montpellier

Mae'n drydydd i Biarritz a Marseille fel y lle mwya dymunol i ddyfarnu yn Ffrainc. Ardal hyfryd. Fan hyn 'nes i ddyfarnu fy ngêm gyntaf yng Nghwpan y Byd 2007 rhwng Yr Ariannin a Georgia. Ar ôl ca'l adroddiad arbennig am y gêm honno, fe fydd y dref hon wastad yn agos at 'y nghalon i.

Moscow

Yr holl awyrgylch a'r bobol sy'n byw yno'n ymddangos yn oer a llwyd. Mae rhywun yn ca'l yr argraff bod cyfrinache a dirgelion yn rhan naturiol o fywyd y ddinas, fel petai'r blynyddoedd tywyll o dan Stalin yn dal i fwrw eu cysgod drosti. Ond mewn rhyw ffordd od, dyna ran o'i hapêl hi.

Paris

Hales i bron i wyth wythnos yno yn ystod Cwpan y Byd 2007. Dyma'r ddinas lle mae'r bwyd gore yn y byd i'w ga'l ac mae golygfeydd fel Tŵr Eiffel a Notre Dame yn werth eu gweld. Ond, i fi, mae'n ddinas bertach o lawer yn y nos gan fod y strydoedd yn ddigon brwnt a'r traffig yn ofnadw yn ystod y dydd.

Yma yn 2007 y mentres i ar drên tanddaearol am y tro cynta yn 'y mywyd ac fe es i ar goll yn llwyr. Rwy'n casáu'r *Metro* ac rwy'n meddwl bod yr holl system yn oeraidd ac yn unig, sdim ots ym mha wlad maen nhw. Dw i ddim yn gweld fi'n mentro 'to!

Perpignan

Lle bendigedig a phobl groesawgar iawn ond y Stadiwm Rygbi yw un o'r llefydd diwetha y byddwn i isie dyfarnu ynddi pan fydd y tîm cartre'n colli. Mae'r awyrgylch yno'n ddigon i godi gwallt y pen a 'sdim amheuaeth taw yno mae'r cefnogwyr mwya tanbaid yn Ffrainc.

Fe wnes i adael i Gordon Ross, maswr Leeds Tykes, mewn gêm Cwpan Heineken yn erbyn Perpignan, ailgymryd trosiad a fydde'n ennill y gêm i Leeds. Fe fethodd e'r trosiad y tro cynta oherwydd i rai o wha[r]aewyr Perpignan weiddi'n uchel wrth iddo redeg at y bêl i drosi. Mae hyn yn erbyn rheole'r gêm ac yn gwbl annheg. Fe aeth yr ail gic drosodd ac enillodd Leeds o un pwynt. Fe wnaeth hyfforddwr Perpignan gicio drws fy stafell newid ar agor a dechrau gweiddi yn Ffrangeg (alla i ddychmygu beth odd e'n weud!). Fe wnaeth y penderfyniad hwnnw fwrw'r penawde yn y papure drannoeth ac rodd 'yn enw i'n fwd yn Ffrainc – yn enwedig yn Perpignan. Yr wythnos ganlynol, rodd y ddau dîm yn cwrdd unwaith eto. Hugh Watkins odd yn dyfarnu a ga'th e amser caled er iddyn nhw ennill, oherwydd ei fod e'n Gymro. Ga'th e ei fŵan cyn y gic gynta hyd yn oed a than iddo adael y stadiwm y noson 'ny. Dwi ddim wedi dyfarnu mas 'na ers y digwyddiad hwnnw ond fe af i yno rywbryd sdim dowt, a phe bydde rhaid i fi neud penderfyniad tebyg 'to, fe nelen i, 'fyd. Mae un peth yn sicr, ga i ddim y croeso cynnes y ces i yno'r tro cynta.

Pretoria

Os ewch chi byth i Dde Affrica gwnewch bob ymdrech i osgoi'r lle 'ma. Dyw hi ddim yn saff mynd i unman ar 'ych pen 'ych hunan ac yn ystod yr amser pan o'n i 'na fe weles i sawl person yn ca'l eu mygio.

Rovigo

Mae'r dref hon yn yr Eidal yn adnabyddus i ni'r Cymry oherwydd yma buodd Carwyn James yn hyfforddi. Sdim rhyfedd bod Cymry'n ca'l croeso cynnes yma bob amser.

Rhufain

Yn byrlymu o hanes diddorol, rhoddodd y ddinas dipyn o bleser i fi. Rodd profiade fel sefyll yn y fan y dywedir bod Iwl Cesar wedi'i lofruddio, a hefyd ymweld â'r Fatican, yn gyffrous dros ben. Yn ddinas eitha drud at ei gilydd.

Santiago

Prifddinas Chile ac yn ddigon croesawgar. Yn sicr, lleoliad y cae rygbi rhyngwladol yno wrth draed yr Andes yw'r un prydfertha rwy wedi'i weld eriôd.

Toronto

Ma'r bobol yno'n fwy cwrtais o lawer na brodorion Gogledd America. Yno mae rhai o'r golygfeydd perta yn y byd. Un o'r profiade mwya 'sgytwol rwy wedi ca'l eriôd odd mynd i ben Tŵr CN, sy'n 1,815 o droedfeddi o uchder, yr adeilad ucha yn y byd ar y pryd. Rodd 'y nghoese i'n dal i grynu wrth ddod lawr.

Venice

Lle sy wedi ca'l gormod o ganmolieth yn 'y marn i. Os ewch chi yno rywbryd, cofiwch fynd â digon o arian 'da chi a phâr o welingtons!

Victoria

Yn ystod 'yn ymweliad i â De Affrica ar gyfer Cwpan y Byd dan 21 oed, yn 2002, fe ges i gyfle i hala tri diwrnod yn Zimbabwe, ar bwys Victoria Falls, yng nghwmni Simon McDowell, y dyfarnwr o Iwerddon, Patrick Robin, y cyn-ddyfarnwr rhyngwladol o Ffrainc sydd nawr yn un o aseswyr dyfarnwyr o Awstralia, a Mick Keogh a'i wraig. Cafodd y trip ei drefnu gan un o lumanwyr Cwpan y Byd o Zimbabwe ac ro'n i'n aros mewn caban ar lan un o'r llynnoedd, lle bydde'r eliffantod, y babŵns a'r springbok yn dod i yfed dŵr bob dydd. Ardal fendigedig ac ar wahân i'r Falls eu hunen sy mor ddramatig, rodd y wlad o gwmpas hefyd yn berwi o liw a bywyd gwyllt.

Ma'n anhygoel meddwl bod Mugabe wedi gadel iddi ddirywio i shwd raddau. Er hynna rodd y plant y dethon ni ar eu traws mor llawen, gyda gwên ar eu gwynebe drwy'r amser. Rwy'n cofio un ohonyn nhw'n arbennig, George, crwt bach 13 oed yn trio neud rhywfaint o arian ar ochr yr heol trwy werthu eliffantod bach wedi'u cerfio o bren. Fe synnes i at ei wybodaeth e am hanes Prydain, a gawsai mewn llyfre fydde fe'n eu ca'l 'da'r twristiaid. Gofynnes i iddo fe odd e'n gwbod ble rodd Cymru. 'Yes, Prince Charles comes from there,' medde fe. Rodd e'n agos at ei le ond fe fu'n rhaid i fi gywiro ychydig bach arno fe. Gallai George hefyd enwi holl brifweinidogion Prydain ac Awstralia dros y can mlynedd diwetha.

Rodd hi'n amlwg ei fod e wedi ca'l bywyd eitha caled, – fe gafodd ei dad a'i frawd eu llofruddio gan *regime* creulon Mugabe. Felly pan roison ni dipyn mwy iddo fe am yr eliffantod pren nag odd e'n ei ofyn, dyma fe'n gafel amdana i gan ddiolch o galon i ni am 'yn caredigrwydd gyda'r wên fwya llydan a weles i eriôd. Ma'n rhaid i fi gyfadde mod i wedi colli deigryn ne ddau bryd 'ny. Anghofia i byth y foment honno tra bydda i byw.

Yn y byd ry'n ni'n troi ynddo fe fyddwn ni'n achwyn yn amal iawn am bethe bach sy'n 'yn poeni ni. Ond, o'i gymharu â beth mae rhai o bobol y byd yn ei ddiodde, yn enwedig y plant, smo ni'n gwbod ei hanner hi. Ar ôl y profiad 'na'n arbennig fe ges i achos i ddiolch mod i wedi ca'l magwreth gariadus ar aelwyd gysurus, mewn gwlad wareiddiedig, gan y fam a'r tad gore y galle unrhyw un eu ca'l.

Fe gawson ni gyfle hefyd tra oedden ni yn Zimbabwe i gerdded tipyn ar hyd y ffin rhyngddi hi a Namibia ac i fynd ar daith mewn bad digon shigledig ar y Zambezi. Ro'n i'n teimlo ychydig bach yn nerfus wrth i ni fynd trwy'r eliffantod a'r hippos odd yn ymdrochi mewn un rhan o'r afon, gan eu bod nhw'n edrych braidd yn amheus arnon ni, a finne'n eistedd ar ochr y bad yn eitha agos at y dŵr. Ond beth na'th i fi deimlo'n fwy ofnus byth odd mod i wedi sylwi nad odd dim siacedi achub ar y bad. Felly dyma fi'n holi'r bachan odd yn llywio, 'Well,' medde fe, 'anyone who falls in will be snapped up by the crocodiles within five seconds, so there would be no point in having life jackets!' Fues i ddim yn hir cyn gofyn a gelen i eistedd ynghanol y bad.

Watford

Yma mae cartref tîm rygbi'r Saraseniaid. Er yr holl sêr sydd wedi whare i'r tîm dros y blynydde, digon siomedig yw'r stadiwm maen nhw'n ei rhannu â'r tîm pêl-droed. Yr unig beth da am y ddinas yw Elton John!

Wellington

Fy hoff le yn Seland Newydd yw 'Wellington Wyntog', sy'n haeddu'r disgrifiad arbennig yna. Ond mae'n ddinas gartrefol a hamddenol iawn. Eto yno y ces i un o 'mhrofiade mwya diflas fel dyfarnwr o ran y tywydd. Ar y noson y cynhaliwyd y gêm rhwng Seland Newydd ac Iwerddon rodd y tymheredd yn 16 ° C pan gafwyd y gic gynta ac yn 0 ° C pan dda'th y gêm i ben. Ac rodd hi'n bwrw glaw yn drwm hefyd!

Mynyddcerrig

Alla i ddim gosod y lle 'ma yn nhrefn y wyddor. O's isie dweud rhagor? Dyma'r lle gore yn y byd. Dyma lle dechreuodd y cyfan ac yma, rhyw ddydd, fe wnaiff y cwbl orffen hefyd.

Hefyd o'r Lolfa…

Yn ei hunangofiant mae Robin McBryde yn agor y llen ar uchelfannau ac iselfannau ei yrfa, yn cynnwys gorfoledd y Gamp Lawn, rhwystredigaeth gyda'r Llewod, argyfwng Ruddock, a'i orfoledd wrth gael ei benodi'n un o hyfforddwyr allweddol carfan Cymru.

£9.95

ISBN 0 86243 924 8

Cipolwg ar fywyd personol Stephen Jones, hynt a
helynt carfan Cymru a'r Sgarlets, a darlun diddorol
tu hwnt ar fywyd a rygbi yn Ffrainc.

£8.95

ISBN 978 1 84771 016 1

Am restr gyflawn o lyfrau'r Lolfa,
gopi o'n catalog newydd, r
neu hwyliwch i mewn i'n gw

www.ylolfa.com

lle gallwch archebu llyfr ar lein.

TALYBONT CEREDIGION CYMRU SY24 5HE
ebost ylolfa@ylolfa.com
gwefan www.ylolfa.com
ffôn 01970 832 304
ffacs 832 782